A DIVERSIDADE EM PERIGO

PASCAL PICQ

A DIVERSIDADE EM PERIGO

Tradução
Maria Alice A. de Sampaio Dória

valentina
Rio de Janeiro, 2016
1ª edição

Copyright © 2013 *by* ODILE JACOB

TÍTULO ORIGINAL
De Darwin à Lévi-Strauss – L'homme et la diversité en danger

CAPA
Sérgio Campante

DIAGRAMAÇÃO
Imagem Virtual Editoração

Impresso no Brasil
Printed in Brazil
2016

CIP-BRASIL. CATALOGAÇÃO NA FONTE
SINDICATO NACIONAL DOS EDITORES DE LIVROS, RJ

P666d

Picq, Pascal

A diversidade em perigo: de Darwin a Lévi-Strauss / Pascal Picq; tradução Maria Alice A. de Sampaio Dória. - 1. ed. - Rio de Janeiro: Valentina, 2016.

272 p. ; 21 cm.

Tradução de: De Darwin à Lévi-Strauss
ISBN 978-85-5889-025-0

1. Antropologia. 2. Humanidade. I. Título.

16-36457

CDD: 306
CDU: 316

Todos os livros da Editora Valentina estão em conformidade com o novo Acordo Ortográfico da Língua Portuguesa.

Todos os direitos desta edição reservados à

EDITORA VALENTINA
Rua Santa Clara 50/1107 – Copacabana
Rio de Janeiro – 22041-012
Tel/Fax: (21) 3208-8777
www.editoravalentina.com.br

Para Julia, minha neta, que nasceu no dia 1º de janeiro de 2013, exatamente 512 anos depois que os europeus descobriram a baía do Rio de Janeiro. Nesse meio-tempo, 10 bilhões de mulheres e de homens viveram na Terra. Espero que a minha geração, que conheceu uma elevação do nível de vida nunca vista na história da humanidade, seja capaz de lhe legar um mundo no qual seus filhos e netos possam escolher seu futuro e o de seus próprios filhos. Desejo que este livro seja uma contribuição para tal. A hominização é isso!

AGRADECIMENTOS

Um livro é como um filho, às vezes difícil. Este exigiu uma longa gestação, e agradeço a paciência e os conselhos de Odile Jacob, sempre atenta a todas as reflexões que vão da ciência para a sociedade. E foi preciso o talento e a cumplicidade de Jean-Luc Fidel, que nunca mereceu tanto seu sobrenome, para tornar mais claro meu pensamento.

Sumário

Introdução. OS HOMENS DO RIO 13

PRIMEIRA PARTE
Como as viagens formaram a consciência

Capítulo 1. JUVENTUDES CRUZADAS 27

Os Darwin e o início de uma viagem 27

Os Lévi-Strauss e o fim da viagem 32

Um século entre os dois nascimentos 34

A felicidade da vida familiar (34) – Nas duas pontas do progresso (35) – O pastor malogrado e o filósofo desanimado (38)

Capítulo 2. VIAGENS, EXPLORAÇÕES, ENCONTROS 41

A viagem do Beagle (1831-1836) 41

Expedição ao Mato Grosso 43

A agitação londrina e a longa maturação 45

O exílio, Nova York e as incertezas acadêmicas 47

Capítulo 3. DARWIN, A BIODIVERSIDADE E OS HOMENS 51

A descoberta dos mundos em perigo 51

As extinções de ontem e de hoje (53) – Os ameríndios entre origens incertas e a certeza da eliminação (56) – *A descendência do homem* (61)

10 *A diversidade em perigo*

Capítulo 4. LÉVI-STRAUSS E O CREPÚSCULO DOS HOMENS 69
O que aconteceu com os índios? 70
Tristes tropismos 73

SEGUNDA PARTE
A inconsciência da evolução

Capítulo 5. O QUE FEZ A EVOLUÇÃO 81
Os caminhos da diversidade 81
Como a biosfera afeta a Terra 86
Cada vez mais sozinho e caminhando para o alto da pirâmide 89

Capítulo 6. O HOMO E A SEXTA EXTINÇÃO 95
Sucesso e declínio dos grandes macacos hominoides 96
Sucesso e declínio dos hominídeos africanos 98

Capítulo 7. O QUE FAZEMOS COM A EVOLUÇÃO 105
O (verdadeiro) pesadelo de Darwin 105
1859 – 1959: um século para compreender a evolução 106
Revoluções industriais e evolução das espécies 108
George Schaller: o último explorador da biodiversidade 110
A criptozoologia e os últimos lampejos de diversidade 114

Capítulo 8. A ANTIARCA DE NOÉ 119
As espécies extintas mais emblemáticas 121
O choque entre marsupiais e placentários 123
Madagascar: o oitavo continente que, em breve, estará perdido 126
Sexta ou sétima grande extinção? 131
As extinções dos períodos históricos 138
É preciso preservar a coevolução 143

TERCEIRA PARTE
Um planeta cada vez mais (não)humano

Capítulo 9. AS BIODIVERSIDADES E OS HOMENS 155
OGM contra diversidade ou a garantia da catástrofe 156
As minhocas e os homens 159
Os jardins da agrodiversidade 165
Os animais domésticos, companheiros da nossa história 169

Sumário

Capítulo 10. O FIM DO *HOMO SAPIENS* E O SOMBRIO FUTURO DE UMA ESPÉCIE 175

Amadou Hampâté Bâ: uma testemunha africana do século XX 176

Da língua-mãe ao desesperanto. 179

Línguas, espécies e meio ambiente 183

Capítulo 11. POR QUE PRESERVAR A DIVERSIDADE? 187

A resposta evolucionista 189

A resposta econômica 196

A resposta antropológica 200

A resposta ética 206

Capítulo 12. CAMINHANDO PARA UMA TERRA HUMANA 209

Da Vênus hotentote às cabeças maoris 212

A propósito da cultura 214

    Os povos autóctones (215) – A evolução dos textos internacionais (218)

Capítulo 13. QUAL SERIA O MUSEU DO HOMEM PARA O AMANHÃ? 221

Um Museu do Homem e da evolução que está sendo feito 229

Caminhando para o Novo Museu do Homem 231

Conclusão. *APOCALYPSE TOMORROW?* 239

As razões do desarrazoamento 240

Edgar Morin e os filósofos na Unesco 244

A nova aposta de Pascal 245

O progresso em questão 248

A caminho de uma terceira era da humanidade 250

A demografia, as mulheres e a ecologia 254

Epílogo: caminhando para um novo mundo 257

Anexo. ESBOÇO DOS PROGRESSOS DO ESPÍRITO E DAS SOCIEDADES HUMANAS 259

1. Eras dos homens e da transformação do mundo 260
2. A era do *Homo sapiens* e a revolução simbólica 261
3. Eras das agriculturas e das religiões 263
4. Renascimento, imprensa e Novos Mundos 265
5. Primeira revolução industrial, o trem e os jornais 267
6. Segunda revolução industrial (eletricidade, petróleo, química) 269

Introdução

OS HOMENS DO RIO

Com a descoberta da América e, alguns anos depois, com a descoberta da baía do Rio de Janeiro por Américo Vespúcio, o ano de 1492 marcou o fim da evolução natural do *Homo sapiens* que, partindo da África há mais de 50 mil anos, viu as populações da nossa espécie se espalharem por toda a Terra, eliminando, de passagem, as outras espécies – como a Neandertal – mais próximas dele em termos de semelhança e complexidade, e iniciando a sexta grande extinção da história da vida. Assim, o ano de 1492 começou a pôr um fim em 50 mil anos de diversidade biológica e cultural. Cinco séculos depois, a Cúpula da Terra ocorrida no Rio de Janeiro fez um balanço, mas sem mudar o curso das coisas. E vinte anos depois, em junho de 2012, foi realizada mais uma cúpula, denominada Rio+20. O que aconteceu na Terra depois que uma nova geração veio ao mundo? A população mundial aumentou um terço, a biodiversidade

14 A diversidade em perigo

natural e doméstica se degradou consideravelmente, o aquecimento climático é cada vez mais sentido e dezenas de línguas, culturas e etnias desapareceram para sempre.

No entanto, alguns homens já haviam percebido a que ponto o caminho seguido pela humanidade era funesto: especialmente Charles Darwin e Claude Lévi-Strauss. Ambos passaram pelo Rio de Janeiro com um século de intervalo e, se o primeiro não precisou cavalgar muito para se maravilhar com a floresta tropical, o segundo foi obrigado a viajar durante semanas para encontrar os índios. Ao reler *Viagem de um naturalista ao redor do mundo*, do primeiro, e *Tristes trópicos*, do segundo, percebemos que o naturalista antropólogo e o antropólogo naturalista foram testemunhas visionárias da devastação natural e cultural em curso. Se, hoje em dia, eles partissem para uma viagem como a que realizaram e que preludiou o desenvolvimento de suas obras, teriam muita dificuldade em fazer as observações que lhes permitiram abalar as nossas concepções de vida e de cultura.

Por que, então, não os compreendemos e, sobretudo, por que continuamos a não compreendê-los? Por que as mutilações que os homens infligem à Terra e à própria humanidade não despertam uma tomada de consciência maior e ações mais eficazes?

Quando citamos o Rio de Janeiro, nos vem alegremente à memória *O Homem do Rio,* de Philippe de Broca, filme em que brilhou Jean-Paul Belmondo. Foi em 1964. Agora, Philippe de Broca não está mais aqui, Belmondo envelheceu bastante e Steven Spielberg retomou a seu modo a veia das HQ do Tintin.

Quando, ainda jovem, num subúrbio atapetado de verde por terrenos hortícolas, alimentado pelas histórias de Hergé, *A orelha quebrada* e o *Templo do Sol,* eu queria muito viver uma aventura como essa, mas, em *O Homem do Rio,* uma cena me marcou e me marca ainda, todas as vezes que vejo esse filme: a da construção de Brasília, utopia modernista bem no meio do que ainda era uma floresta tropical. A modernidade entrava brutal e intempestuosamente

Os homens do Rio

na minha vida, pois os imóveis daquilo que começávamos a chamar "cidades" na época, com seu conforto moderno tão bem encenado por Jacques Tati, iam empurrar minha família de horticultores, instalada ali havia um século, para mais longe, para o grande Oeste parisiense, transformando-nos numa espécie de índios dos subúrbios. Meus pais tiveram a inteligência de compreender que a sombra dos grandes prédios anunciava o crepúsculo do mundo deles. Depois de atravessar o Sena para se instalarem nas colinas de Argenteuil, com outras cidades cobrindo os campos de papoulas pintados por Claude Monet, eles viram que precisavam mudar de profissão. Os que optaram por persistir tiveram uma vida cada vez mais difícil. Ao escrever estas linhas me voltam à memória os ecos de *La Maison près de la fontaine*. Essa música de Nino Ferrer expressa muito bem a minha infância que deslizava para uma vida moderna.

Naquele tempo magnífico da ORTF (radiodifusão-televisão francesa), víamos o mundo em preto e branco e gravado. O carnaval do Rio de Janeiro nos fazia sonhar, pois era preciso imaginar os ritmos e as cores. E, além do mais, havia o fabuloso time de futebol que dançava o samba liderado pelo rei Pelé e, mais tarde, o encantamento musical de "Garota de Ipanema" e "Corcovado", de Tom Jobim. O Rio de Janeiro e o Brasil pareciam sonhos inacessíveis e muito longínquos, assim como os relatos do Aeropostale por Saint-Exupéry, evocando a sinistra zona de convergência intertropical no nível do Equador, que ficavam à margem do nosso imaginário.

Depois, *A floresta de esmeraldas*, filmada por John Boorman (1985), não parou de diminuir, Brasília manteve a sua promessa utópica, o voo Rio-Paris foi desativado porque os pilotos não sabiam mais controlar suas máquinas voadoras ultrassofisticadas, as garotas de Ipanema e do Corcovado passaram pelo bisturi da cirurgia estética, o desfile das escolas de samba do Rio passou a ser uma parada para turistas americanos obesos, as favelas se transformaram

16 *A diversidade em perigo*

em zonas de guerra urbana e, mesmo que Gilberto Gil e Pelé tenham ocupado pastas de ministros, a Copa do Mundo de 2014 não representou o samba, e sim a grana, e tudo isso ao vivo e em cores. Nostalgia? Não é tão simples assim!

Entre a descoberta da América, em 1492, por Cristóvão Colombo, e a Cúpula da Terra no Rio de Janeiro em 1992, a população humana ficou dez vezes mais numerosa e nunca teve um nível de vida tão elevado. Quando o Clube de Roma publicou o seu famoso relatório em 1972, um terço da população mundial estava atingido pela má nutrição. Posteriormente, ela quase dobrou, e a proporção dos miseráveis foi reduzida para um sexto. Diante desses números, tudo parecia ir cada vez melhor. Entretanto, do ponto de vista darwiniano limitado, que sucesso reprodutor! Do ponto de vista progressista, que avanço! Acontece que, em números absolutos, mais de 1 bilhão de indivíduos sofre de desnutrição e tem sérias dificuldades de acesso à água potável e a um nível de higiene decente. Os desenraizados pelos "avanços" da "civilização" são cada vez mais numerosos, causando a ruína do seu meio ambiente tradicional, fonte de sobrevivência econômica, cultural e identitária.

Este ensaio conta como, desde o aparecimento do gênero *Homo* na África, há mais de 2 milhões de anos, diferentes espécies humanas foram se instalando, pouco a pouco, em todos os ecossistemas da África, da Ásia e da Europa. Depois, chegou o tempo da expansão da nossa espécie, *Homo sapiens*, que atingiu os outros continentes, eliminando outros homens pelo caminho e exterminando os grandes mamíferos das novas terras recém-conquistadas. De uma certa maneira, é a fase de inconsciência das extinções relacionadas ao nosso sucesso evolutivo. Até a tragédia anunciada por Charles Darwin e rigorosamente fustigada por Claude Lévi-Strauss, a da globalização da cultura e do modo de vida do Ocidente. Mas, quem leu e realmente compreendeu a mensagem dessas duas testemunhas conscientes da perda da diversidade, em todas as suas formas produzidas

Os homens do Rio 17

pela expansão humana? Hoje em dia, podemos medir e avaliar os impactos que o homem causa na biodiversidade natural tanto quanto na doméstica, na diversidade cultural e linguística, como no aquecimento climático, graças a estudos e segundo critérios cada vez mais precisos. Por que, então, tantas críticas e recriminações dirigidas aos cientistas, às organizações e associações que contestam a ideologia do melhor dos mundos para alguns e, ao contrário, militam por mundos melhores para todos? Já é mais do que tempo de compreendermos que a ideologia do progresso que levou a cultura ocidental a dominar o mundo exerce agora um efeito reversivo deletério. Não se trata de fazer um *mea culpa* – o que está feito está feito –, e o Ocidente não tem apenas um balanço negativo. Não podemos nos limitar a dar provas de moralismo retrospectivo: empurrar as responsabilidades para as gerações anteriores não serve de nada. Diante da tragédia anunciada, duas atitudes são possíveis: uma, aparentemente a mais "natural", é se fechar em si mesmo; a outra, ao contrário, se fundamenta numa verdadeira abordagem evolucionista responsável, cujos fundamentos encontramos em Charles Darwin e Claude Lévi-Strauss.

Já é mais do que tempo de evoluirmos, de nos tornarmos autênticos *Homo sapiens sapiens*: isto é, homens que, finalmente, agem com consciência. Entramos numa era tão recente quanto violenta na escala da evolução, que alguns chamam de Antropoceno por ser marcada pelo impacto das atividades humanas sobre a vida e sobre a Terra. É a era dos homens, mas nos resta pouco tempo para fazer dela uma verdadeira era do homem.

A primeira parte desta obra nos leva aos passos dados por Charles Darwin e Claude Lévi-Strauss, que, na juventude, partiram para a descoberta do mundo, inicialmente pelo mar, um deles num pequeno veleiro empurrado pelos ventos, e o outro em grandes e lentos cargueiros, depois pela terra a pé, a cavalo ou em grandes bois. Naqueles tempos de exploração, não havia descompensação horária

18   *A diversidade em perigo*

e tinha-se o prazer de falar e conversar com outros homens atravessando latitudes e longitudes. O mundo não tinha a pressa dos negócios. Quando nada destinava esses homens a mudar a nossa visão de mundo, pois um deles por pouco não foi pastor (Darwin) e o outro professor de filosofia (Lévi-Strauss), eles optaram pela aventura. O primeiro, depois de receber uma correspondência inesperada que o convidava a embarcar como naturalista no *HMS Beagle*, e o segundo em consequência de um telefonema, igualmente imprevisto, que o convidava a ocupar um modesto cargo de professor no Brasil. Um deles só teve alguns dias e o outro algumas horas para tomar uma decisão. E uma única e grande expedição bastou para forjar a consciência de ambos sobre o fato de que a diversidade natural e cultural já estava condenada a desaparecer.

A segunda parte estabelece um balanço explicativo da degradação da diversidade natural e cultural. O que é a biodiversidade? De onde ela vem? Foi ao descobrir a diversidade das espécies e a das populações humanas que Darwin, Lévi-Strauss e outros compreenderam que elas procediam de uma história, do que chamamos evolução. Acontece que, desde a expansão do gênero humano, cuja aceleração, há meio século, é assustadora, as taxas de extinção das espécies e de degradação dos ecossistemas se amplificaram como nunca antes, provocando uma sexta grande extinção, tão rápida quanto violenta que, a partir de então, ameaça a nossa espécie. Quanto menor a diversidade, menores serão as chances de sobreviver às circunstâncias, tais como catástrofes naturais de grande amplitude, ou à propagação de agentes patogênicos virulentos. Darwin e Lévi-Strauss insistiram nessa verdade fundamental da vida e da evolução. O *Homo sapiens* se recusa a tomar conhecimento disso.

A terceira parte tenta explicar as razões dessa recusa e se esforça, principalmente, para mostrar como nossos modos de vida destroem a diversidade propriamente humana: os outros povos, as outras culturas, as outras línguas e todas as variedades de plantas e animais criadas há 10 mil anos.

Seria preciso que todos, a exemplo de Darwin e de Lévi-Strauss, empreendessem uma grande viagem longe das margens das ideologias, das filosofias e das religiões. Não há nada mais funesto do que corpos e pensamentos imóveis. A pior ameaça para o futuro da humanidade é o antropocentrismo, essa crença originária da metafísica que instala o homem numa posição arrogante no centro da história da vida e do Cosmo. Esse antropocentrismo gera a loucura demiúrgica e tecnicista que incita a acreditar que as técnicas, produzidas pela genialidade dos homens, garantirão o futuro de todos nós, alimentando as ingênuas utopias do tipo New Age e outro transumanismo. Totalmente inexato. Ao destruir o que resta de diversidade, não estamos cometendo um crime contra a humanidade? É isso o que este ensaio tenta mostrar.

PRIMEIRA PARTE

*Como as viagens
formaram a consciência*

Claude Lévi-Strauss já nos deixou. Com ele desapareceu uma das últimas testemunhas do que foi a diversidade dos homens numa Terra que se tornou cada vez menos humana durante o século XX. Bastou apenas um século entre a publicação de *Viagem de um naturalista ao redor do mundo*, de Charles Darwin, em 1839, e a de *Tristes trópicos*, de Claude Lévi-Strauss, em 1955, para que se extinguisse para sempre uma parte da diversidade biológica e cultural.

Com lucidez, o primeiro anotava nos seus cadernos de viagem a que ponto as explorações e a expansão das populações europeias destruíam os outros povos. O segundo, num dos seus últimos textos (conferência dada na Academia Francesa, em 13 de maio de 2005), deu o seguinte testemunho: "Já que, ao longo do século, assisti a essa catástrofe sem paralelo na história da humanidade, permitam-me citá-la num tom pessoal. Quando nasci, a população mundial era de 1,5 bilhão de habitantes. Quando entrei na vida ativa, por volta de 1930, esse número já se havia elevado a 2 bilhões. Hoje em dia, é de 6 bilhões e, em algumas décadas, atingirá os 9 bilhões, segundo

24   *A diversidade em perigo*

as previsões dos demógrafos. É bem verdade que eles nos dizem que esse número será um pico e que, em seguida, a população começará a declinar tão rapidamente, acrescentam alguns, que, em alguns séculos, haverá uma ameaça à sobrevivência da nossa espécie. De qualquer modo, a nossa espécie terá feito uma devastação na diversidade, não somente cultural, mas também biológica, causando desaparecimento de uma grande quantidade de espécies animais e vegetais."

Nos diversos testemunhos e comentários que podemos ler a respeito de Claude Lévi-Strauss, às vezes, ele é apresentado como um homem do século XIX, que teria traçado a sua obra durante o século XX. Mas, de maneira alguma, ele se perdeu numa outra época; muito pelo contrário. Ele, que dizia detestar as viagens e os exploradores, certamente está entre os últimos a ter conhecido partes do mundo e povos ainda isentos de qualquer contato com o mundo ocidental. Ao contrário dos mitos tão difundidos, segundo os quais esses povos perdidos e isolados teriam conhecido uma espécie de renascimento no mundo graças ao olhar de um Ocidente, único detentor da história da humanidade, trata-se, isso sim, de uma defrontação condenada, de imediato, à destruição da alteridade por ser excessivamente desequilibrada. A etnologia, a exemplo da arqueologia, confrontada com o estudo dos povos do passado, destrói, inevitavelmente, o que ela estuda. O conhecimento implica num contato com as outras culturas do presente e do passado, mas tem, como consequência, a extinção delas. A antropologia cultural é uma magnífica empreitada de conhecimento que semeia a destruição – diferentemente das ciências conhecidas por "duras". Podemos refazer as observações de Galileu e de Edwin Hubble; podemos testar as equações de Newton e de Einstein; podemos reproduzir os mecanismos da evolução de Darwin e de Monod; mas jamais podemos encontrar as condições dessas primeiras conversas,

Como as viagens formaram a consciência   25

desse estado virginal entre mulheres e homens de culturas tão diferentes, tão transformados se mostraram depois dos primeiros olhares e das primeiras palavras que trocaram.

Se, nos dias de hoje, Charles Darwin e Claude Lévi-Strauss partissem novamente para a grande viagem que marcou a juventude deles, uma vez que devastamos enormemente a diversidade biológica e cultural em meio século, ser-lhes-ia impossível fazer as observações que lhes permitiram erigir suas obras científicas e também seria impossível reconstituir, em parte, o grande relato das nossas origens.

As semelhanças entre a vida e as obras científicas de Charles Darwin e de Claude Lévi-Strauss são muito profundas para serem meras coincidências, ainda mais que ambos extraem delas as mesmas consequências sobre o futuro já bem comprometido da humanidade. A isso se dá o nome de *consiliência*: a convergência não buscada de leis, de mecanismos, de tomadas de consciência não procuradas e que se impõem como "universais" na parte mais fundamental das ciências da evolução e da antropologia. Vamos partir para a descoberta do percurso dos dois cientistas, com a defasagem de um século, mas que, ambos, começaram no Rio de Janeiro.

CAPÍTULO 1

JUVENTUDES CRUZADAS

Os Darwin e o início de uma viagem

Charles Robert Darwin nasceu no dia 12 de fevereiro de 1809 em Shrewsbury, no Shropshire, numa família rica e famosa. Erasmus (1731-1802), o avô, era um médico reputado a quem o rei George III pediu que fosse seu médico titular, o que ele recusou. De espírito independente inspirado pela filosofia liberal e poeta naturalista, esse homem honrado, alimentado especialmente pelas Luzes escocesas, foi um homem talentoso de sete ofícios. Seduzia as mulheres tanto quanto se apaixonava por tudo o que se relacionava ao progresso. Amigo de Benjamin Franklin e de Adam Smith, membro ativo da Lunar Society, foi um dos artesãos da revolução industrial, com James Watt, Matthew Boulton, Joseph Priestley especialmente e também Josiah Wedgwood, avô materno de Charles.

28 *A diversidade em perigo*

Josiah Wedgwood havia fundado as famosas manufaturas que produziam as porcelanas branca e azul, apreciadas pela rainha Carlota, uma das primeiras fábricas mecanizadas na aurora da revolução industrial. O próprio Erasmus inventou inúmeras técnicas industriais – o poço artesiano, o vagonete estável, a máquina de copiar documentos, o sistema de direção assistida e, ainda, o princípio do motor de hidrogênio-oxigênio –, mas ele os patenteou com outros nomes para não correr o risco de passar por um médico diletante. Entre outros projetos, ele pensou em construir uma máquina que falava. Interessava-se pelo uso da eletricidade na medicina – o galvanismo – e achou que ela poderia trazer pacientes considerados mortos de volta à vida. Um quarto de século depois, uma jovem chamada Mary Godwin, mais conhecida pelo nome de Mary Shelley, se inspirou nessa ideia para escrever *Frankenstein*.

O avô de Charles se engajou nos desafios do seu tempo. Em *Zoonomia* (1794), ele evocou a modificação das espécies, precedendo Jean-Baptiste de Lamarck, mas sem propor uma teoria coerente. *O templo da natureza: a origem das sociedades* – publicado postumamente em 1803 – suscitou a admiração de alguns e o descontentamento de outros. Em 1797, ele também escreveu um tratado para a educação de moças e apoiou, com o seu amigo Wedgwood, a luta de William Wilberforce contra a escravatura, que seria abolida em 1833 no Império Britânico. Personagem truculento e engajado, esse *bon-vivant* mandou fazer um entalhe na mesa da sala de jantar para encaixar a barriga e ficar mais à vontade. Ele deixou uma fortuna considerável para os descendentes.

Robert, pai de Charles, era um dos filhos legítimos de Erasmus, entre outros filhos bastardos. Médico formado na Universidade de Edimburgo, como ditava a tradição familiar, levava a vida profissional de um *gentleman* provinciano e, devido à sua posição social, participava da vida pública. Em 1796, ele se casou com Susannah Wedgwood que lhe deu seis filhos, entre

Juventudes cruzadas 29

eles, Charles, que era o quinto. Quando ela morreu, em 1818, o menino tinha 9 anos.

Robert não se casou novamente. Pessoa imponente pelo caráter e por sua anatomia, ele era a própria imagem do pai vitoriano íntegro, cheio de autoridade e proibições.

Portanto, Charles veio ao mundo num meio social impregnado de ideias de mudança e ator de progressos científicos, técnicos, econômicos, mas não sociais. Ele viveu cercado da afeição da família e encontrou mais um lar na casa do tio Josiah Wedgwood, irmão da sua mãe falecida. A propriedade do tio Jos ficava em Maer Hall, apenas a 32km da sua casa de Shrewsbury e onde, como ele mesmo disse, nunca perdeu a abertura da época de caça. Essa magnífica bagagem afetiva fez de Charles um homem sempre amável e cercado de amizades, o que lhe permitiu abordar, sem agressividade nem animosidade, uma reflexão e uma obra que iam abalar o mundo. Ele foi educado com uma autoridade condescendente, o que repetirá com os próprios filhos. O seu *A Biographical sketch of an infant,* redigido ao observar o comportamento do seu primeiro filho, que nasceu 1839, anunciava os trabalhos de Jean Piaget. Na sua autobiografia, ele também cita um dos seus filhos que tinha tendência a desobedecer e a furtar pequenas coisas, mas toma o cuidado de especificar que, à força de paciência, persuasão e amor, ele se tornou uma pessoa maravilhosa.

O jovem Charles foi um bom aluno, mas não se esforçou demais na escola de Shrewsbury. Apaixonado pelas ciências naturais e, sobretudo, pelos insetos, especialmente os coleópteros, também gostava de matar aula e ir para os campos, para a verdadeira escola dos naturalistas em potencial. Seu professor, às vezes, se irritava com isso e o tratava gentilmente de Pococurante, o personagem de *Cândido,* de Voltaire, que leva uma vida despreocupada. Esse professor, que se chamava Samuel Butler, também era pastor e futuro bispo de Lichfield. Como todo homem na sua condição, ele

30   *A diversidade em perigo*

acreditava na teologia natural, e a beleza da natureza lhe parecia ser a prova da Criação. Anos depois, em 1872, Darwin travaria uma longa polêmica com um outro Samuel Butler, desta vez o neto, famoso autor de *Erewhon*, e que também frequentou a escola de Shrewsbury. As atividades mais sérias começaram com a idade de 16 anos. Obrigado pela tradição familiar, Charles partiu para a Universidade de Edimburgo para fazer medicina. Por que na Escócia? Naquele tempo, essa universidade era uma das mais famosas – era a Atenas do Norte. E fora ali que Erasmus fizera os seus estudos e ficara amigo de Adam Smith e de James Watt. Seu filho Robert havia seguido o mesmo caminho, assim como Charles, reunindo-se ao irmão Erasmus. Outra razão, mais política, também teve influência. Os Darwin e seus amigos pertenciam à burguesia dos negócios apoiada nas novas ciências – os *whigs* ou liberais –, que se opunha à nobreza tradicional que mantinha o poder das grandes propriedades, muito ligada à Coroa e apoiada pela Igreja anglicana – os *tories* ou conservadores. Portanto, não havia possibilidade de enviar os rebentos machos a Oxford ou a Cambridge, onde todos os professores eram, antes de tudo, pastores moldados pela teologia natural. Um grupo social sempre procura legitimar a sua posição dominante justificando-se por intermédio de Deus ou da Natureza; pelos dois era ainda mais forte! As leis divinas e/ou naturais foram inventadas pelos homens para oprimir outros homens; as mulheres e os escravos sabiam algo a esse respeito.

A universidade foi um fracasso. Charles detestava as aulas, sobretudo as de anatomia. No entanto, nem tudo estava perdido, pois ele realizou seus primeiros trabalhos de naturalista orientado por Robert Grant, que lhe falava das teorias de um tal Jean-Baptiste de Lamarck. Também aprendeu a técnica da taxidermia em animais com John Edmonstone, um escravo negro alforriado. Naquele momento, isso não agradou em nada ao seu pai Robert, que disse

Juventudes cruzadas

irritado: "Você só se interessa por cães de caça e por ratos; será a vergonha da família!" Charles foi intimado a pensar no seu futuro; fez uma curta viagem à França em 1827 e, depois, foi para Cambridge para seguir os estudos de pastor. Robert havia passado uma borracha nas suas convicções e, diante da paixão do filho pela história natural, a melhor profissão seria a de pastor, posição social bastante honrada, mas um tanto incongruente numa família na qual, normalmente, se cultivava o ateísmo.

O exame de admissão a Cambridge incluía várias provas, sendo que uma delas tratava de textos fundadores da teologia natural: *Teologia natural ou Evidências da existência e dos atributos da divindade*, de William Paley. Charles estudou tranquilamente e, embora tenha declarado na sua autobiografia não ter aprendido muita coisa durante esses quatro anos, terminou o curso muito bem classificado. Isso foi em junho de 1831. Estava preparado para se tornar pastor.

Uma carta mudou o curso das coisas. John Henslow, seu ex--professor de botânica em Cambridge, de quem ele ficou amigo, sendo apelidado pelos seus colegas de "o homem que anda com Henslow", falou-lhe sobre um posto de naturalista a ser preenchido num navio de Sua Majestade Graciosa, o *HMS Beagle*. Foi a alegria de Charles; a recusa de Robert; o apoio do tio Jos; uma discussão em família. Charles acabou partindo numa viagem de cinco anos. No entanto, ele quase não embarcou... por causa do perfil do seu nariz. O capitão FitzRoy, adepto das ideias sobre a morfopsicologia de Johann Lavater, então na moda, acreditou detectar em Darwin uma personalidade pouco compatível com o que esperava de um companheiro para uma viagem tão longa. A expressão de Pascal sobre o nariz de Cleópatra nunca foi tão pertinente: se o nariz de Darwin fosse mais comprido, a face do mundo teria sido mudada. E foi isso o que aconteceu.

De fato, naquela época, mal se conhecia o interior dos grandes continentes como a África, o Extremo Norte canadense ou

32 *A diversidade em perigo*

siberiano, sem falar nos continentes ártico e antártico. E, naquele início do século XIX, todos os jovens apaixonados pelas ciências naturais sonhavam fazer uma grande viagem de exploração a exemplo do seu modelo: Alexander von Humboldt. Darwin, por sua vez, se inspirou em outros como Livingstone, de Brazza, Speke, Burton, Stanley, Du Chaillu e mais alguns no que se refere à África; Jack London e outros no que se refere ao Canadá; Kropotkine, Arseniev e outros, no que se refere à Sibéria (ver e rever o fantástico *Dersu Uzala*, de Akira Kurosawa, 1975). O *Beagle* acabou levantando âncora em dezembro de 1831, a caminho das Canárias, onde as autoridades não aceitaram que ele ancorasse por medo de uma epidemia. Ele navegou, então, para o Brasil depois de uma curta escala em Cabo Verde.

Ao ver a baía do Rio de Janeiro, Darwin escreveu no dia 3 de abril de 1832: "A baía de Guanabara excede em esplendor tudo o que os europeus possam ver no seu próprio país."

Os Lévi-Strauss e o fim da viagem

Claude Lévi-Strauss veio ao mundo no dia 28 de novembro de 1908, em Bruxelas, numa família de músicos e pintores. Seu bisavô, Isaac Strauss, era um violinista reputado que havia tocado com Berlioz e Offenbach e, depois, dirigiu os bailes da Opera, no governo de Napoleão III. Todo o *entourage* de Claude Lévi-Strauss era composto de artistas, e a mãe zelava pela educação do menino que queria se tornar músico. Durante a Primeira Guerra Mundial, ele se hospedou várias vezes na casa do avô materno, rabino na sinagoga de Versalhes. Sua educação religiosa não parecia muito rígida num ambiente social não muito rico, mas muito culto. O jovem Claude se apaixonou por pedras antigas e por geologia, e também por política.

Juventudes cruzadas 33

Aluno brilhante, ele seguiu o caminho clássico dos melhores estudantes nos liceus Condorcet e Janson-de-Sailly. Em seguida, inscreveu-se na faculdade de direito do Panthéon e de filosofia na Sorbonne. Passou no concurso de professor efetivo em 1931, classificado em terceiro lugar – exatamente um século depois do diploma de Cambridge de Darwin e com uma classificação igualmente brilhante. Decidiu fazer uma pós-graduação, cuja tese era sobre *Os postulados filosóficos do marxismo histórico,* e seu orientador foi Célestin Bouglé. Esse filósofo que passou para a sociologia havia escrito um livro sobre o sistema de castas na Índia sem nunca ter posto os pés nesse país, tradição que ainda persiste nos dias de hoje! No mesmo ano, Lévi-Strauss se inscreveu e militou na SFIO (Seção Francesa da Internacional Operária – partido socialista), participando ativamente do grupo encarregado da renovação, e se tornou secretário-geral dos jovens estudantes socialistas. Nesse aspecto político, notamos uma oposição radical entre o jovem Darwin, cuja família participou do desenvolvimento das indústrias e, portanto, do proletariado e do salário, e do jovem Lévi-Strauss, que combateu essas consequências sociais. Darwin não fez nenhum comentário sobre essas questões que já agitavam a sua época. Mesmo que algumas passagens de *Viagem de um naturalista ao redor do mundo* condenem a sorte dos miseráveis mineiros dos Andes, e ele o fez mais explicitamente contra a escravatura, Darwin manteve uma reserva que traduzia bem a ideia que tinha da sua condição de *gentleman.*

Ao ser nomeado professor de filosofia no liceu de Mont-de--Marsan, em 1932, Claude se casou com Dina Dreyfus, filósofa e etnóloga. Logo ele se cansou de dar as mesmas aulas, de repetir os mesmo assuntos, ainda mais porque se consolidava seu interesse por outros povos. Ele continuou na política, onde pretendia seriamente seguir carreira. Sabemos o quanto esse período, que precedeu a Frente Popular, era cheio de promessas e de lutas políticas, muitas

34 *A diversidade em perigo*

vezes violentas, como naquele ano de 1934, que decidiu o futuro de Claude Lévi-Strauss.

"Minha carreira foi decidida num domingo do outono de 1934, com um telefonema", escreveu ele em *Tristes trópicos*. Célestin Bouglé lhe perguntou: "Ainda quer praticar a etnografia? – Certamente! – Então se candidate como professor de sociologia na Universidade de São Paulo. Os arredores estão cheios de índios. Pode dedicar os seus fins de semanas a eles... Responda antes do meio-dia!" Bouglé mantinha uma estima distante em relação a um Lévi-Strauss brilhante, mas não pertencente à Escola Normal Superior de Paris e que, evidentemente, não poderia se integrar ao círculo de alunos fiéis, sendo que ele, Célestin, havia assumido a direção dessa famosa universidade. Quanto à etnografia dos povos ainda chamados primitivos, um professor universitário como Bouglé, essencialmente clássico e formado com o espírito das humanidades europeias, tinha pouco interesse por essa disciplina. Claude mal teve tempo de pensar e de fazer alguns contatos, e eis que ele partiu numa aventura que mudaria o homem e o mundo. Embarcando num lento cargueiro, deparou-se com a baía do Rio de Janeiro em 1935, maravilhando-se com o cintilar de bancos de microrganismos marinhos que refletiam a luz da Lua.

Um século entre os dois nascimentos

A FELICIDADE DA VIDA FAMILIAR

Qualquer evolucionista sabe o quanto é preciso desconfiar das semelhanças e das interpretações rapidamente vistas como errôneas quando nos arriscamos a delas tirar algum significado. As histórias de vida são únicas, tanto para os indivíduos quanto para as espécies. E não deixa de ser fascinante constatar as similitudes entre esses dois jovens que viveram em diferentes épocas, uma delas marcada pelo

Juventudes cruzadas 35

encantamento do progresso, a outra por desilusões, e em família com culturas tão diferentes. Ambos tiveram a sorte de passar a infância em ambientes burgueses cultos e atentos à qualidade da educação e dos estudos da prole. O jovem Charles perdeu o amor de uma mãe que morreu muito cedo, mas, felizmente, contou com a afeição da família, especialmente das irmãs, e também do tio e da sua família em Maer. Claude sempre foi pouco eloquente sobre as suas relações com os parentes, diferentemente de Darwin, sobretudo quando se refere ao pai na sua autobiografia. No entanto, sabemos que Claude recebeu uma boa educação em música e em arte, mesmo que Versalhes não fosse Maer, e que gozou da afeição de uma família numerosa. Do lado das respectivas linhagens paternas, observamos que os pais de ambos eram homens bem mais modestos do que os avôs, Erasmus Darwin e Isaac Strauss, que, no seu tempo, frequentaram pessoas importantes. Os avôs eram homens talentosos, pais de homens de princípios e que transmitiam os seus valores.

Os Darwin possuíam uma fortuna considerável e se destacavam nas ciências, na economia e na política do seu tempo, uma herança do avô Erasmus. A família de Claude Lévi-Strauss parecia mais conservadora; porém, o fato de o jovem Claude ter militado tão cedo no partido socialista deixa supor que tinha um espírito progressista. Portanto, eram dois ambientes burgueses, sensíveis às mudanças da sociedade e inegavelmente de acordo com a época.

NAS DUAS PONTAS DO PROGRESSO

No entanto, o contexto histórico era diferente para cada família. Os Darwin eram atores do progresso e do liberalismo, que suscitaram consideráveis tensões sociais. Do interesse de Engels pelos trabalhos de Darwin nasceu uma lenda que dizia que Marx queria dedicar o segundo volume de *O capital* ao autor de *A origem das espécies*.

36 *A diversidade em perigo*

(Na verdade, foi uma iniciativa de Edward Bibbens Aveling, membro da sociedade do Livre Pensamento, futuro companheiro da filha mais nova de Karl Marx, que queria reunir os trabalhos de Darwin e de Marx para lutar contra a influência da religião na sociedade e defender os avanços das ciências.) Entretanto, nada disso aconteceu: Darwin recebeu o livro, mas nunca o leu, pois ele foi encontrado na sua biblioteca com páginas não separadas.

Inegavelmente, a família Darwin estava do lado certo, e Charles nunca atuou no terreno político e social. Esse foi o papel de Thomas Huxley – originário de uma família modesta –, que se apoiou na ideia da evolução para lutar contra o conservadorismo da sociedade anglicana. Outros recorreram a essa teoria, mas deturpando-a intencionalmente – o que resultou, principalmente, no darwinismo social de Herbert Spencer, que Darwin não apreciou nem um pouco. Todas as grandes correntes políticas da segunda metade do século XIX – e mais ainda no século XX – se referiram à teoria da evolução, mas, se fosse com conhecimento de causa, era para deturpá-la ou para contestá-la. Ela nunca foi compreendida de acordo com os conceitos científicos mais fundamentais propostos por Darwin. Citamos, também, o coinventor do mecanismo da seleção natural, Alfred Russel Wallace, igualmente originário de um meio modesto, sempre apoiado por Charles Darwin e que foi um grande militante socialista – e vemos que a teoria darwiniana não tem uma essência liberal nem socialista, e sim científica...

O início do século XX herdou uma tensão gigantesca entre as utopias científicas e progressistas expressas pelo nascimento da ficção científica – Júlio Verne, H. G. Wells – e pelas promessas de utopias sociais alimentadas pela condição miserável das classes populares, cujo testemunho pode ser encontrado nas obras de Charles Dickens e de Émile Zola. O sonho de um progresso da humanidade desabou com o horror da Primeira Guerra Mundial, quando os homens foram esmagados pelas máquinas. *A guerra dos mundos*, de

Juventudes cruzadas

H. G. Wells – estudante e, posteriormente, amigo de Thomas Huxley e profundo conhecedor das teorias darwinianas –, já não era uma ficção. Ele publicou o livro em 1898, quando o Império Britânico estava no apogeu, preocupando-se com os desastres causados por esse apogeu, sobretudo com o extermínio metódico dos habitantes da Tasmânia. Se, como foi dito, esse relato anunciou premonitoriamente os horrores da Primeira Guerra Mundial causados pelas máquinas, até então promessas de progresso e que mataram milhões de jovens, parece que os comentaristas passaram ao largo de uma outra mensagem. A mensagem de uma verdadeira guerra dos mundos entre os homens e a biodiversidade, que corremos o risco de perder um século depois. Depois da extinção dos invasores marcianos, o narrador de *A guerra dos mundos* escreveu o seguinte: "Pois esse foi o resultado, como, aliás, eu poderia ter previsto, assim como muitos outros, se o pavor não houvesse tomado conta das nossas mentes. Os germes das doenças, há muito tempo, desde o começo das coisas, cobraram o seu tributo à humanidade – aos nossos ancestrais pré-históricos, desde o aparecimento da vida. Mas, em virtude da seleção natural, a nossa espécie desenvolveu, desde então, a sua força de resistência; não sucumbimos a nenhum desses germes sem uma longa luta e, contra alguns outros – por exemplo, os que levam à putrefação das matérias mortas – a nossa carcaça goza de imunidade. Porém, no planeta Marte, não há nenhuma bactéria e, quando os marcianos chegaram, assim que absorveram os nossos alimentos, nossos aliados microscópicos puseram mãos à obra para destruí-los [...]. O homem pagou um pesado tributo de milhões e milhões de mortos pela possessão hereditária do globo terrestre: ele lhe pertence contra todos os outros intrusos e ainda seria dele, mesmo se os marcianos fossem dez vezes mais poderosos. Isso porque o homem não vive nem morre em vão."★

★ A versão dos textos de livros citados na obra são de autoria da tradutora. (N. T.)

38 *A diversidade em perigo*

O jovem Lévi-Strauss cresceu numa época marcada pelas crises, principalmente a de 1929, e pela afirmação dos movimentos sociais e políticos que se realizaram com a Frente Popular de 1936, quando ele era professor de sociologia na Universidade de São Paulo, de 1935 a 1938. Assim também, a abolição da escravatura no Império Britânico ocorreu em 1833, enquanto Charles Darwin navegava no *Beagle*.

O PASTOR MALOGRADO
E O FILÓSOFO DESANIMADO

Um deles quase foi pastor por necessidade; o outro, filósofo por convenção. Um deles foi nutrido pela teologia natural e suas falsas inspirações sobre a natureza, salmodiadas em Cambridge; o outro, pela filosofia da Sorbonne. Suas viagens não foram apenas iniciáticas; elas lhes serviram para refutar os saberes livrescos. Nada havia mudado desde a controvérsia de Valladolid entre os Bartolomeu de Las Casas, homens pragmáticos e presentes, e os Juan Ginés de Sepúlveda, homens dos livros e da marginalização.

No nosso mundo, saturado de meios de comunicação, quem poderia imaginar que uma carta ou um telefonema (poucas pessoas tinham telefone em 1934) pudessem mudar o curso de uma vida? Eram outras épocas em que, com tempo, podíamos abraçar grandes decisões. Como imaginar o caminho para um novo mundo na velocidade do vento que soprava nas velas do *Beagle* ou na velocidade da fumaça de um pesado cargueiro? O navio de Darwin navegava na direção de mundos a serem descobertos e ainda não devastados pelos homens, se bem que o desastre já se anunciava aos olhos do jovem naturalista, e ele logo se conscientizou disso. O sonho estava quase intacto para um; o despertar seria brutal para o outro.

A aventura de Lévi-Strauss começou com o pesadelo de uma Europa que conheceria as suas horas mais sombrias. A história se repete. Quando Cristóvão Colombo chegou à América em 1492, no mesmo ano, os judeus foram expulsos da Espanha, que nunca mais iria se recuperar. Os impérios, os reinos e os Estados desmoronam quando começam a excluir. Assim é o Velho Mundo cheio de história e de humanidades, mas incapaz de aprender com a sua própria história, embora pretenda impô-la ao resto do mundo. Existe esperança no Novo Mundo?

Passou-se um século entre a chegada de Darwin e a chegada de Lévi-Strauss ao Brasil. Nesse meio-tempo, quase toda a Terra foi vasculhada, explorada, hoje em dia superexplorada. Ambos, imediatamente antes de pôr os pés em terra, descreveram o espetáculo surpreendente dos bancos de pequenas plantas à deriva ao longo das costas. Depois desse encantamento, um descobriu a exuberância e o outro, a tristeza dos trópicos. Um deles gostou da viagem, o outro, não.

Capítulo 2

VIAGENS, EXPLORAÇÕES, ENCONTROS

A viagem do Beagle *(1831-1836)*

Charles embarcou com uma boa formação de naturalista, embora seus conhecimentos fossem marcados por uma teologia natural. Sua época viu se estabelecerem as ciências modernas, e, embora a física e a astronomia já gozassem de um sólido fundamento metodológico e epistemológico, esse processo apenas havia começado na biologia, na paleontologia e na geologia, disciplinas em pleno desenvolvimento graças a grandes cientistas como Buffon, Hutton, Lamarck e Cuvier, sem contar com a memorável controvérsia entre Cuvier e Geoffroy Saint-Hilaire, na Academia de Ciências, em 1830.

Mesmo que a Europa tenha feito uma grande repercussão dessa controvérsia, o jovem Charles Darwin não se envolveu. Ela não foi

42 *A diversidade em perigo*

ignorada por Balzac no seu preâmbulo de *A comédia humana*, em que ele toma o partido de Geoffroy Saint-Hilaire. Goethe fez dela um dos grandes debates do seu tempo. Escreveu um longo poema sobre a Natureza que, traduzido por Thomas Huxley, foi o texto de abertura do primeiro número da famosa revista científica *Nature*, de 4 de novembro de 1869. O texto havia sido publicado em 1842, ano do esboço a lápis de 31 páginas da primeira versão da teoria sobre a seleção natural de Charles Darwin, encontrada, por acaso, no fundo de um armário, na ocasião do inventário feito depois da morte da sua esposa Emma, em 1896.

O jovem de 22 anos levou consigo algumas obras essenciais, como *Viagem às regiões equinociais do novo continente*, de Alexander von Humboldt e Aimé Bonpland, os sete volumes de *História natural dos animais invertebrados*, de Jean-Baptiste de Lamarck – inventor da primeira teoria coerente da evolução denominada transformismo –, e, ainda, o primeiro volume de *Princípios da geologia*, de Charles Lyell. Ele recebeu o segundo volume em 1832, quando fazia escala em Montevidéu. O livro lhe foi enviado por Henslow com um bilhete que o incitava a não aderir às ideias de Lyell, que apresentava o pensamento de Lamarck, certamente para criticá-lo, mas também por causa da sua concepção da formação da Terra. Lyell até falava de "evolução", primeira ocorrência desse termo na sua acepção transformista. Embora não citasse as espécies, as portas da geologia se entreabriram sobre essa questão.

Quando podia, Charles passava a maior parte do tempo em terra. Ele montou expedições de várias semanas nos pampas e nos Andes, ocasiões em que as suas qualidades de cavaleiro foram postas à prova. Observador minucioso, ele encheu inúmeros cadernos. Confrontou as ideias de Lyell com as diversas formações geológicas que encontrou e se convenceu de que tinham pertinência. Ele se questionou sobre a diversidade da flora e da fauna, sobre a sua distribuição geográfica e também sobre a relação entre a fauna

Viagens, explorações, encontros 43

de então e os fósseis que encontrou. O episódio mais conhecido é o do arquipélago de Galápagos e a diversidade dos tentilhões, das tartarugas e das iguanas de uma ilha para outra. Não podemos falar de revelação, porém estabeleceu-se uma reflexão sobre as origens das diferenças e semelhanças entre as espécies e as populações das mesmas espécies no tempo e no espaço.

O longo trabalho de pesquisa e de estudos começou realmente quando ele voltou para a Inglaterra, inicialmente em Londres, depois no seu pseudorretiro de Down House, em Kent, a partir de 1841.

Expedição ao Mato Grosso

A formação universitária de Claude Lévi-Strauss, embora bastante deficiente em etnologia, era nitidamente mais sólida. Essa disciplina teve um desenvolvimento considerável depois dos anos 1860, assim como a pré-história e a antropologia física; todas as três constituem os pilares das ciências humanas, afora a sociologia, e do Museu do Homem, fundado em 1937. Quando Lévi-Strauss partiu para o Brasil, esse museu assumiu a sua forma moderna após a Exposição Universal de 1937, sucedendo ao museu etnográfico do Trocadéro, aberto em 1878.

Contudo, na época, o olhar do Ocidente para os povos chamados "primitivos" era profundamente marcado pelo colonialismo, pelo racismo científico e pela arrogância do pensamento ocidental num mundo dominado pelas potências europeias. A Exposição Colonial de 1831 representou uma espécie de apoteose dessa visão e de outras visões do mundo. Os "povos primitivos" participaram da maneira mais sórdida desse triunfo da missão civilizadora do Ocidente. Lapões, habitantes da Terra do Fogo, pigmeus, hotentotes e habitantes da Nova Caledônia se exibiam, fazendo sinistras apresentações de circo. Tudo isso não passava de encenação, mas

44 A diversidade em perigo

esses "zoos humanos" não deixaram de marcar por muito tempo o imaginário europeu. O que esses "selvagens" podiam nos ensinar sobre a humanidade? Eles pareciam apenas representar os últimos vestígios vivos de uma evolução, cuja finalidade e fim seriam as sociedades ocidentais.

No entanto, na sua época, Darwin foi um grande crítico dessa concepção pejorativa e hierarquizada da diversidade dos povos e das culturas, desse "evolucionismo cultural". *A descendência do homem e a seleção sexual,* de 1871, já fustigava essa desorientação racista e ocidental que pretendia se apoiar no evolucionismo. Ainda hoje, essa obra continua a ser pouco lida e a antropologia darwiniana, ignorada.

O jovem Lévi-Strauss, ao passar da filosofia para a etnologia, enveredou por um itinerário intelectual que ia para o lado oposto dessa concepção e ao encontro da epistemologia medíocre que caracterizava a filosofia de então, que, para ele, se encarnava na pessoa de Célestin Bouglé. Esse desprezo pela observação e pelos dados empíricos permaneceu por muito tempo a propósito da questão filosófica do animal; a objetividade era concebida como um afastamento do objeto a ser estudado, prática ainda corrente, ao contrário da etologia, da etnologia e mesmo na sociologia.[1]

Claude e Dina organizaram diversas expedições para encontrar os índios Caduveos e Bororós, e outra, tão longa quanto penosa, a dos Nambiquaras. Darwin cruzou, por acaso, com diversos grupos de ameríndios nas suas expedições naturalistas, porém, Lévi-Strauss teve de entrar até muito longe da costa, das cidades e dos rios para se aproximar dos povos expulsos pelos "avanços da civilização" e pela depredação da natureza. No entanto, o caminhar intelectual e científico do naturalista antropólogo e do antropólogo naturalista seguiram o mesmo itinerário, o do descentramento e do isolamento em relação à sua cultura de origem. Ao fim de suas viagens e do longo trabalho de reflexão científica que se seguiu, uma outra visão

---

1 Cf. PICQ, Pascal, *Il était une fois la paléanthropologie*, Odile Jacob, 2011.

Viagens, explorações, encontros 45

do mundo, do homem, bem como de suas origens e mesmo do seu futuro nasceu neles. Mas não devemos nos enganar: não foram as suas obras científicas ou o olhar deles que desencantaram o mundo, e sim suas observações, que levaram a denunciar um desencantamento em curso por falta de consciência.

A agitação londrina e a longa maturação

Assim que voltou para a Inglaterra, Charles se instalou em Londres, na casa do irmão Erasmus, muito inserido no mundo artístico, intelectual e científico. Embora não gostasse nem um pouco de mundanidades, ele teve vários encontros com personalidades interessantes. Os mais importantes ocorreram no mundo científico, pois ele mostrou suas diversas coleções a cientistas que já gozavam de grande reputação, como Joseph Hooker, que se interessava pelas plantas, Hugh Falconer pelos fósseis de animais, John Gould pelos pássaros e, *last but not least,* Charles Lyell pelo que tocava à geologia. A partir de 1839, Charles se tornou membro da influente Royal Society de Londres.

Viajando com um sobrenome famoso, mas sem reputação pessoal, ele não sabia que havia feito um nome durante a sua viagem. Ao mandar para a Inglaterra, em cada escala do *Beagle,* as suas coleções cheias de muitas novidades, ele não sabia se o que fazia tinha realmente alguma importância científica. O correio viajava no ritmo da navegação a vela, sem contar os desencontros de um porto para o outro. Foi somente um mês antes da sua volta para terras inglesas que uma carta das irmãs, recebida em Cabo Verde, informou-o de que uma bela reputação de cientista o aguardava, e isso graças a Henslow. E essa reputação se concretizou com a publicação de *Viagem de um naturalista ao redor do mundo,* que alcançou um grande

46 *A diversidade em perigo*

sucesso e lhe valeu o reconhecimento dos seus pares, Humboldt entre eles. Toda obra científica também é uma aventura coletiva (e internacional). Durante os anos em Londres, Charles teceu uma rede de relações profissionais e de boas amizades, algumas nem tanto, que se mostraram eficazes quando publicou *A origem das espécies,* em 1859. Enquanto isso, em 1837, Darwin se dedicou à redação de um primeiro ensaio sobre a sua teoria, a da transformação das espécies, num dos seus famosos cadernos, intitulado *Zoonomia* (era o título do livro do seu avô Erasmus). Ele releu as obras do avô e as de Lamarck, e, na sua autobiografia, ele conta que, em 1838, leu o tratado de Malthus sobre as populações, "para se distrair". Podemos duvidar dessa afirmação, pois uma amiga do seu irmão Erasmus era a inspiradora de Malthus. O que quer que fosse, esse livro trouxe uma base teórica para a sua reflexão; ele passou a ter um modelo para o seu trabalho. Depois de um esboço a lápis redigido em 1842, ele terminou um manuscrito, em 1844, de 240 páginas, que apresentava uma versão bem elaborada da seleção natural.

Nesse meio-tempo, ele se casou com a prima Emma Wedgwood, em janeiro de 1839. O primeiro filho nasceu em dezembro de 1839. Nove outros vieram aumentar a família que, a partir de 1842, se instalou no povoado de Down. Preocupado com a sua saúde e cansado da agitação de Londres, esse homem que fez uma viagem tão grande, só saía da sua ampla casa em raras ocasiões, na maioria das vezes por obrigação. Ele pediu demissão das suas raras funções oficiais e nunca solicitou um cargo na universidade.

Tratava-se, porém, de um falso retiro. Todos os grandes cientistas foram à Down House. Os jovens pesquisadores de hoje em dia, acostumados a se comunicar e a conversar por intermédio das redes modernas, ficariam surpresos com a quantidade e a qualidade da correspondência de Darwin com milhares de pessoas no mundo. Todos os que acompanharam a maturação da teoria dele – Hooker,

Viagens, explorações, encontros 47

Falconer, Huxley e mesmo Lyell – também foram homens que fizeram grandes viagens, como Russel Wallace que, ao ler Malthus quando estava com febre num lugar afastado da Malásia, descobriu, por conta própria, os mecanismos da seleção natural. Esse jovem naturalista já mantinha uma correspondência com Darwin. Podemos imaginar a surpresa de Darwin ao receber, em junho de 1858, o manuscrito de Wallace, cujo conteúdo se parecia com o seu próprio manuscrito de 1844, nunca divulgado. Uma comunicação oficial foi feita perante a Sociedade Lineana de Londres em novembro de 1858, mas sem desencadear nenhum tumulto. O mundo das ciências da vida e da Terra já estava sensibilizado para as transformações das espécies com os trabalhos de Lamarck e depois a controvérsia Cuvier–Geoffroy Saint-Hilaire. Um detrator, chamado a retomar o assunto a cada anúncio de mudança de um paradigma em ciência, fez o seguinte comentário: "O que foi apresentado já é conhecido, e o que parece novo está errado." Ferido no seu amor-próprio e apoiado pelos amigos, Darwin resolveu editar um "resumo" de 600 páginas do seu imenso trabalho, o que foi feito em novembro de 1859: era *A origem das espécies*, cuja primeira tiragem se esgotou em um dia.

Sabemos que vivemos num mundo que muda constantemente. Em compensação, temos menos consciência – e Darwin já o havia compreendido – de que o homem enveredou por um caminho de destruição da diversidade natural e que o mesmo acontece com as populações humanas confrontadas com a expansão planetária da sociedade ocidental.

O exílio, Nova York e as incertezas acadêmicas

Depois da sua primeira estada no Brasil, Claude Lévi-Strauss começou sua tese. Ele voltou novamente ao Brasil em 1939, enviado

48 *A diversidade em perigo*

pelo recém-criado Museu do Homem. Ao retornar à França, foi mobilizado na linha Maginot e, depois, desmobilizado. Lévi-Strauss recuperou seu posto de professor, ao qual teve de renunciar por causa das leis antissemitas do governo de Vichy. Decidido a deixar a França, embarcou em Marselha num navio lotado, onde as condições de vida eram bem desconfortáveis, embora ele gozasse de um tratamento privilegiado, assim como André Breton. Ao chegar em Nova York, ele se ligou a uma rede de franceses expatriados. Com André Breton, Max Ernst, Marc Chagall, Piet Mondrian, Fernand Léger e outros, criou a Escola Livre de Altos Estudos, onde ensinou etnologia. No entanto, ele precisou assinar somente o sobrenome Strauss, não por causa das leis antissemitas, mas para não provocar confusão com a famosa marca de jeans. Também se envolveu com a rede da França Livre em Nova York.

Esses intelectuais muito ativos mantinham inúmeras relações com os colegas americanos. Foi assim que Lévi-Strauss conheceu Roman Jakobson, um dos grandes especialistas em linguística estrutural. Foi uma revelação científica, a exemplo da de Darwin e da de Wallace com Malthus: ele também passou a dispor de uma teoria que usou para o seu trabalho de pesquisa. Darwin ficou igualmente muito interessado na análise estrutural da linguística comparada nascente, motivado pela questão das origens indo-europeias das populações da Europa Ocidental. No entanto, derivas ideológicas haviam levado a Sociedade de Antropologia de Paris a banir, em 1864, esse tipo de pesquisa, cada vez mais perseguida pelo racismo ideológico. Esses trabalhos foram retomados nos anos 1980 com sucesso, com as controvérsias associadas a propósito da questão, mal colocada, da "língua mãe", de Merritt Ruhlen e outros.

A partir de 1943, Lévi-Strauss iniciou a redação da sua tese sobre as estruturas de parentesco. Ele a defendeu na Sorbonne em 1948 e obteve o posto de subdiretor do Museu do Homem. Nesse meio-tempo, ele se casou novamente e foi nomeado conselheiro

Viagens, explorações, encontros   49

cultural na embaixada da França em Washington – onde recebeu Jean-Paul Sartre –, posto do qual pediu demissão para se consagrar às pesquisas e começar uma carreira universitária. Ficou conhecido pela publicação de *As estruturas elementares do parentesco* em 1949, mas não obteve a cátedra de sociologia comparada do Collège de France. No ano seguinte, foi eleito diretor de estudos na Escola Prática de Altos Estudos, Vª seção, a de ciências religiosas. Mesmo assim, ficou preocupado com a sequência da sua carreira universitária, ainda mais porque prosseguia com a sua reflexão sobre questões delicadas, como a das raças. Ele relativizou a superioridade da civilização ocidental, não a criticando nem diminuindo, mas mostrando que outras culturas, simultaneamente no tempo e no espaço, haviam desenvolvido não só sistemas de pensamento e de conhecimento do mundo como também organizações sociais igualmente notáveis e até mais complexas. Isso provocou – e assim é até hoje em dia – violentas polêmicas como a que teve com Jean-Paul Sartre e Roger Caillois.

Dois livros consolidaram a notoriedade de Lévi-Strauss além do mundo intelectual: *Tristes trópicos,* em 1955, e *Antropologia estrutural,* em 1958, que reúne artigos publicados anteriormente. *Tristes trópicos,* título publicado na magnífica coleção "Terra Humana", dirigida por Jean Malaurie, é um livro único, de grande qualidade literária e de um estilo incisivo. A Academia Goncourt lamentou não poder lhe conceder um prêmio, pois só laureava romances.

Recuando no tempo e com a sua releitura, saímos abalados com a modernidade dos conceitos e a clareza da análise. Além do estilo e da força da escrita, ficamos impressionados com a violência de algumas passagens; violência contra certos sistemas de pensamento próprios à cultura ocidental – como uma certa filosofia então dominante ou mesmo a psicanálise. Mais de meio século depois, ficamos consternados porque as homenagens prestadas à antropologia passam ao largo da mensagem de Lévi-Strauss. *Tristes trópicos* é a

50   *A diversidade em perigo*

denúncia do evolucionismo cultural, a condenação do racismo e o anúncio do desastre em curso, do desastre da diversidade cultural e da diversidade natural. Como os franceses puderam chamar de "Museu de Artes Primitivas", o museu consagrado aos povos que não são relíquias, a despeito de uma visão mesquinha de um progresso universal ditado pelo Ocidente, mesmo tendo a Unesco e as Nações Unidas adotado, no início de século XXI, uma declaração sobre os direitos dos povos autóctones?

CAPÍTULO 3

DARWIN, A BIODIVERSIDADE
E OS HOMENS

A descoberta dos mundos em perigo

Depois de uma curta escala em Cabo Verde, o *Beagle* chegou ao Brasil em janeiro de 1832. A viagem terminou em setembro de 1836 com uma parada na Bahia e um breve retorno a Cabo Verde. Quase cinco anos se haviam passado, e o jovem se tornara um cientista enriquecido por uma experiência única. Foi isso exatamente o que lhe disse o pai ao revê-lo: "Meu filho, a sua cabeça mudou."

Darwin se instalou em Londres e organizou o estudo de inúmeras coleções de plantas, rochas, fósseis e animais que seriam o tema de uma publicação em vários volumes. Foi um sucesso e teve o reconhecimento dos seus pares, pois várias espécies foram denominadas em sua honra, como a avestruz do sul do pampa, que ele

52   *A diversidade em perigo*

teve muita dificuldade em pegar – *Struthio darwinii* – ou ainda uma espécie de cacto da Patagônia – *Opaniontus darwinii*, para citar apenas as lembradas no seu primeiro sucesso editorial *Viagem de um naturalista ao redor do mundo,* publicado em 1839. (Em 2009, os paleontólogos anunciaram a descoberta de Ida, uma primata fóssil encontrada na Alemanha e datada de 47 milhões de anos: *Darwinius massillae.*) Inúmeras outras espécies atuais, desaparecidas posteriormente ou fósseis, levam o seu nome, sem esquecer algumas montanhas, entre elas a mais alta da Terra do Fogo, batizada em sua honra, em 1834, pelo capitão FitzRoy no dia do 25º aniversário de Darwin e também a cidade de Darwin na Austrália.

No último capítulo do seu relato de viagem, ele narrou suas impressões da Austrália e da Tasmânia. Começou com a admiração pela cidade de Sidney, um testemunho da grandeza do Império Britânico. Depois, seguiu pelas terras do interior. A decepção aparece ao longo das suas observações e comentários. Não é *O coração das trevas,* de Joseph Conrad, mas Darwin percebeu as dificuldades que esse continente poderia passar se a sua exploração continuasse nas mesmas modalidades. Ele descreveu a miséria e a degradação dos aborígenes obrigados a entrar cada vez mais pelo continente para perseguir uma caça que se tornava rara, sobretudo os emus e os cangurus. As espécies invasivas trazidas pelos colonos provocavam gigantescos desequilíbrios ecológicos – carneiros, coelhos, cavalos, bois, dromedários etc. – enquanto os últimos lobos marsupiais, os tilacinos, eram impiedosamente eliminados. Darwin duvidava que a Austrália pudesse continuar a se desenvolver de forma durável com a produção de lã de carneiro e óleo de baleia. A qualidade do solo e as secas também não permitiam a expansão de uma agricultura intensiva.

Um século e meio depois, a Austrália, um dos países mais criacionistas e mais ativos nas cruzadas antidarwinianas, e que, pelas mesmas razões não ratificou o acordo de Kyoto, sofre um desastre

Darwin, a biodiversidade e os homens 53

ecológico em escala territorial, devastado por secas intensas, imensos incêndios e solos cada vez mais salinizados devido a práticas agrárias inaptas. As advertências de Darwin não foram ouvidas, mesmo num país em que uma das mais belas cidades leva o seu nome. Atualmente, admiramos a magnífica ópera de Sidney, mas uma tragédia ecológica impossível de ser contida atua do lado de fora, pontuada pelo canto dos últimos aborígenes. Um pesadelo ocidental põe fim ao "tempo do sonho" dos aborígenes.

AS EXTINÇÕES DE ONTEM E DE HOJE

Os primeiros passos de Darwin no Brasil e a sua primeira visão da floresta tropical deixaram-no maravilhado. Recolheu centenas de plantas, e muitas foram denominadas em sua honra. No entanto, mesmo que tenha se dedicado a descrever a flora, interessou-se especialmente pelos animais, pelos fósseis e pela geologia. Mais raros foram os seus comentários sobre o possível desaparecimento das plantas e do meio ambiente. Isso era mais perceptível em certas espécies animais. Não podemos nos esquecer de que se tratava de uma das primeiras grandes missões exploratórias visando à descoberta de novas espécies. Como imaginar, na ocasião, o desaparecimento delas? A situação era radicalmente diferente da que conhecemos agora, embora saibamos que muitas espécies desapareceram sem que tenhamos tido tempo de descrevê-las.

Se nos interessamos pelas espécies mais emblemáticas, como as aves de rapina – condores, abutres e águias – e os pumas, Darwin descreveu as áreas em que estavam distribuídos e que cobriam imensas superfícies no continente sul-americano. Ele conta que matava um condor sem dificuldade nas ilhas Malvinas, pois a expansão humana apenas começava a se fazer sentir sobre a biodiversidade. Portanto, inúmeras espécies se mostravam pouco ariscas, como a grande raposa das Malvinas. Ele citou os marinheiros assustados com aqueles

54 *A diversidade em perigo*

"lobos" que rondavam os acampamentos por simples curiosidade e que se jogavam estupidamente na água, mesmo sendo muito fácil se aproximar deles com um "pedaço de carne na mão e uma faca nas costas para matá-los". Darwin previu a iminente extinção desses animais. O mesmo aconteceu, ou quase, com as espécies de gansos, patos e bútios dessas ilhas de clima ingrato. Aliás, o que aconteceu com os milhares de focas da ilha de Chiloé que cobriam todas as praias e rochedos suficientemente planos para recebê-las? Onde estão os milhares de marsuínos que nadavam em volta dos veleiros ao longo das costas do Brasil?

O caso das raposas das ilhas Malvinas originou um dos raros comentários de Darwin a respeito dos desaparecimentos. Ele observou e recolheu dezenas de novas espécies de mamíferos – entre eles, roedores –, uma nova espécie de avestruz, o que não é pouco, e vários pássaros, entre eles os famosos tentilhões dos Galápagos, hoje em dia chamados de "tentilhões de Darwin". Ele se surpreendeu com a facilidade de se aproximar dos tentilhões, assim como dos bútios, dos pássaros papa-moscas, das cambaxirras etc. Eles não se assustavam, o que levou Darwin a algumas reflexões, pois as espécies aparentadas do continente desconfiavam do homem. Como as populações animais aprendem a mudar de comportamento quando chega um predador ou um perturbador? Seus comentários pressagiaram um belo texto sobre o instinto, publicado em 1884, dois anos depois da sua morte, muito pouco lido: *Essay on Instinct*.

Sua longa viagem pelos pampas provocou nele observações contraditórias, como os cervos – atualmente extintos – que não se preocupavam com os tiros, mas que desconfiavam dos cavaleiros. Acontece que os cavalos abandonados pelos primeiros colonos remontavam apenas a três séculos, o que mudou os costumes dos índios e seus métodos de caça. Essa espécie invasiva, o cavalo, certamente modificou o antigo equilíbrio ecológico, o que era difícil de perceber em territórios tão vastos e ainda inexplorados.

Darwin, a biodiversidade e os homens 55

A descoberta de fósseis, às vezes grandes e aparentados com a fauna que ele cruzava, levou-o a se interrogar sobre as causas dessa mudança. Naquela época, a paleontologia e a geologia eram disciplinas jovens. Ele andava com um exemplar de *Principles of Geology*, de Charles Lyell, e comprovou a sua pertinência em todas as ocasiões em que observava formações geológicas. No entanto, ele propôs uma explicação diferente da de Lyell sobre as formações dos atóis; a sua validade foi reconhecida por Lyell e permanece confirmada. As grandes faunas levaram Darwin a duas reflexões: uma sobre o que ainda não era chamada de evolução e, justamente, a propósito do desaparecimento desses grandes mamíferos fósseis que viviam havia não muito tempo; a outra sobre as condições ecológicas necessárias para que uma região pudesse suportar tantos animais de grandes dimensões e de diferentes espécies.

Ele fez uma comparação com as grandes faunas fósseis da Era Terciária da Europa, da Sibéria e da América do Norte. A paleontologia revelou modificações e extinções consideráveis de faunas em escala planetária, correlacionadas com mudanças climáticas; a geologia pôs em evidência o que chamamos de "idades glaciais". A Terra passou por perturbações, e não somente pelo Dilúvio, pois a explicação de que todas essas faunas desaparecidas não puderam embarcar na Arca de Noé não convence mais, mesmo que a literatura científica continue a citar períodos antediluvianos. Ao longo de suas reflexões, Darwin questionou uma outra causa em escala planetária: o homem. Essa, certamente, foi a primeira vez em que essa hipótese foi sugerida.

Ele não conheceu a África, ou viu muito pouco dela. Por ocasião da sua breve passagem na Cidade do Cabo, na África do Sul, em 1836, Darwin aproveitou para fazer uma excursão, que foi muita curta para lhe permitir observar a fauna dessas grandes regiões de vegetação rasteira salpicadas de arbustos. Ele cita essa fauna no seu relato e se espanta com a sua diversidade, uma vez que a vegetação

56   *A diversidade em perigo*

é tão ingrata. Havia os elefantes, dois tipos de rinocerontes, três espécies de zebras, girafas, búfalos, sem esquecer todos os antílopes, entre eles o grande e magnífico alce do Cabo. A exploração da África mal havia começado (o gorila, por exemplo, só foi descoberto em 1850). Atualmente, todas essas espécies estão em perigo de extinção e, voltando às citadas por Darwin, a maioria delas está extinta, sendo que o mesmo está prestes a acontecer com muitas outras. Hoje em dia, nós conhecemos a causa: o homem.

Ao reler *Viagem de um naturalista ao redor do mundo,* à luz das problemáticas atuais relacionadas ao aquecimento climático e à preservação da biodiversidade, nos espantamos que essas observações de Darwin sobre a evolução e sobre a influência do homem tenham sido tão pouco comentadas. E, no entanto, se existe uma tragédia da qual Darwin foi a primeira testemunha lúcida, ela é a da destruição dos homens por outros homens.

OS AMERÍNDIOS ENTRE ORIGENS INCERTAS E A CERTEZA DA ELIMINAÇÃO

Charles guardou do Brasil duas recordações muito fortes: o encantamento pela floresta tropical e o fato de detestar a escravidão. Isso foi objeto de uma intensa oposição entre ele e o capitão do *Beagle,* Robert FitzRoy, que achava que as coisas aconteciam porque o Criador assim queria. Estavam no ano de 1832, e a escravidão foi abolida no ano seguinte no Império Britânico, graças à ação política de William Wilberforce, apoiado pelas ricas e influentes famílias Darwin e Wedgwood.

Darwin contou sua passagem em frente a uma colina nos arredores do Rio de Janeiro. Alguns anos antes, escravos fugitivos haviam se refugiado ali, sobrevivendo, assim, por algum tempo. Depois, uma milícia armada seguiu em seu encalço. Todos foram presos, exceto uma mulher velha que se jogou lá do alto e foi declarada demente. Darwin fez o seguinte comentário: "Se fosse realizado por uma velha romana, teriam celebrado esse ato e dito que ela havia sido motivada pelo nobre amor à liberdade; realizado por uma pobre negra, limitam-se a atribuí-lo a uma brutal obstinação." Alguns dias depois, em 14 de abril de 1832, ele atravessou um rio num barco dirigido por um escravo negro. Depois de uma manobra errada, Charles gritou algumas ordens e se agitou, passando a mão perto do rosto do homem. Ele viu o homem se encolher e se proteger, como um animal acostumado a apanhar: "O homem havia sido levado a uma degradação maior do que a do mais ínfimo dos animais domésticos." O homem é mesmo um lobo da pior espécie para o homem.

Os primeiros encontros com os índios ocorreram num contexto dramático, o da guerra de extermínio liderada pelo general Juan Manuel de Rosas, nas imensas extensões dos pampas argentinos. Darwin o descreveu como um homem de grande caráter, capaz de comandar um exército de gaúchos composto de homens de várias origens e de passado conturbado. Rosas impôs uma disciplina que aplicava a si mesmo. Seus homens semearam o terror entre os índios, que reagiram da mesma forma. Como em todas as guerras ditas "indígenas", as tropas de Rosas cumpriram sua sinistra tarefa com a ajuda de grupos de índios hostis entre si e mesmo de alguns índios vindos do Chile. Como comentou Darwin, essa estratégia de grande extensão fracassou parcialmente, e os povos indígenas foram arrastados para um declínio irreversível.

Graças ao encontro com o general e às cartas de recomendação de Rosas, Darwin pôde se locomover à vontade, acompanhado de gaúchos cuja vida rude e livre ele compartilhou. Também foi uma época de medos diante da ideia de cruzar com índios hostis, época de pular de um bivaque para outro ou de um posto avançado para o outro e de ouvir histórias terríveis de massacres. Ao longo das suas descrições, desenha-se um Darwin que aprecia os homens em função da sua atitude e não pelo fato de pertencerem a uma

58   *A diversidade em perigo*

certa classe social ou étnica. Para aquele rapaz, embora consciente do seu *status* social – senão, como poderia gozar de tantos contatos, de redes e recomendações que lhe permitiram usufruir de tanta hospitalidade e ser recebido pelas mais altas autoridades locais em qualquer parte que fosse? –, o *status* de *gentleman* repousava em atitudes pessoais, como um certo oficial negro, chefe de posto, cujas qualidades de chefe e hospitalidade ele louvou. Foi nesse contexto e em torno dos acampamentos que Darwin viu os "selvagens" pela primeira vez, admirou a beleza das jovens índias e suas vestimentas. Para ele, os homens deveriam ser livres, e o que eram dependia das circunstâncias. Seus adversários se limitavam a extrair algumas passagens de seus relatos permitindo que ele fosse considerado racista e que só sentia desprezo pelos índios. Ora, encontramos nos seus escritos tanto comentários elogiosos quanto críticas em relação a grupos de homens, quer se tratasse dos habitantes da Terra do Fogo, de outros índios, mas também de ocidentais e muito particularmente dos proprietários de terras que pretendiam ser de sangue puro e possuíam escravos. Se ele percebeu quanto o meio ambiente físico afetava a condição dos homens, como no caso dos habitantes da Terra do Fogo, Darwin também foi testemunha da degradação dos homens por outros homens, em todos os meios ambientes.

O episódio mais conhecido e mais comentado a esse respeito foi o de alguns habitantes da Terra do Fogo, passageiros do *Beagle*. Por ocasião de uma viagem anterior, FitzRoy havia embarcado quatro fueguinos com a promessa de levá-los de volta depois de uma estada na Inglaterra. Eles aprenderam rapidamente a língua e os bons costumes da "civilização inglesa". Um deles ficou doente e morreu. Darwin consagrou uma longa passagem do seu relato à jovem e aos dois homens chamados, respectivamente, Fuegia Basket, York Minster e Jemmy Button. A volta para a terra natal deu lugar a acontecimentos bem desagradáveis para todos: entre os fueguinos de volta, entre as suas tribos e entre estas e os membros do *Beagle*.

Darwin, a biodiversidade e os homens   59

Depois do desembarque dos jovens fueguinos, o navio passou novamente por lá alguns meses depois para verificar a situação. Darwin ficou mortificado com o estado de degradação de York Minster e relembrou o quanto a condição dos homens pode se degradar. Ele ampliou seus comentários para esses povos de condições de vida miseráveis – Darwin sabia que eles estavam lá porque haviam sido expulsos da Patagônia devido aos conflitos citados acima. Ele ficou revoltado, no limite da náusea. Pode-se ter a impressão de ler o julgamento de um jovem ocidental cheio de superioridade e desprezo. Mas não é nada disso, pois ele fez os mesmos comentários sobre os marinheiros desembarcados de uma baleeira e acolhidos por índios apresentados como magníficos e briosos "gigantes patagônios". Suas palavras sobre esses homens foram igualmente rigorosas no que concerne à degradação física e moral deles; e fez o mesmo em relação aos condenados da Austrália.

Os fueguinos, os escravos, os marinheiros, os índios e ainda os mineiros superexplorados do Chile eram, para ele, estados possíveis da humanidade que podiam variar de acordo com as circunstâncias tanto da natureza quanto das sociedades humanas e, no caso, do que os homens podem infligir a outros homens. Em relação aos seus encontros com as diversas populações indígenas, da Patagônia, da Terra do Fogo, do Chile e do arquipélago de Chiloé, ele anotou as semelhanças, descrevendo alguns como orgulhosos e outros como mais miseráveis.

Essas diferenças entre as populações ameríndias, nas quais ele percebeu uma certa homogeneidade, levaram-no a conceber uma presença humana muito antiga na América. A observação de ruínas de povoados há muito tempo abandonados nas montanhas do Chile e do Peru incitaram-no a isso. Com certeza, foi a primeira reflexão antropológica sobre as origens e a evolução de uma família humana, muito antes da invenção da antropologia no sentido amplo, nos anos 1860. Hoje em dia, a história do povoamento das Américas pela

60 *A diversidade em perigo*

nossa espécie pode ser reconstituída graças às relações de parentesco entre os genes e as línguas, aos quais poderíamos acrescentar a dos mitos, segundo Claude Lévi-Strauss.

Antes de voltar ao Brasil, o *Beagle* passou pelo Taiti, Nova Zelândia, Austrália e Tasmânia. Darwin ficou admirado com o caráter amável, a beleza física e a culinária dos taitianos; ele descreveu suas vestimentas e tatuagens. A impressão foi totalmente diferente na Nova Zelândia. Ele considerou os maoris mais grosseiros, o que combinava com seus hábitos guerreiros. Foi lá que o capitão FitzRoy desembarcou o missionário que, inicialmente, deveria ficar com os habitantes na Terra do Fogo. Darwin comentou a difícil obra dos missionários que levavam a civilização e o ensino de comportamentos mais pacíficos, mencionando sentimentos ambíguos a respeito desses nativos, tingidos de respeito e de medo ao mesmo tempo. As mulheres, em particular, dificilmente aceitavam abandonar suas tradições, principalmente as tatuagens. Esse fato não chocou Darwin, que discutiu os benefícios e malefícios causados pelos missionários e, de um modo geral, defendeu as ações deles. Em termos historicamente defasados, diríamos que ele lhes atribuiu um balanço positivo. Darwin relembrou a desventura de James Cook e disse que, sem os missionários, os viajantes não poderiam fazer escalas com tanta facilidade.

Mudança de cenário na Austrália. Darwin não apreciou o comportamento dos colonos e o destino dos aborígenes. Ele ouviu falar acerca dos piores abusos cometidos na Tasmânia. Descreveram para ele grandes batidas organizadas pelos colonos, comparáveis às das grandes caçadas ao tigre na Índia; essas batidas, porém, eram feitas para perseguir o restante dos habitantes autóctones. Entre os últimos tasmanianos encurralados, 210 foram deportados para uma ilha em 1831; alguns anos depois, apenas 21 haviam sobrevivido. Contaram para Darwin que esses atos eram justificados, e, nem por um minuto, ele duvidou de que os tasmanianos respondiam

Darwin, a biodiversidade e os homens 61

aos abusos dos "compatriotas". A erradicação dos povos nativos da Tasmânia foi um dos atos de extermínio mais sinistramente bem organizados pelos colonos de Sua Graciosa Majestade.

O último capítulo de *Viagem de um naturalista* está carregado de raiva: "Em toda parte em que o homem branco põe os pés, a morte atinge os povos nativos", escreveu ele. Havia doenças como o terrível sarampo. Ele relatou o que diziam os habitantes da ilha de Pitcairn – a ilha dos refugiados do *Bounty:* "Assim que chega um navio, a doença semeia a morte." Darwin constatou como a civilização se espalhou em algumas décadas depois das primeiras explorações de Cook. Esses progressos seriam devidos à "grande mansuetude do Império Britânico". Uma tal opinião surpreende depois das suas críticas e preocupações, sobretudo em relação à Austrália. Apesar de tudo, ele acreditava no progresso, numa época que ainda não conhecia o colonialismo, "fardo do homem branco" segundo Kipling. O que, ao contrário de Kipling e de todos os bajuladores da missão civilizadora do Ocidente, não o impediu de ser o primeiro a estigmatizar esse fardo contestado até hoje: o do extermínio dos povos nativos.

A DESCENDÊNCIA DO HOMEM

Em 1871, Darwin retomou o sinistro balanço do declínio das populações nativas em *A descendência do homem,* desta vez bem avaliado e documentado por médicos, militares e administradores. Entre o seu nascimento no início do século XIX e a publicação desse livro, os 10 mil a 20 mil aborígenes da Tasmânia foram extintos. Funesta ironia: na fotografia tirada em 1860, os quatro últimos tasmanianos da ilha Flinders, para onde foram deportados, usam roupas europeias como trajes de luto. O mesmo aconteceu com os maoris da Nova Zelândia, cuja população foi destruída em dois terços entre 1832 e 1872. O cenário se repetiu na Austrália, nas ilhas Andamã,

62 *A diversidade em perigo*

no Havaí, no Taiti etc. Os povos descritos por Cook praticamente desapareceram ou estavam ameaçados de extinção em um século. O único caso de crescimento demográfico foi o dos descendentes mestiços dos índios da ilha de Pitcairn e dos marinheiros do *Bounty*. Darwin cita a reflexão aterradora dos habitantes das ilhas, que sabem, por experiência, que as velas brancas dos navios anunciam a morte navegando no horizonte.

Ele estava bem consciente da brutalidade histórica desse processo: "Há alguns séculos", escreveu ele, "a Europa temia as incursões bárbaras do Oriente; atualmente, qualquer medo desse tipo seria ridículo. Mais estranho ainda é ver [...] que, outrora, os selvagens não definhavam ao ter contato com as nações da Antiguidade como ocorre hoje em dia no contato com as nações civilizadas modernas." (As epidemias de peste, como a de 1347, e as gripes, como a chamada "gripe espanhola" de 1918, vieram do Oriente e causaram a morte de dezenas de milhões de europeus; mesmo assim, a evolução continuou.) Darwin atribuiu esses desastres à perda da fertilidade e às doenças resultantes das mudanças do modo de vida imposto por missionários e colonizadores europeus. Hoje em dia, sabemos que as doenças e os sistemas imunológicos das grandes civilizações resultam de um longo processo de coevolução com alimentos vegetais e animais, como a presença dos animais domésticos nas casas. As populações europeias continuaram a passar por fases de seleção provenientes de todas essas fontes patogênicas e foram objetos de estudos técnicos e culturais. As populações ameríndias não tiveram a mesma coevolução, pois eram raros os animais domésticos, como as lhamas. Daí o choque imunológico entre os europeus e essas populações. E foi então que os europeus se voltaram para as populações africanas devido à resistência delas à febre amarela, para esmagá-las, abrindo assim um dos capítulos mais sombrios da história da humanidade, aliás não totalmente terminado.

Darwin fez uma análise detalhada e pertinente da imunidade das populações humanas, embora o termo imunidade ainda não existisse.

Darwin, a biodiversidade e os homens

Ele supôs que a longa história dos europeus, de climas mais frios, tornou-os pouco aptos a resistir às doenças tropicais. Por ocasião da terrível epidemia de febre amarela em Demerara (na Guiana), em 1837, um médico percebeu uma grande correlação entre a latitude do país de origem dos europeus e a taxa de mortalidade: "Quando nações civilizadas entram em contato com bárbaros, a luta é breve, a não ser que um clima mortífero ajude a raça indígena", escreveu Darwin. É a "guerra" dos mundos antigo e novo. Ele achou que havia uma longa "aclimatação" (entender como seleção natural) dos ameríndios e africanos à febre amarela, sendo os africanos mais resistentes. A extinção dos ameríndios não provém da fraqueza do seu sistema imunológico em relação ao meio, e sim do choque imunológico com os europeus. A infelicidade dos africanos se deve ao fato de pertencerem ao mesmo "caldeirão epidemiológico" dos europeus em inúmeras doenças que causam a destruição de outras populações. Por fim, Darwin denunciou a ideia errônea da correlação entre a cor da pele e a resistência às doenças.

Na sua última passagem pelo Brasil, em 1º de agosto de 1836, Darwin ficou novamente extasiado diante da magnificência da floresta tropical, a qual os homens ainda não haviam penetrado: "É bom lembrar que, nos trópicos, o brilhante esplendor da natureza não desaparece, nem mesmo nos arredores das grandes cidades; na verdade, os trabalhos artificiais do homem desaparecem sob a poderosa vegetação das sebes." Devemos sempre ser cautelosos diante das promessas de felicidade feitas aos homens. Darwin foi testemunha disso. Apesar de tudo, estava longe de imaginar o que os homens seriam capazes de infligir à natureza e em tão pouco tempo. O *Beagle* levantou as velas em direção a Cabo Verde; porém, ventos contrários empurraram-no para Pernambuco. Darwin escreveu: "No dia 19 de agosto, deixamos definitivamente as costas do Brasil; agradeço a Deus por não precisar mais visitar um país de escravos." A isso, segue-se o texto mais violento da longa narrativa, que contrasta com o tom moderado que

64 *A diversidade em perigo*

conhecemos dele, quer seja nesse livro ou em todos os outros, até mesmo a respeito de assuntos bem controvertidos. Darwin deixou explodir sua raiva e seu desagrado: "Sempre se tentou encontrar uma desculpa para a escravidão, comparando-se a condição dos escravos com a situação de nossos pobres agricultores. Certamente, cometemos um erro muito grande se a miséria dos nossos pobres não é uma decorrência das leis naturais e sim das nossas instituições." Embora, como vimos, apoie as ações dos missionários, Darwin se insurge a respeito da persistência da escravidão nos países cristãos. "Meu sangue ferve quando penso que nós, ingleses, que nossos descendentes americanos, enfim, que todos aqueles que se vangloriam tanto da nossa liberdade, sejamos culpados de atos semelhantes."

Ele estava longe de imaginar o que viria depois. Após a sua volta, Darwin não viajou mais e se consagrou à sua obra científica. Os biólogos e o grande público conhecem a importância da revolução que ele provocou nas ciências da vida. Porém, quem conhece esse Darwin antropólogo? No fim da vida, ele constatou os desvios da sua teoria e o quanto ela foi pervertida para se tornar um racismo científico que se inscreveu, de forma durável, no evolucionismo do Ocidente. Darwin escreveu *A origem do homem e a seleção sexual* em 1871, ou seja, exatamente um século antes da controvertida conferência de Claude Lévi-Strauss na Unesco, em 1971, quando ele apresentou toda a argumentação científica contra o racismo.

Darwin consagrou a primeira parte do seu livro – ou seja, sete capítulos em 21 – às semelhanças e diferenças entre os homens e entre as espécies (os quatro primeiros capítulos), bem como às semelhanças e diferenças entre as populações humanas. No capítulo 5, ele demonstrou que até mesmo as nações mais civilizadas resultam de uma evolução, e que tudo isso se inscreve numa longa "história natural", esboçada no capítulo seguinte. Em seguida, vem o sétimo, sobre as raças.

Darwin, a biodiversidade e os homens   65

A progressão do seu "longo argumento" merece um comentá-rio sobre o método. Num primeiro momento, ele diz que mesmo as civilizações mais desenvolvidas não passavam de uma pequena espuma diante de uma história da humanidade que ainda deveria ser escrita com a paleoantropologia e a pré-história nascentes. (Lévi--Strauss lembra essa evidência, que não se encaixa na tradição de uma história universal inventada pelo Ocidente desde a época de Darwin e, menos ainda, pelos criacionistas.) Num segundo momento – capítulo 6 –, ele volta às semelhanças com os macacos, sobretudo os grandes macacos, e levanta a hipótese de que nós compartilhamos com eles um ancestral comum, cujas origens seriam, certamente, africanas. Nem preciso dizer que imaginar origens africanas numa época em que se afirmavam o colonialismo e os estudos raciais, que justificavam a superioridade dos ocidentais, não correspondia ao pensamento em voga: a ideia parecia tão incongruente que, simplesmente, foi ignorada durante um século.

Darwin teve um outro problema mais delicado a ser resolvido: inicialmente se tratava de evitar a armadilha que consistia em imaginar que poderia existir uma hierarquia de raças que colocaria os negros na parte mais baixa da escala e, também, a de fazer pensar que a evolução, pela via da seleção natural, associaria características físicas e traços culturais. Infelizmente, como sabemos, foi isso o que aconteceu e foi disso que ele foi acusado!

Quantas raças humanas existem? Darwin se distraiu fazendo uma síntese dos estudos da sua época e recenseou opiniões de autoridades no assunto, que iam de uma única raça até umas sessenta, o que não tinha nenhum sentido. Se houvesse uma única raça, havia, então, uma única espécie; mas com várias raças, existiria uma única espécie? Foi a esse ponto que chegaram os delírios pseudoevolucionistas dos poligenistas. Para os monogenistas, haveria uma única espécie de homem, qualquer que fosse o número de raças; para os poligenistas, ao contrário, cada raça teria uma profunda raiz. Como,

66 *A diversidade em perigo*

dificilmente, seria possível argumentar que existiam dezenas de "linhagens humanas independentes", os adeptos dessas teorias admitiam algumas raças; em geral, três. Alguns não hesitavam em dizer que os negros descendiam dos gorilas, os amarelos dos orangotangos, e os brancos dos gibãos... E, depois, os chimpanzés descenderiam do gênero Macacas; e os gorilas, dos mandris... Além do fato de que todas essas espécies eram contemporâneas, a ideia era fazer uma linhagem delas tanto quanto possível, igualmente antigas e "puras".

Isso era surpreendente do ponto de vista evolucionista. E Darwin esperava que "em definitivo, podemos concluir que a partir do momento em que o princípio da evolução for unanimemente aceito, como certamente será o caso em não muito tempo, o conflito entre os monogenistas e os poligenistas morrerá, uma morte silenciosa e despercebida." Ora, as teses poligenistas foram destinadas a conhecer um futuro sombrio, e foi preciso esperar os avanços da genética moderna das populações – ou seja, mais de um século depois da morte de Darwin – para eliminar essas teses absurdas. De fato, se, como ele disse explicitamente, todas as populações humanas atuais saíram de uma história natural e todas são igualmente recentes, então o racismo não tem nenhuma justificativa natural. (A mesma coisa acontece entre as espécies que, do ponto de vista estritamente evolutivo, são todas recentes e, portanto, compartilham uma história que tem o mesmo tempo.)

De resto, Darwin não precisou dos avanços da genética para chegar a essa ideia. Foi assim que ele se referiu às fotografias da "coleção de antropologia" do Museu Nacional de História Natural de Paris. Se escolhermos algumas fotos ao acaso, teremos a impressão de que há grandes diferenças; poderíamos concluir que existem raças bem distintas. É isso o que chamamos de abordagem "tipológica" que, embora persista nos dias de hoje em paleoantropologia com os raros fósseis de que dispomos, não tem mais nenhum sentido para as populações atuais e suas variações interindividuais. Ora, como ele lembra, quando viajamos e encontramos diferentes populações, notamos semelhanças que mudam gradualmente, o que hoje em dia chamamos de "cline" (variações contínuas das características conforme as latitudes, longitudes e altitudes). Por outro lado, certas diferenças – que ele não atribui a raças separadas e sim a migrações – também são marcantes entre populações vizinhas. Algumas populações variam sensivelmente numa mesma área geográfica, fruto de diferenças locais, sendo que outras divergem nitidamente mais, em razão de migrações, pois encontramos populações muito semelhantes em diferentes regiões. E, depois, acima de tudo, os antropólogos tendem a exagerar as diferenças, ainda que populações vizinhas tenham tendência a marcar a sua identidade pelos seus costumes (roupas, adornos, penteados, tatuagens, cozinha, músicas etc.). "Se é verdade que as raças atuais do homem são diferentes em muitos aspectos, por exemplo, cor, cabelo, forma do crânio, proporções do corpo etc., notamos, no entanto, quando examinamos a sua estrutura completa, que elas se parecem em muitos pontos. Um grande número desses pontos são de natureza tão pouco importantes ou tão singulares que é extremamente pouco provável que tenham sido adquiridos de maneira independente pelas espécies ou raças originalmente distintas. A mesma observação se aplica, com força igual ou maior, aos inúmeros elementos de similitude entre as raças mais distintas dos homens. Os índios americanos, os negros e os europeus diferem tanto pela maneira de pensar quanto podem fazê-lo três raças ao acaso; e, no entanto, quando convivi com os fueguinos a bordo do *Beagle*, eu ficava constantemente impressionado com os vários pequenos traços de caráter que mostravam o quanto a maneira de eles pensarem era semelhante à nossa."

Sentimos aqui toda a complexidade e a pertinência da antropologia darwiniana: uma origem única; uma história natural complexa ao longo da sua expansão na Terra (que ele ignorava e que só foi elucidada nas duas últimas décadas); continuidades e diferenças ligadas a essa evolução (e que são a prova dessa evolução); diferenças que só são devidas à seleção natural (fatores ambientais); outras

68   *A diversidade em perigo*

devidas a convergências adaptativas, como a pele negra (Darwin compreendeu que não havia uma raça negra, como foi bem comprovado pela genética das populações atuais); outras cultivadas por fatores de seleção sexual. Por fim, temos de notar que Darwin não postulou nenhuma diferença de inteligência entre as populações, quer se tratasse dos fueguinos, já citados, de mestiços ou dos negros encontrados ao longo dos seus escritos. "A experiência nos prova, infelizmente, quanto tempo é preciso para que consideremos como nossos semelhantes os homens que diferem de nós pelo aspecto exterior e pelos costumes." Aliás, para que o caso fosse bem entendido, ele terminou a primeira parte do livro com um texto do seu amigo Thomas Huxley sobre o fato de que não há grande diferença entre o cérebro do homem e o dos grandes macacos, não aceitando, de cara, todos os trabalhos imbecis que procuravam estabelecer a superioridade do homem branco sobre as outras raças, pelo tamanho ou por certas estruturas do cérebro – o que valia em relação às mulheres. Sobre esse assunto, Darwin foi um pouco conservador, pois às vezes se mostrava meio elitista, mais, porém, por razões sociológicas e por influência do seu primo Francis Galton, *nobody is perfect!*

Toda a segunda parte desse livro fundamental alinha onze capítulos sobre a seleção sexual nos animais, antes de voltar e concluir sobre o homem. O que Darwin quis demonstrar, e ele conseguiu com um rigor infalível, é que não podemos imputar as diferenças físicas e intelectuais apenas aos fatores do meio ambiente, e sim a uma malha complexa de fatores históricos *e* culturais, muito particularmente ao fato de que as mulheres e os homens inventam critérios de beleza que privilegiam esta ou aquela característica física ou comportamental. O livro termina com esta última frase: "De todas as causas que conduziram às diferenças de aparência exterior entre as raças dos homens e, até certo ponto, entre os homens e os animais inferiores, a seleção sexual foi a mais eficaz."

CAPÍTULO 4

LÉVI-STRAUSS E O CREPÚSCULO DOS HOMENS

Claude Lévi-Strauss foi o mais darwiniano dos antropólogos. Seus trabalhos, como os de Darwin, repousam, antes de tudo, no conhecimento das variações e das diversidades, matéria-prima da vida, e no conhecimento de seus significados de um ponto de vista histórico e, ao mesmo tempo, do significado para o devir da vida e da humanidade na Terra. Quando Lévi-Strauss tomou consciência do desastre que se anunciava, a paleoantropologia ainda estava longe de pôr em evidência a diversidade das espécies de homens no fim da pré-história e a diversidade das modalidades da expansão da humanidade moderna há 50 mil anos. As populações de *Homo sapiens* nunca haviam sido tão diferentes genética, linguística e culturalmente como antes de os europeus chegarem às Américas. Em seguida, a missa foi dita com os missionários e Lévi-Strauss ouviu o réquiem. *Tristes trópicos* foi publicado em 1955, ano da morte de Pierre Teilhard de Chardin e da publicação, póstuma,

70   *A diversidade em perigo*

de *O fenômeno humano*. É difícil imaginar dois pensamentos tão opostos do ponto de vista evolucionista (especificando: evolucionista e darwiniano). Temos aí um grande problema para os desafios do nosso tempo. O primeiro secretário-geral da Unesco, Julian Huxley, admirava o pensamento de Teilhard, mas com reservas quanto à sua dimensão científica. Que se entenda que era em referência às teorias modernas da evolução. A "teoria sintética" da evolução – a fórmula é de Julian Huxley – ou "neodarwinismo" teve uma expansão considerável nessa época. Huxley mandou traduzir *O fenômeno humano* para o inglês com um prefácio provido de algumas advertências. O livro foi, e continua a ser, muito mal recebido pelos evolucionistas pós-darwinianos de ontem e de hoje, dos mais ortodoxos como Richard Dawkins aos mais heterodoxos como Stephen Jay Gould. Há mais de meio século, a Unesco mantinha uma concepção progressista e teilhardiana do futuro do homem que, justamente, foi abalada pela conferência de Claude Lévi-Strauss de 1971, *Raça e Cultura*. E faz apenas uma década que a grande instituição internacional compreendeu a importância da diversidade das populações humanas para o futuro da humanidade. Voltaremos a essa questão fundamental na terceira parte.

E Charles Darwin estava longe de imaginar que aquilo que ele começava a perceber em relação às espécies iria se produzir nas populações humanas, como comprova a violência das guerras indígenas, antes que tudo isso se soldasse no horror sem nome da Primeira Guerra Mundial.

O que aconteceu com os índios?

Depois do telefonema decisivo de Bouglé, Lévi-Strauss se interrogou sobre o Brasil e sobre o que achava conhecer do país. Ele também se encontrou com Georges Dumas, grande psicólogo que havia realizado inúmeras missões na América do Sul e participou da criação de vários institutos no exterior. Ficou sabendo que Dumas

Lévi-Strauss e o crepúsculo dos homens 71

conhecera o Brasil meridional não fazia muito tempo, quando o extermínio das populações indígenas ainda não havia atingido seus fins. De onde Bouglé havia tirado a ideia de que havia índios em São Paulo e nos arredores? Como Claude já havia percebido, fazia muito tempo que todos eles tinham sido expulsos do estado de São Paulo. Foi isso o que lhe confirmou o embaixador do Brasil em um almoço. O embaixador anunciou que, como sociólogo, Claude iria descobrir fatos surpreendentes sobre a sociedade brasileira, mas nada sobre os índios, que já haviam desaparecido.

Lévi-Strauss continuou lembrando, naquele início do século XX, o quanto a elite brasileira detestava qualquer alusão ao extermínio deliberado dos índios, caçados metodicamente e por simples prazer cinegético, bem como a distribuição de presentes contaminados representados por roupas usadas por vítimas da varíola. Um mapa do estado de São Paulo, que datava de 1918, indicava que dois terços desse território do tamanho da França era ocupado por índios e que não havia um único representante dessa raça quando ele chegou em 1935!

Exatamente um século antes, o jovem Darwin havia cavalgado em companhia de gaúchos na imensidão dos pampas argentinos. Ele se encontrara com o general Juan Manuel de Rosas, futuro presidente da confederação da Argentina, que comandara um corpo expedicionário cuja única missão era exterminar os índios. Esse povo ameaçado de extinção pelo avanço dos colonos se defendia com todos os meios, entre eles pilhagens e massacres dos vilarejos e das fazendas. Essa insegurança se sente nitidamente nos relatos de Darwin. Rosas resolvia o problema de maneira radical. Aplicava métodos experimentados na América do Norte e postos em prática durante um século.

Traumatizados com os conflitos do século XX e obnubilados pela sua própria história, quase todos os europeus ignoravam que, durante a Primeira Guerra Mundial, os apaches, os navajos e índios de outras tribos (17 mil dos Estados Unidos, 3 mil do Canadá e 300 da Guiana Francesa), assim como os kanaks, haviam lutado no

72   *A diversidade em perigo*

front do Somme para defender a pátria dos Direitos do Homem, a mesma que um século depois se recusou a devolver as cabeças maoris ao seu povo. Na Austrália também, o direito dos aborígenes só foi reconhecido alguns anos depois da denúncia do "grande silêncio" sobre o tratamento que eles sofreram. O texto conhecido por *Terra nullius,* que dizia que a Austrália e a Tasmânia não eram habitadas por humanos antes da chegada dos ocidentais, só foi ab-rogado em 1992 pela Alta Corte de Justiça australiana depois de uma ação do aborígene Eddie Mabo.

Darwin também fez escala na África do Sul em 1836. Nesse mesmo ano, Nathaniel Isaacs publicou um dos primeiros livros consagrados aos zulus e a sua poderosa nação consolidada pelo rei Chaka, no início do século XIX. Os zulus representavam uma ameaça para a província do Cabo e, embora evitassem qualquer conflito aberto com o exército britânico, o território deles foi invadido por regimentos e seus aliados, em consequência de diversas provocações. A batalha de Isandhlwana, em janeiro de 1879, foi a primeira derrota de um exército moderno contra um exército indígena. E, no entanto, em seguida, os zulus foram seriamente derrotados em Rorke's Drift e, depois de seis meses de uma difícil campanha, o exército do último grande reino indígena depôs as armas.

Esses fatos terríveis aconteceram três anos após a vitória dos sioux e dos cheyennes liderados por Touro Sentado, em Little Big Horn, contra a 7ª Cavalaria comandada pelo general Custer. O que se seguiu foi uma longa descida aos infernos pelos ameríndios, como o massacre dos sioux Lakota em Wounded Knee em 1890, ainda pela 7ª Cavalaria, que marcou oficialmente o fim das "guerras indígenas". A resistência dos apaches terminou com o fim das guerras de Jerônimo, ao longo dos anos 1880.

Apesar da revolta Wounded Knee, em 1973, e a de Chiapas nos anos 1990, depois da morte de Darwin, em 1882, os povos indígenas, vencidos, humilhados, dizimados, não mais resistiram usando armas

Lévi-Strauss e o crepúsculo dos homens 73

e, um século depois, continuam esperando recuperar a sua dignidade achincalhada. E do comportamento corajoso de Bartolomeu de Las Casas no século XVI à Declaração das Nações Unidas para a salvaguarda dos povos autóctones, quase meio milênio se passou antes de os povos indígenas serem reconhecidos com igualdade de direitos e de dignidade, mesmo que estejam desaparecendo aos poucos com a sua língua, os seus mitos e os seus saberes. Temos certeza de que, como destacou Claude Lévi-Strauss numa conferência em 2005 na Academia Francesa, eles não tinham nada a nos ensinar? A declaração de 2007 sobre os direitos dos povos autóctones foi registrada; antes tarde do que nunca.

Tristes tropismos

Uma vez que *A descendência do homem,* de Darwin, trazia uma consciência antropológica bem explícita, por que as ciências humanas na França persistiam em veicular a ideia de que a antropologia biológica estaria na origem do racismo? É interessante destacar o quanto essas ciências humanas ficaram abaladas depois da conferência de Claude Lévi-Strauss, exatamente um século depois. Sem dúvida, elas preferiam tratar do humano de modo essencialista e ficaram desamparadas diante da diversidade biológica e cultural das populações humanas. Tanto ontem quanto hoje, a humanidade ocidental se mostra incapaz de responder a essas perguntas fundamentais, acusando, de um lado, a biologia da evolução, mas, de outro, voltando-se para a genética das populações e consagrando todos os anátemas aos antropólogos que procuram os fundamentos naturais dos nossos comportamentos sociais e morais. Ora, Claude Lévi-Strauss não cessou de dizer que o que somos só vale pelo encontro com os outros. E isso é o descentramento, são essas viagens – antes da viagem à Lua, segundo as suas afirmações – que representam a "única aventura total da

74 *A diversidade em perigo*

humanidade". A beleza e a grandeza da aventura humana, tanto a sua unicidade quanto a sua característica única comparadas às outras espécies, resultam justamente da incomparável diversidade tecida, depois de uma origem comum, pelas vias da seleção natural, da seleção sexual, das mestiçagens, das derivações e das escolhas culturais.

O grande antropólogo, dotado de excelentes conhecimentos em ciências naturais, não fez nenhuma reflexão dedicada à biodiversidade e à sua erosão, se bem que, em inúmeras ocasiões, tenha expressado a tristeza de não ter podido consagrar um tempo a essas questões. No entanto, ele não deixou de criticar a atitude desdenhosa e irresponsável do pensamento ocidental para com o "animal", denunciando seu ostracismo, que serve de fundamento a todas as formas de exclusão e de racismo. Evidentemente, acontece o mesmo com as "coisas" da natureza que participam das cosmogonias e das ontologias da maioria dos outros povos.

Isso porque, para Lévi-Strauss, os mitos também têm uma "história natural". Em *Raça e História* e *Raça e Cultura,* ele denunciou a tentação hierárquica da cultura ocidental que tende a considerar que os outros povos, seus usos, suas crenças, suas línguas, seus costumes, seus sistemas de parentesco... são inferiores. Ora, as diferentes populações humanas desenvolveram sua genialidade em certas facetas de tudo o que faz uma cultura, ilustrando a grande adaptabilidade biológica e cognitiva da nossa espécie. É nesse sentido que cada cultura tem o que aprender com as outras, inclusive a nossa.

No entanto, nada disso é feito. Quando Lévi-Strauss afirma que, ameaçadas, todas as culturas tendem a se fechar para as outras, chamamos isso de relativismo, sendo que se trata de humanismo quando as julgamos e as classificamos tomando a nossa como referência. O Ocidente não consegue sair da sua ideologia de progresso. Lévi-Strauss distinguia as sociedades em frias e quentes, sendo as últimas as da história e da ciência. Há um quarto de século, uma onda de frio, com certeza, se abateu sobre a nossa modernidade,

Lévi-Strauss e o crepúsculo dos homens

pois novamente se contestam as teorias da evolução como nunca antes ocorreu.

O que nos permite afirmar, a não ser a nossa arrogância, que somos superiores? Nossas crenças? Philippe Descola[1] mostrou que a diversidade das cosmogonias das populações atuais repousa em algumas ontologias fundamentais que se dividiram no mundo como os genes e as línguas. Michel Serres[2] fez disso um belo relato. Os mitos, as cosmogonias e as religiões também têm uma bela história natural. Em vez de hierarquizar animismos, totemismos, analogismos e naturalismo, não seria mais enriquecedor distinguir suas relações e suas influências nas nossas culturas e entre elas? Seremos capazes de nos abrir para as dimensões espaciais e temporais da experiência humana antes que ela desapareça para sempre? Eis o que contribuiria para dar novo encanto ao mundo.

---

1 DESCOLA, Philippe, *Par-delà nature et culture*, Gallimard, "NRF", 2005.
2 SERRES, Michel, *Écrivains, savants et philosophes font le tour du monde*. Le Pommier, 2009.

SEGUNDA PARTE

A inconsciência da evolução

Chegamos ao fim da nossa evolução?

Essa grande teoria da história da vida e da mudança na natureza ainda é muito ignorada, mal compreendida ou contestada, na maior parte das vezes partindo de asserções que não têm nada a ver com ela. Na melhor das hipóteses, ela é percebida como uma grande epopeia histórica cujo término seria o homem, o que chamamos de hominização. Acontece que os caminhos que levam à evolução passam pela descoberta da diversidade das paisagens, das faunas, das floras e dos outros povos. Para isso, é preciso tempo, não o da geologia, e sim o da observação e do encontro, da admiração e do interesse; é preciso um caminhar lento que corte as latitudes e as longitudes na velocidade de um barco a vela, das excursões a cavalo como fez Charles Darwin, ou, então, num pesado navio mercante e atravessando o Mato Grosso com bois como fez Claude Lévi-Strauss, com a única certeza de encontrar o desconhecido. Foi assim que Heródoto abriu as portas da história das civilizações, Darwin as da história da vida, e Lévi-Strauss as dos homens. A profundidade desse "grande relato", como o chamou Michel Serres, está na descoberta e

80 *A diversidade em perigo*

na compreensão da diversidade, pois é preciso tempo para enfeitar um pequeno planeta como o nosso com tantas paisagens e tantos rostos.

Ao inverso, a multidão de *Homo sapiens* se tornou uma espécie que elimina as outras formas de vida, modifica o clima pela sua atividade econômica e devasta as paisagens para continuar a tirar mais matérias-primas e energia. O *Homo sapiens* domina a Terra com o seu poder. Em menos de um século, ele criou uma nova era, o Antropoceno, que terminará com ele, deixando apenas um ínfimo traço nos sedimentos do futuro que, de qualquer forma, não interessarão a muita gente no Cosmo. No futuro, eventuais arqueólogos, que virão aqui pesquisar sobre a história do nosso pequeno planeta, correrão o risco de ficar na situação dos grandes macacos cientistas imaginados por Pierre Boulle em *O Planeta dos Macacos.*[1]

Já é mais do que tempo de compreender que, ao destruir, como nós fazemos, a diversidade natural, filha de 4 bilhões de anos de evolução, assim como a diversidade doméstica selecionada pelos povos hortícolas e agrícolas há 10 mil anos, sem esquecer a diversidade das línguas e das culturas de 100 mil anos, apagamos para sempre, não apenas a memória desse grande relato universal, mas também as possibilidades de as gerações futuras poderem completá-lo.

Nessa segunda parte, vamos seguir os caminhos da evolução e da diversidade natural antes que o homem, que saiu dela, comece uma expansão como nenhuma outra espécie antes dele. O que a vida fez em 4 bilhões de anos tem sido todo o tempo pisoteado pela nossa espécie em 40 mil anos. Bastariam 10 milésimos de história da vida para fazer a biodiversidade recuar para um estado comparável ao da era primária. Por que falar da "inconsciência da evolução"? Primeiro, porque a evolução e a biodiversidade saíram de processos inconscientes desde as suas origens e, para parafrasear Jacques Monod, o nosso destino não está inscrito em parte alguma do Cosmo. Já era tempo de termos consciência disso!

---

1 Cf. PICQ, Pascal, *L'homme est-il um grand singe politique?,* Odile Jacob, 2011.

Capítulo 5

O QUE FEZ A EVOLUÇÃO

Os caminhos da diversidade

Todo mundo já ouviu falar das eras Primária, Secundária, Terciária e Quaternária. São eras geológicas que se referem às idades da Terra, à sua história física e, hoje em dia sabemos, movida por forças potentes e incessantes que atuaram com as placas tectônicas. Nessas placas se estenderam os oceanos e os continentes que emergiram com a sua flora e a sua fauna. Uma outra maneira de denominar as idades da Terra se baseia nas idades da vida e, para as mais recentes, nos grandes tipos de fauna terrestre: a Paleozoica ou era das faunas arcaicas (peixes e anfíbios) para a Primária; a Mesozoica ou era das faunas intermediárias, ou seja, os répteis (crocodilos, dinossauros, pássaros) para a Secundária; a Cenozoica ou era das faunas recentes, ou seja, os mamíferos, para a Terciária; e, *last but not least,* a era do homem que deveria se chamar "Antropozoica" –, termo que

82   *A diversidade em perigo*

acabei de inventar e que tem poucas chances de ser mantido. Tudo isso mostra bem a escala natural das espécies galgando as épocas da Terra para a chegada do homem.

Como somos mamíferos e pertencemos à ordem dos primatas, subdividimos a Cenozoica em períodos que terminam com o sufixo "– ceno", que vem do grego *kainos*, "recente". E ficou assim:

Era Terciária (65 Ma a 2,5 Ma. Ma = milhões de anos)

Paleoceno (antigo recente)	65 Ma a 56 Ma	Primatoceno
Eoceno (início recente)	56 Ma a 34 Ma	Simioceno antigo
Oligoceno (pouco recente)	34 Ma a 23 Ma	Simioceno recente
Mioceno (menos recente)	24 Ma a 5,5 Ma	Hominoidoceno
Plioceno (mais recente)	5,5 Ma a 2,5 Ma	Australopitoceno

Era Quaternária (2,5 Ma até hoje)

Pleistoceno (bem recente)	2,5 Ma a 12 000 anos	Antropoceno
Holoceno (novo recente)	12 000 até hoje	Sapiensceno

Os termos da coluna da direita foram inventados por mim, para ir até o fim da lógica ontológica e antropocêntrica que estão no centro da nossa cultura.

Mesmo que tenha visto a diversificação das grandes ordens dos mamíferos, o Paleoceno também foi a era dos primatas, o que quer dizer "os primeiros", e o nome está plenamente justificado com toda a lógica primatológica. Portanto, cai bem o "Primatoceno".

O Eoceno foi um longo período, muito quente, ao longo do qual os primatas se espalharam pela América do Norte, Europa, Ásia e África. Existiam várias linhagens de macacos ou símios arcaicos na África e na Ásia. O fóssil Ida ou *Darwinius massilae*, anunciado em 2009 – ano do bicentenário do nascimento de Charles Darwin –, está situado perto do aparecimento desses símios que têm cerca de 40 milhões de anos. Vamos continuar andando para o "Simioceno antigo".

O que fez a evolução

Mudança de cenário no Oligoceno com um grande resfriamento global da temperatura média da Terra, consecutivo à formação da calota polar antártica, à deriva dos continentes e à formação de novas correntes oceânicas. As imensas florestas do Eoceno, que se estendiam até as mais altas latitudes, se concentraram na faixa dos trópicos e, com elas, os primatas mais dependentes do mundo das árvores. Foi nesse contexto que os macacos e os símios ditos modernos apareceram na África, como o célebre *Aegyptopithecus zeuxis* do Egito, que possuía 32 dentes, como todos os seus descendentes atuais, entre eles o homem. Chegamos, então, ao "Simioceno recente".

Foi ao longo do Mioceno que se desenharam as grandes linhagens de mamíferos e de primatas atuais. Entre esses últimos dominou a superfamília dos hominoides. Seus descendentes são representados hoje pelos chimpanzés, gorilas, orangotangos, e pelos homens, ou seja, cinco a sete espécies segundo os autores, uma quinzena se acrescentarmos os gibões e os siamangs da Indonésia, grupo que se liga com grande esforço aos grandes hominoides, mas com alguns problemas de filogênese. De qualquer forma, nossos ancestrais hominoides ocupam todos os nichos ecológicos com dezenas de espécies que vão de alguns quilos a uma centena de quilos, como os proconsuls, próximos das origens dos grandes macacos africanos atuais. Foi a era do ouro dos hominoides que, partindo da África, se espalharam pela faixa meridional da Eurásia há 19 milhões de anos. Portanto, podemos usar o termo Hominoidoceno.

O Mioceno não terminou tão bem como começou para os hominoides. A linhagem europeia se extinguiu em consequência de uma quase-seca do Mediterrâneo. Em seguida, ocorreu o declínio da linhagem asiática, afetando cada vez mais o tipo Macaca, dos quais, hoje em dia, só restam os orangotangos. Somente a linhagem africana, a nossa, se manteve, inicialmente com a separação das linhagens dos gorilas, dos chimpanzés e dos homens entre 10 milhões e

84   *A diversidade em perigo*

5 milhões de anos e, para nosso governo, a expansão dos australopitecos na margem das savanas e das florestas, o pequeno mundo de
Lucy e dos outros cuja diversidade não acabamos de definir. (Com
certeza, o mesmo deve ter acontecido com os ancestrais dos chimpanzés e dos gorilas e com outras linhagens extintas hoje em dia.)
Durante o Plioceno, nossa linhagem saiu de cabeça erguida desse
declínio generalizado dos hominoides, graças aos australopitecos.
Portanto, podemos usar o termo "Australopitoceno".

Vamos sair da era Terciária para entrar na Quaternária com o
Pleistoceno. Os primeiros homens entraram em cena, e sempre na
África, com o *Homo habilis* e o *Homo rudolfensis*. No entanto, incon-
testavelmente, os primeiros homens foram os *Homo ergaster*, capazes
de se liberar do mundo das árvores. (A expansão dos seus ancestrais
hominoides que saíram da África 15 milhões de anos antes foi feita junto com as florestas ou, para ser mais exato, seguiu a expansão dos meios arborícolas; no caso do *Homo ergaster*, foi ele quem
deixou o mundo das florestas.) Entramos nas idades glaciares que
também, e sobretudo, caracterizaram a era Quaternária. E, há pouco
tempo, ficamos sabendo que antes do último grande episódio glacial, várias espécies de homens coabitavam: na África e no Oriente
Médio, a nossa espécie *Homo sapiens*; na Europa e numa parte da
Ásia Ocidental, os homens de Neandertal (*Homo neanderthalensis);*
na Ásia Central, os homens de Denisova; em Java, os homens do
Solo e, em Flores, os pequenos *Homo floresiensis*. São muitas espécies
de homens: é a era dos homens, o "Homoceno".

Mesmo que a nossa espécie tenha as suas origens na África entre 300 mil e 200 mil anos atrás, e que a Eurásia fosse ocupada por
outras espécies, o homem dito moderno, ou seja, a versão recente
do *Homo sapiens,* iniciou a sua expansão geográfica para o norte e
o leste a pé ou de barco, entre 100 mil e 50 mil anos atrás. (As mais
antigas provas de navegação remontam a mais de 100 mil anos.)
Os nossos ancestrais imediatos coabitaram com os neandertalenses

O *que fez a evolução* 85

na Europa e na Ásia Ocidental, entre 40 mil e 30 mil anos atrás, até mesmo mais recentemente. Não sabemos como a coisa se passou com os homens de Denisova na Ásia Central, mas sabemos que eles se encontraram e que tiveram relacionamentos sexuais, pois populações atuais da Ásia Oriental e da Oceania conservam traços do DNA de Denisova. (O mesmo ocorreu com o homem de Neandertal, pois todas as populações atuais não africanas carregam de 2% a 4% do DNA neandertalense.) É provável que os relacionamentos tenham sido breves com as populações das ilhas, como os homens de Solo, em Java, e os de Flores. Esse grande movimento continuou na Austrália (várias migrações), nas Américas (ao menos três movimentos de populações pelo norte; incursões possíveis ao sul) e na Oceania (várias ondas de migrações), o que nenhuma outra espécie – mesmo humana – realizou. O *Homo sapiens* acabou se instalando em quase todos os ecossistemas ao longo do que podemos, então, chamar de "Sapiensceno".

Uma outra aventura se iniciou logo depois do fim da última glaciação: o período chamado Holoceno, entre 12 mil anos atrás e os dias de hoje. Em diferentes partes do mundo, populações se sedentarizaram e inventaram formas de agricultura na África Ocidental, no Oriente Médio, no vale do rio Indo e do Ganges, na China Meridional, na Nova Guiné, na América Central, formando os grandes núcleos do neolítico. Os homens começaram a construir e a modificar as paisagens. Poderíamos chamar de "Antropoceno" esse período de mais de 10 mil anos que transcorreu entre as revoluções agrícolas e a revolução industrial. A partir dessa época, todas as grandes revoluções da humanidade passaram por novos meios de comunicação, novas crenças, novos modos de consumo de energia, sempre em maior quantidade, e por um grande crescimento demográfico. No entanto, essa progressão foi muito desigual conforme as regiões e as populações, pois, ainda nos dias de hoje, sobrevivem todos os modos de economia, de subsistência e de produção inventados há

86 *A diversidade em perigo*

milênios. O que muda hoje, de maneira inaudita, é a adoção em escala planetária do modo de vida produtivista e consumista, inventado no tempo de Darwin.

Para alguns autores, esse Antropoceno teria começado com a extinção da fauna de tamanho grande na Austrália e nas Américas, o que teria provocado uma pequena glaciação depois da diminuição de gases de efeito estufa produzidos por esses milhões de grandes mamíferos. Para outros, ele teria aparecido com os diferentes tipos de práticas agrícolas, como as queimadas e a expansão dos arrozais. Para muitos, seria a conjunção do fim da "pequena era glacial", que terminou em meados do século XIX, e o desenvolvimento da Revolução Industrial, com os efeitos provocados pelo homem sobre o aquecimento climático. Com a extinção das espécies e a explosão demográfica, o século XX marcaria o seu início.

Como a biosfera afeta a Terra

Uma espécie pode modificar sozinha o curso da vida?

Todas as espécies participaram da coevolução dos seus sistemas. Ficamos surpresos, às vezes em dúvida, com a ideia de que as espécies possam modificar a história física da Terra, cujos efeitos localizamos nos estratos geológicos. Ao longo das primeiras idades da Terra, as bactérias e a fotossíntese dos microrganismos modificaram a atmosfera, a proporção de oxigênio aumentou, o que permitiu, em seguida, a conquista do meio aéreo. Mais recentemente, pequenos organismos de conchas precipitaram o calcário criando grandes formações geológicas. Depois da última glaciação, as minhocas compuseram o húmus dos nossos solos férteis, adubo das nossas civilizações agrícolas, transportando detritos orgânicos. No livro que escreveu sobre

O que fez a evolução

as minhocas em 1881, apenas um ano antes da sua morte,[1] Darwin salientou uma ideia ainda mal compreendida: ou seja, que as pequenas variações, as pequenas atividades acabam tendo consequências consideráveis sobre a história da vida e da Terra.

Podemos objetar que as bactérias e a atmosfera precisaram de centenas de milhões de anos, que isso levou dezenas de milhões de anos para os foraminíferos, para os ouriços, os moluscos e certas algas, e que foram precisos milhões de anos para que a multiplicação das minhocas compusesse o húmus. E seria isso possível para o homem em alguns séculos? É uma questão de escala.

Segundo os critérios humanos, o que é o metabolismo de uma bactéria? É infinitesimal, mas pelo grande número e sua duração, esse metabolismo muda a atmosfera. Os foraminíferos e os outros organismos marinhos dotados de partes carbonatadas são menos numerosos que as bactérias, mas também constituíram uma parte das camadas geológicas sobre a qual nós andamos. Uma minhoca é um gigante se comparada a uma bactéria. Acontece que esses modestos cultivadores realizaram um trabalho imenso em pouco tempo e tornaram o solo mais fértil. O que é uma minhoca em relação ao homem? Nada. Porém, o metabolismo do homem é de outra magnitude, sendo amplificado pelo modo de vida moderno. Seria espantoso que um animal tão grande, tão ativo, com populações cada vez mais numerosas, não tivesse nenhuma influência sobre a Terra e a vida. Das bactérias às minhocas e das minhocas aos homens, podemos estabelecer uma regra empírica grosseira: quanto maiores, ativos e numerosos forem os "animais", mais rápido eles mudam o meio ambiente.

Para se ter uma ideia da magnitude do efeito, basta considerar que, em um ano, seria necessário o equivalente a 300 trutas para alimentar um homem, de 90 mil rãs para alimentar todas essas trutas,

---

1 DARWIN, Charles, *The Formation of Vegetable Mould Through the Action of Worms with Observation on their Habits,* Londres, John Murray, 1881.

88 *A diversidade em perigo*

de milhões de gafanhotos para satisfazer o apetite dessas rãs e de mil toneladas de vegetação para satisfazer os vorazes gafanhotos. Os efeitos da escala se amplificam ao se subir na pirâmide ecológica, com uma perda considerável de energia em cada nível.

Além do mais, uma vez que o homem é por natureza um animal que, por seu tamanho, consome muita energia, ele está também, pela sua fisiologia, a serviço de um nível de atividade muito intensa e tem um cérebro que, por suas exigências metabólicas, pede um aporte considerável de energia (em torno de um quarto do metabolismo cotidiano). A isso podemos acrescentar, desde o Neolítico, as invenções de novos modos de produção e de locomoção cada vez mais ávidos de energia. Em algumas dezenas de milênios para toda a nossa espécie; depois, em alguns milênios para as sociedades pastorais e agrícolas; e em alguns séculos para as sociedades industriais, os homens enveredaram em modos de vida cujas exigências energéticas aceleraram de maneira exponencial. Depois da Revolução Industrial, as necessidades anuais em energia de um humano passaram de menos de uma tonelada equivalente em petróleo a mais de 16 para um habitante do Qatar. Se extrapolarmos os estudos recentes na escala da evolução da nossa espécie desde o fim da era da glaciação, de um ser humano caçador-coletor para um habitante da América do Norte de hoje, o consumo de energia por pessoa foi multiplicado por cem, sendo que a população centuplicou desde a invenção das primeiras formas de agricultura. Entre os Cro-Magnon e nós – a mesma espécie –, o nosso modo de vida se apoia cada vez mais num consumo aumentado de necessidades "extrassomáticas" de energia, para se locomover e para todos os tipos de conforto. E isso explodiu depois das invenções de todo o tipo de máquinas que produzem energia (máquinas a vapor, motores de explosão, reatores nucleares e outros mais). Evidentemente, os 7 bilhões de humanos não vivem como os últimos caçadores-coletores nem como os ocidentais. No entanto, os povos aborígenes estão desaparecendo,

O que fez a evolução 89

e os terráqueos aspiram a modos de vida cada vez mais consumistas de energia. Nos países que gastam mais energia, as necessidades por habitante não cessaram de aumentar depois de meados do século XIX, com uma aceleração exponencial depois do fim da Segunda Guerra Mundial: ou seja, o gasto aumentou vinte vezes por habitante, amplificado pelo aumento demográfico. Na perspectiva que acabou de ser esboçada, não há nada de surpreendente que possamos constatar mudanças tão brutais no estado do planeta. E isso não tem nada de uma demonstração semelhante às da física, mas resulta de um bom senso bem argumentado. A Terra não aguenta mais. Ela está sufocando – cada vez menos energia disponível – e ela tosse cada vez com maior violência – devido à intensidade e frequência dos acontecimentos climáticos.

Cada vez mais sozinho e caminhando para o alto da pirâmide

Vamos retomar essa bela história, mudando de ponto de vista, ou seja, confrontando o sucesso da nossa espécie em comparação com a biodiversidade.

As primeiras formas de vida foram as bactérias e, certamente, elas serão as últimas a desaparecer com o nosso planeta. Elas dominaram, dominam e dominarão em termos de biomassa (quantidade de matéria viva). Quando Lévi-Strauss enunciou que "a vida começou bem antes do homem e continuará muito mais tempo depois dele", ele não estava necessariamente pensando em algumas formas vivas em particular, e sim nas bactérias. Nós as encontramos em todos os ecossistemas, mesmo nos mais extremos, desde as dobras dos nossos intestinos até as profundidades abissais mais escuras dos oceanos. Mal começamos a compreender todos os serviços que elas podem nos prestar para curar, alimentar e despoluir.

90 *A diversidade em perigo*

Enquanto as descobrimos nos ambientes muito hostis – do nosso ponto de vista –, nós as destruímos sem nos darmos conta daquelas que nos cercam e com as quais coevoluímos. Aliás, de tanto querermos evitá-las na nossa alimentação e nas nossas doenças, nós nos predispomos a sérios problemas. Assim, os piores atentados à biodiversidade que podem pôr em perigo o futuro da humanidade não virão da extinção dos tigres ou dos gorilas, e sim do desaparecimento dessa grande quantidade de organismos que são parceiros silenciosos da nossa evolução. A corrida para a assepsia passou a ser uma inépcia antievolucionista da qual as doenças nosocomiais só dão uma pequena amostra. Precisamos reaprender a viver com os microrganismos!

Vamos dar um grande passo na história da vida e voltar a atenção para os bilatérios, grande grupo de animais com simetria bilateral, dotados de uma cabeça e uma cauda. Todos eles possuem uma mesma família de genes responsáveis pela sua morfologia simétrica há 600 milhões de anos, mais ou menos. São as minhocas e os homens entre alguns milhões de outras espécies (falando das atuais), entre eles os insetos polinizadores, seriamente ameaçados de extinção. Os insetos representam a maior biodiversidade de organismos pluricelulares, mais de 3 milhões, mais do que as plantas. Estudos prospectivos sobre a alimentação do amanhã examinam seriamente a produção de insetos comestíveis, como já é praticado em outras culturas. Na verdade, eles representam a fonte alimentar mais completa (calorias, açúcares, proteínas, ácidos graxos etc.). Sem as minhocas e as abelhas, o que seria da agricultura e sobretudo da agricultura do futuro, que deverá alimentar 9 bilhões de humanos por volta de 2050? Precisamos de mais bilatérios do que de OGM (Organismos Geneticamente Modificados) e pesticidas!

Entre os bilatérios, uma pequena linhagem, a dos vertebrados – animais com esqueleto interno cujo corpo é sustentado por uma coluna vertebral – apareceu há 530 milhões de anos.

O que fez a evolução 91

Aqueles que comumente chamamos de peixes representam mais da metade na natureza atual, ou seja, 55 mil espécies. Desde a era primária, os vertebrados aquáticos sempre foram mais numerosos do que os seus homólogos terrestres. Acontece que há algumas dezenas de anos a diversidade deles e a sua densidade sofreram uma erosão de uma brutalidade nunca vista por causa da pesca, deixando, assim, a melhor parte para as medusas e outros invertebrados que partem à conquista dos mares e oceanos. A pesca continua a ser a última ação de coleta de espécies não domesticadas e praticada em escala industrial. Os peixes com mais de 50cm são cada vez mais raros, e eles não voltarão, como ocorreu com o bacalhau da Terra Nova, só que, desta vez, em todos os oceanos. Em algumas dezenas de anos, a maioria das populações humanas viverá a menos de 60km das costas, perto das praias cobertas de algas verdes ou invadidas por medusas.

Vamos voltar para a terra. Nós, os mamíferos – ou seja, 4.500 espécies – só representamos uma parte da biodiversidade dos vertebrados terrestres chamados tetrápodes (animais com quatro membros). (Deveríamos dizer animais aéreos – por causa da respiração – pois, quer andemos, rastejemos, corramos, voemos ou planemos, todos nadamos num gás composto chamado atmosfera, mas todos acabam por se ver no solo ou sob o solo, em algum momento, para repousar, em todos os sentidos desse termo.) Os anfíbios – grupo heterogêneo e não natural que reúne as salamandras, os tritões, as rãs e outros sapos – são igualmente numerosos e não cessaram de evoluir e de se diversificar desde a era Primária. Quanto aos répteis, sempre segundo nossas categorias antropocêntricas e não naturais, como as tartarugas, os lagartos, as cobras, os varanos e os crocodilos, eles se subdividem em mais de 6.500 espécies. Tudo vai bem para eles, desde a era Secundária. Se subirmos um pouco, os pássaros contam 9 mil espécies. Nesse rápido sobrevoo das biodiversidades, concluímos que, na natureza atual, o conjunto dos

92　　　　　　　　　　　　　　　*A diversidade em perigo*

mamíferos representa apenas 10% de todos os vertebrados e 20% dos tetrápodes ou vertebrados terrestres. (Restam muito poucos "tetrápodes" aquáticos, exceto entre os mamíferos, como os cetáceos – baleias, golfinhos, rorquais –, os pinípedes – focas, otárias –, e alguns sirênios – dugongos e peixes-boi.)

Vamos continuar com os primatas, a ordem dos mamíferos adaptados à vida nas árvores – com exceção dos esquilos, da preguiça e dos lêmures-voadores. Com duzentas espécies de lêmures de Madagascar, gálagos, lóris, macacos e grandes macacos, somamos em torno de 200 espécies, entre elas, o homem. Se procedermos por ordens,[2] essa soma é modesta se comparada às 1.700 espécies de roedores (camundongos, ratos, castores, esquilos, gerbos, porcos-espinho etc.) e às 1.100 espécies de morcegos (quirópteros); é menor do que os insetívoros com 230 espécies (musaranhos, toupeiras, tanreques, ouriços-da-terra etc.) e os carnívoros (230 espécies de felídeos, canídeos, hienídeos, ursídeos, mustelídeos etc.); é mais ou menos o mesmo para os ungulados (várias ordens de animais de casco ou unhas grandes: equídeos, tapires, rinocerontes, camelos, girafas, cervídeos, antílopes, gazelas, hipopótamos, bovídeos etc.); é mais do que os 70 cetáceos (baleias, golfinhos, cachalotes, rorquais etc.), mais do que os 60 lagomorfos (coelhos, lebres etc.); do que os 33 pinípedes (otárias e focas), os últimos desdentados (36 papa-formigas, preguiças, tatus e pangolins) e os raros sirênios (dugongos e peixes-boi). (Não podemos esquecer as 260 espécies de marsupiais da Austrália e das Américas, principalmente do Sul, e os três últimos monotremos, entre eles o ornitorrinco.)

---

2 Uma ordem zoológica reúne todas as linhagens e espécies com uma adaptação fundamental, como os dentes carnívoros dos animais que comem carne, provenientes de um único ancestral dito comum. Muitas ordens clássicas foram redefinidas pela sistemática moderna ou filogenética, ao levar em conta as relações de parentesco, ajudadas pela genética comparada ou sistemática molecular. Vamos ficar com as categorias clássicas, como fizemos com os peixes e os répteis, que não são grupos naturais no sentido da evolução.

O *que fez a evolução* 93

Acontece que tudo isso está em vias de mudar muito rápido, rápido demais, no ritmo desenfreado da destruição dos ecossistemas.

Contam que, quando a América foi descoberta, impressionado com a riqueza da flora e da fauna, Américo Vespúcio fez uma lista com croquis das espécies que havia observado. Mas ele acabou compreendendo: todas elas não poderiam ter entrado na arca de Noé. Apavorado com essa ideia, ele acabou rasgando todos os seus preciosos documentos, para não correr o risco de ser incomodado pela Inquisição. É claro que estava longe de imaginar tamanha diversidade de espécies. Nem todos os animais poderiam ter embarcado numa arca, mas as coisas vão se arranjando, pois a Terra se tornou uma barca triste, na qual derivam mais animais domésticos de algumas espécies do que todos os seus congêneres de todas as espécies selvagens que têm o mesmo tamanho corporal. Os últimos náufragos da biodiversidade encontraram refúgio nos zoológicos, onde, por exemplo já recenseamos mais tigres do que na natureza.

Assim, a Terra passa a ser um barco errante como o de Rimbaud, como esses cruzeiros em grandes transatlânticos, onde os *Homo sapiens* fervilham como num formigueiro, indo de um porto a outro para fazer compras, enquanto o jovem Darwin dividia a sua pequena cabine com os espécimes coletados na terra, nas expedições ao encontro da natureza e dos homens. Esses tristes cruzeiros – "de sonhos", como dizem os anúncios – navegam com seus turistas que nunca entram em contato com a biodiversidade do mundo, como os ensinamentos de hoje, que abandonaram completamente as ciências naturais em prol da biologia das funções e da genética. Nós nos maravilhamos diante da possibilidade de reconstituir o mamute com o seu DNA fóssil... mas evitamos comentar o massacre dos elefantes em Camarões. O mesmo ocorre nos museus de história natural, últimas arcas da biodiversidade

94   *A diversidade em perigo*

onde a galeria das espécies extintas recentemente vem crescendo muito rápido; em breve, serão galerias de paleontologia. Alguma coisa não funciona bem na Terra, e o que não funciona é o *Homo sapiens*. Esse era o pesadelo de Américo.

CAPÍTULO 6

O *HOMO* E A SEXTA EXTINÇÃO

Os primatas, cujos pesos variam de algumas centenas de gramas, como o rato-lemuriano de Madagascar, aos 200kg do gorila da África, mantêm uma bela biodiversidade, com certeza menos do que nos diversos períodos da sua longa história natural. Entre os mamíferos, a ordem dos primatas sempre foi bem diversificada desde o começo da era Terciária, enquanto tantas outras entraram em declínio ou desapareceram. As mais ricas atualmente são recentes, como os roedores. Tanto os primatas quanto os quirópteros são, sobretudo, animais de florestas tropicais (ambientes mais ricos em biodiversidade). Ao longo da era Terciária, três grandes grupos de vertebrados compartilharam o reino do dossel florestal: os pássaros diurnos, os morcegos noturnos e os primatas, entre eles os lêmures diurnos e noturnos.

Sucesso e declínio
dos grandes macacos hominoides

Graças à expansão das florestas com árvores de flores e de frutos – os angiospermas – no Paleoceno, os grandes macacos encontraram uma diversidade de nichos ecológicos acima do solo onde abundavam flores, frutos e insetos, que compunham a sua alimentação. Outra vantagem: a presença menos intensa de predadores. Um paraíso na Terra, mas como sabemos, quando existe um fruto a ser comido... Na linhagem dos primatas, a competição foi mais acirrada. Vamos queimar etapas e ir para a África no início do Mioceno (de 23 a 15 milhões de anos). Já nos referimos a essa era do ouro da nossa linhagem, a dos hominoides, batizando ironicamente esse período de Hominoidoceno. Por que os hominoides – chimpanzés, gorilas, orangotangos e homens – eram tão grandes e, ao mesmo tempo, tão pouco numerosos, enquanto os cercopitecos ou "macacos de rabo", como o gênero macaca, os babuínos, os colobos, os langures e outros cercocebus eram mais de uma centena? Na realidade, estávamos no planeta dos macacos de rabo ou, com toda a lógica pitecocêntrica, no Cercopitoceno.

Nossos ancestrais hominoides do início do Mioceno ocuparam quase todos os nichos ecológicos do solo até o alto das árvores das florestas. A maior parte deles era de quadrúpedes que se deslocavam andando, correndo ou saltando de galho em galho. Os mais encorpados gostavam de ficar no solo, como alguns procônsules do Quênia, e outros se penduravam, sentando e deslocando-se pelos galhos, como o *morotopithecus* de Uganda. Enquanto todos esses hominoides viviam nas florestas, a placa africana avançou para o norte, provocando a emersão do Oriente Médio, antes sob as águas de um mar epicontinental entre o Mediterrâneo e o oceano Índico, o antigo Tétis. Os hominoides aproveitaram a dádiva e se dividiram nas faixas meridionais e arborizadas da Eurásia. Um tal sucesso,

O homo *e a sexta extinção* 97

pelo número de espécies e pela extensão geográfica, recebeu o nome de radiação adaptativa.

No entanto, a África continuou a se mexer e oscilou de tal modo que o estreito de Gibraltar se fechou por volta de 6 milhões de anos atrás. O Mediterrâneo secou, o que teve consequências drásticas no meio ambiente, provocando a extinção dos hominoides europeus, muito diversificados, dos quais várias espécies tinham atitudes de bipedia (entre eles, o oreopiteco). A linhagem asiática, igualmente muito próspera, também passou por um declínio, mas por outras razões. Com as eras glaciares, as florestas se estendiam nos períodos clementes e se reduziam nos períodos frios. Muito dependentes do mundo das árvores, os hominoides asiáticos tinham dificuldade de se adaptar, ainda mais porque concorriam com o gênero Macacas, que havia começado a sua radiação. Os últimos sobreviventes dessa grande experiência asiática foram os orangotangos de Sumatra e de Bornéu. A linhagem africana, a nossa, até que resistiu bem antes de sofrer a concorrência cada vez maior dos babuínos e de um dos seus representantes mais eminentes, o homem.

A incrível odisseia dos macacos da América do Sul

Cristóvão Colombo, Américo Vespúcio, Alexander von Humboldt, Charles Darwin, Claude Lévi-Strauss e muitos outros devem ter ficado curiosos para saber como mais de 30 milhões de anos antes deles os macacos passaram da África para a América do Sul. Como tudo aconteceu? Os dois grandes grupos de mamíferos atuais, os placentários, nos quais o feto se desenvolve *in utero*, e os marsupiais, nos quais o embrião e o feto se desenvolvem numa bolsa ventral chamada marsúpio, se separaram durante a era Secundária. Há 100 milhões de anos, os placentários começaram a prosperar na América do Norte, na Europa, na Ásia e na África, enquanto os marsupiais se diversificaram na Austrália, na Antártica e na América do Sul. A cadeia desses três continentes se quebrou no início da era Terciária, com a Austrália se desviando para o sul do Pacífico, a Antártica se refugiando no polo Sul, onde se cobriu de gelo, e a América do Sul subindo para o norte, como uma imensa balsa povoada de marsupiais. Os macacos chamados

98   *A diversidade em perigo*

modernos são placentários que apareceram na África depois do longo resfriamento provocado pela formação da calota polar antártica (o nosso Simioceno recente). Entre as linhagens dessa radiação, sendo que muitas delas desapareceram, encontramos as dos macacos com 32 dentes, ancestrais dos macacos e dos grandes macacos atuais do Velho Mundo – África, Europa e Ásia – chamados catarrinos, por causa dos narizes com narinas próximas, e a dos macacos de 36 dentes, ancestrais dos atuais macacos da América do Sul e do Novo Mundo, chamados platirrinos por causa do nariz com narinas afastadas. (As referências ao Antigo e Novo Mundo não têm nada a ver com a paleontologia, e sim com a descoberta da América por Cristóvão Colombo – ela deveria ter se chamado Colômbia –, que não apenas viu ser roubada por Américo Vespúcio a honra de dar o seu nome a esse continente, mas que foi precedido de longa data pelos macacos, sem esquecer, é claro, dos milhões de ameríndios.)

Sabendo que antes de 35 milhões de anos não havia nenhum fóssil de primata na América do Sul, ainda menos de macacos, e que eles são encontrados na África, os ancestrais africanos dos platirríneos forçosamente andaram de balsa. Outros passageiros improvisados também viajaram e, assim como os roedores, os placentários e, obviamente, os respectivos parasitas, cujas formas mais aproximadas também são africanas. Esse é o princípio da vicariância que repousa no fato de que espécies irmãs são provenientes de regiões vizinhas. O mais antigo fóssil de macaco do Novo Mundo tem o belo nome de *Branisella boliviana*: tem 25 milhões de anos e é parente dos ancestrais dos uistitis, titis, sagui-de-cabeça-de-algodão, macacos uivadores, esquilos e leões, ou seja, umas 20 espécies, sendo que a maior parte corre perigo de extinção. As coisas vão melhor para os roedores, se bem que o maior deles, a capivara, tem com o que se preocupar.

Sucesso e declínio
dos hominídeos africanos

Na época da extinção dos hominoides europeus e do início do declínio dos seus primos asiáticos, as linhagens que chegaram aos chimpanzés, aos gorilas e aos homens atuais se separaram entre

O homo e a sexta extinção   99

10 a 5 milhões de anos. Atualmente, não se sabe quase nada da evolução dos nossos irmãos e primos de evolução africana e da sua diversidade passada. Em compensação, não acabamos de descobrir o que foi a diversidade da linhagem humana ao longo dos últimos milhões de anos.

Três tipos de fósseis encontrados recentemente se situam em torno do último ancestral comum aos homens e aos chimpanzés atuais: o Toumai (*Sahelanthropus tchadensis*) do Chade tem 7 milhões de anos; o *Orrorin tungenensis* do Quênia tem 6 milhões de anos, e o ardipiteco (*Ardipithecus kadabba e A. ramidus)* da Etiópia, conhecido entre 5,6 e 4,5 milhões de anos. No estado atual dos nossos conhecimentos, o primeiro é o mais próximo da origem da linhagem humana; o terceiro é a dos chimpanzés, e o segundo, certamente, representa alguma outra, o que significa que a linhagem dos grandes macacos africanos é muito mais diversificada do que somos capazes de imaginar.

Em seguida, veio o tempo dos australopitecos, sempre na África, entre 4,1 e 2,5 milhões de anos atrás. Nada menos do que cinco gêneros ou espécies que saíram da África Central para a África Austral passando pela África Oriental foram repertoriados. E ainda descreveram uma nova espécie em 2010! Lucy tinha muitos amigos. No entanto, seu pequeno mundo desapareceu devido às mudanças climáticas globais que marcaram a entrada nas eras glaciares, devido a movimentos geológicos na região e à concorrência com babuínos, em plena radiação. Foi nesse contexto que apareceram os primeiros homens, o *Homo habilis* e o *Homo rudolfensis*, que não eram homens no sentido estrito da palavra, e formas robustas de australopitecos chamadas de *paranthropus* ("quase homens"). Essa foi a segunda radiação da nossa linhagem africana, cuja diversidade é tão importante quanto a dos antecessores australopitecos, e sempre na África.

Foi nesse contexto que apareceu o gênero humano ou *Homo senso stricto* com o *Homo ergaster* por volta de 2 milhões de anos atrás.

100 — A diversidade em perigo

Maior, mais móvel, mais forte, mais inteligente, dotado de linguagem, ele se libera da dependência secular dos hominoides do mundo das árvores e envereda nos espaços abertos. Rapidamente, ele se vê nas regiões meridionais da Eurásia.

A saída da África não se deu por uma vontade de conquista. Ela ocorreu junto com a comunidade ecológica, junto com os leões, os antílopes, os babuínos, os mamutes, as hienas etc. No entanto, um fato excepcional influiu decisivamente: o homem foi capaz de se instalar em todos os ecossistemas. Quando a comunidade ecológica do leão se expandiu para o leste e acabou encontrando a do tigre, a sua expansão parou por aí. Isso não aconteceu com o homem.

Três fatos de grande importância caracterizaram o gênero *Homo*. No plano biológico, ele herdou uma bipedia e uma fisiologia que permitiram que fizesse longos deslocamentos e que transportasse armas e objetos; avançou pelo mundo. No plano técnico, inventou utensílios de pedra talhada mais eficientes, desenvolveu cadeias operatórias complexas de uma estrutura cognitiva idêntica à da linguagem, controlou o fogo e construiu abrigos; ele transformou o mundo. No plano cognitivo, desenvolveu a linguagem e deu testemunhos de expressões simbólicas complexas pela estética das bifaces – matéria, cor, forma – e o uso de corantes; construiu representações simbólicas do mundo.

Tudo isso ainda não era um desejo de poder, mesmo que esses desenvolvimentos tivessem consequências para aqueles que os rodeavam. Pouco tempo depois do aparecimento do *Homo ergaster,* desapareceram as espécies mais próximas a ele, inicialmente o *Homo habilis* e o *Homo rudolfensis*, depois os parantropos. A missa foi dita para a diversidade dos hominídeos africanos; não podemos acusar apenas os babuínos e as mudanças climáticas.

Primeiro paradoxo da biodiversidade: a diversidade da nossa família africana se extinguiu na época em que somente o gênero *Homo* se dispersou pelos três continentes. Sem dúvida, foi uma consequência

O homo e a sexta extinção 101

do poder ecológico do homem que, graças às suas capacidades adaptativas biológicas, cognitivas e culturais, teve acesso a alimentos protegidos fisicamente com a ajuda dos seus instrumentos, ou pouco consumíveis por razões de toxicidade sem cozimento. Munido dessas capacidades, ele se libertou do mundo das árvores e partiu para todos os horizontes.

Ao longo de alguns milênios, apareceram vários ramos do gênero *Homo*, e a sua distribuição regional se definiu a partir de 500 mil anos: no sul do Mediterrâneo, a nossa espécie *Homo sapiens*, assim como na África e numa parte do Oriente Médio; ao norte do Mediterrâneo e na Ásia Ocidental, os homens de Neandertal; na Ásia Central, os homens de Denisova, recentemente descobertos graças ao DNA fóssil; em Java, os homens de Solo; em Flores, homens bem pequenos. A Terra havia se tornado o planeta dos homens com espécies biologicamente distintas, mas todas igualmente humanas.

Enquanto várias espécies andavam pelo Mundo Antigo, a versão moderna do *Homo sapiens* iniciou a sua radiação mais ou menos de 100 mil a 50 mil anos atrás. Eles entraram nos territórios dos neandertalenses, coabitaram com eles por mais de 10 mil anos, antes que estes desaparecessem entre 30 mil e 25 mil anos atrás. O mesmo processo deve ter se repetido, com certeza mais rapidamente, com as outras espécies de homens. Mas uma coisa é certa: há 12 mil anos, só existia o *Homo sapiens* no Mundo Antigo, e é difícil identificar um fator associado ao desaparecimento das outras espécies de homens. O último grande acontecimento vulcânico que poderia ter provocado extinções foi a erupção do Toba, em Sumatra, uma supererupção que data mais ou menos de 70 mil anos. Os pesquisadores acham que as consequências do resfriamento da Terra, de três a cinco graus, se prolongou por um período de 1.000 anos de frio. As populações de todas as espécies de homens teriam diminuído consideravelmente – os geneticistas falam de "gargalos de estrangulamento genético" como consequência da diminuição drástica de

102 *A diversidade em perigo*

indivíduos. As condições ficaram piores com a instalação da última glaciação – sem relação com o Toba, uma das mais sérias erupções do quaternário. É bem possível que as primeiras migrações das populações da nossa espécie estejam parcialmente ligadas a todas essas catástrofes climáticas e ecológicas, porém isso não muda em nada o fato de que populações de outras espécies de homens tenham se mantido por várias dezenas de milhares de anos e que o desaparecimento delas corresponda à expansão da nossa espécie.

Segundo paradoxo da biodiversidade: enquanto várias espécies de homens compartilhavam o Mundo Antigo, a nossa espécie participou do desaparecimento delas. Com certeza, é uma consequência da capacidade de inovações técnicas e, sobretudo, sociais.

O *Homo sapiens* não parou, pois navegava há mais de 100 mil anos. Várias ondas atingiram a Austrália, as Américas e a Oceania. Como essas migrações não eram próprias de uma única população, tratava-se, então, de uma estranha pulsão da nossa espécie de ir além dos horizontes e dos topos das montanhas. Certamente, era consequência da sua propensão de inventar outros mundos.

No fim da última glaciação, há 12 mil anos, as populações se sedentarizaram, dominaram cada vez melhor os ciclos de reprodução das plantas e dos animais e inventaram tipos diferentes de agricultura nos principais núcleos, ou seja, na África Ocidental, no Oriente Médio, nos vales dos rios Indo e Ganges, na China Meridional, na Nova Guiné e na América Central. A "revolução neolítica" foi, na verdade, uma pluralidade de evoluções num sentido mais darwiniano, pois, atualmente, ainda persistem diferentes modos de agricultura, de horticultura e jardinagem que ilustram todas as transições possíveis, partindo da economia dos caçadores-coletores.[1] Portanto, não se trata tanto de uma "revolução" num caminho único do progresso e sim de evoluções, acompanhadas, se é que não eram motivadas, por outras representações do mundo e de invenções de cosmogonias

---

1 DESCOLA, Philippe, *Par-delà nature et culture*, op. cit.

O homo e a sexta extinção 103

originadas de "bricolagens", no sentido de Lévi-Strauss e, sempre de acordo com ele, da história natural, pois os antropólogos reconstituem o povoamento da Terra pelas populações da nossa espécie, comparando as árvores de parentesco entre os genes, as línguas e os mitos. Pois os povos se deslocam com os seus genes, suas línguas e seus mitos ao sabor das circunstâncias que os levam a migrar. A verdade é que um novo comportamento apareceu com o *Homo sapiens:* migrações estimuladas por sua própria vontade.

Os agricultores e os criadores de animais selecionaram variedades entre as espécies da flora e das faunas selvagens que os cercavam. Ao longo dos milênios, criaram um grande leque de espécies domesticadas por uma manobra de variedades/seleção. Foi ao se interessar por essas práticas empíricas de seleção artificial que Darwin construiu paciente, metódica e eficazmente a sua teoria da seleção natural, à maneira dos agricultores.

Hoje em dia, raramente mencionamos o desaparecimento em algumas décadas de toda essa biodiversidade de raças, de variedades de plantas e de animais domésticos, e menos ainda as práticas e as técnicas que vinham com elas. As novas práticas agrícolas, cada vez mais concentradas em algumas plantas geneticamente modificadas e que eliminam todas as outras formas de agricultura, são uma negação da evolução: o "pesadelo de Darwin". Por eles mesmos, os OGM (Organismos Geneticamente Modificados) não são necessariamente um problema, desde que aumentem a diversidade – e não o inverso – e respondam a problemas de adaptação difíceis de responder – o que também não é o caso. Na verdade, durante milênios, os agricultores e o criadores procuraram variedades que permitissem adaptar a produção ao seu ambiente, na maioria das vezes semeando diversas variedades simultaneamente. Eles sabiam bem, por experiência, que se uma ou outra não vingasse, as outras tinham chance de ir em frente. Hoje em dia, a tendência é modificar o meio ambiente para impor algumas variedades em especial,

104 *A diversidade em perigo*

o que reduz a adaptabilidade global. Sempre podemos argumentar que existem bancos que preservam todas as variedades animais e vegetais (sementes, genes, células etc.), mas *quid* das práticas e das técnicas que as acompanham?

CAPÍTULO 7

O QUE FAZEMOS
COM A EVOLUÇÃO

O (verdadeiro) pesadelo de Darwin

Depois da publicação dos livros de Charles Darwin, a erosão da biodiversidade natural e cultural continuou a se agravar. Se fosse preciso datar o começo desse processo, o ano de 1859 marcaria o início de uma nova era na história da humanidade e da vida: o Antropoceno. Essa foi a data da publicação de um texto fundador: *A origem das espécies e a seleção natural*. E a esse acontecimento podemos acrescentar dois fatos primordiais: a visita de um grupo de cientistas ingleses que foram confirmar a validade dos trabalhos de Jacques Boucher de Perthes no Somme, o que marcou o início da pré-história como disciplina científica e, ainda no mesmo ano, a criação da Sociedade de Antropologia de Paris. Na segunda metade

106   *A diversidade em perigo*

do século XIX, tão cheia de ideias de progresso, as ciências da vida, da Terra e dos homens se ampliaram com o estudo da diversidade de todas as espécies vivas e fósseis. Essa também foi a fantástica época do desenvolvimento da revolução industrial.

Assim, depois de 2 milhões de anos das origens do gênero *Homo*, constatamos um fato único na história da vida: o do aparecimento de um grupo restrito de espécies – os homens – capazes de se inserir em todos os sistemas ecológicos, em latitudes e longitudes cada vez mais altas. E essa radiação começou com a extinção dos outros hominídeos africanos ao mesmo tempo que a sua expansão geográfica nos três continentes (primeiro paradoxo da diversidade). Depois, a expansão da nossa espécie *Homo sapiens* partindo da África, entre 70 e 50 mil anos atrás com o desaparecimento das outras espécies de homens e as incursões nos novos mundos seguidas da eliminação das últimas faunas gigantes (segundo paradoxo e choque da diversidade). E desgraça sempre vem em cascata: o terceiro, o que está em curso, como veremos na próxima parte, salvo que só resta uma única espécie de homem e que não há mais novas terras a serem conquistadas. Se não acordarmos, esse pesadelo será o último.

1859-1959: um século para compreender a evolução

Acompanhando a viagem do jovem Darwin, vimos que ele já havia constatado as ameaças que pesavam sobre inúmeras espécies. Por mais de um século, poucas personalidades se preocuparam com esse fato. Tanto isso é verdade, que as sociedades humanas se mataram umas às outras em várias guerras ditas modernas e cada vez mais mundiais. Um dos primeiros a tomar consciência disso foi Jim Corbett (1875-1955). Desde os anos 1920, esse caçador de grandes felinos na Índia se alarmou com a superexploração das florestas

O *que fazemos com a evolução* 107

pelos homens e com a presença cada vez maior de caçadores em busca de troféus. Ele abandonou a espingarda, inventou o safári fotográfico e escreveu alguns *best-sellers* sobre as panteras e os tigres que devoravam os homens na província de Kumaon. Voltado para a conservação dessas espécies, ele começou uma longa missão pedagógica junto às populações e autoridades indianas. Na verdade, é raro os grandes predadores atacarem os homens, mas pode acontecer e, na maioria das vezes, é quando se sentem ameaçados em seus territórios. Em alguns casos, dramáticos e famosos, especialmente no caso da construção da estrada de ferro transiberiana, os tigres atacaram os operários, bem como os terríveis leões de Tsavo no Quênia, retratados no filme *A Sombra e a Escuridão* (1996). No caso, os leões devoravam os escravos abandonados por traficantes e muito enfraquecidos. Quando a caça começou a faltar por causa de uma epidemia de peste bovina, os leões começaram a atacar os operários. Forçosamente, especificamos que os protetores das grandes feras nunca hesitaram em perseguir e matar os predadores que comiam os homens. Conviver com a fauna selvagem não pode ser feito em detrimento das populações humanas, como foi o caso em algumas políticas de conservação, como o Projeto Tigre, na Índia e em alguns outros lugares. De qualquer forma, os esforços de Corbett resultaram na criação do primeiro parque protegido no noroeste da Índia, em 1934, que leva seu nome. Outra tomada de consciência nos veio de Romain Gary, em seu livro *Racines du Ciel* – prêmio Goncourt 1956 – que denunciava o massacre dos elefantes por causa do marfim, assim como o magnífico filme realizado por John Huston, em 1958.

O ano de 1959 marcou uma reviravolta. Era o centenário de *A origem das espécies*. Foi preciso todo esse tempo para se compreender melhor a teoria da evolução, mais exatamente para que as disciplinas científicas que participavam da sua edificação – genética das populações, paleontologia e zoologia – se juntassem para fundar

108 *A diversidade em perigo*

a teoria sintética da evolução, também chamada de neodarwinismo. (O primeiro avanço qualificado de neodarwiniano se deve aos trabalhos de August Weismann, no fim do século XIX. Ele identificou as células do corpo ou somáticas e as células germinativas que são transmitidas para a descendência. Demonstrou que não existe transmissão de caracteres adquiridos – teoria lamarckiana e, também, a pangênese de Darwin – e esclareceu a questão da hereditariedade dos caracteres.) A teoria sintética estimulou as pesquisas em torno da adaptação, com o desenvolvimento da ecologia e da etologia no hábitat natural e em laboratórios sobre a fonte de variação dos caracteres com os trabalhos sobre as formas de polimorfismos. O conceito de biodiversidade, elaborado nos anos 1970, decorre diretamente dessas pesquisas.

Revoluções industriais e evolução das espécies

As primícias da primeira revolução industrial remontam ao uso das máquinas movidas por forças naturais como o vento e, sobretudo, a água, graças a todos os tipos de moinho, mas também aos animais e aos homens. Suas raízes remontam à Idade Média na Europa e se afirmaram até o século XVIII, primeiramente nos países do norte da Europa, sobretudo na Inglaterra. A verdadeira revolução industrial ganhou impulso no tempo de Charles Darwin com a exploração de novos recursos de energia para ativar as máquinas: o carvão e o vapor (James Watt, 1769). Os territórios que concentravam essas atividades, como as bacias de mineração, sofreram fenômenos novos: a poluição industrial. As paisagens ficaram escuras.

Nessa época, os entomologistas amadores, ávidos por espécimes raros, apreciavam a captura de borboletas da bétula (*Biston betularia*) que eram pretas, embora a maioria delas possuísse uma cor

O que fazemos com a evolução 109

clara. Ao longo dos anos, os troncos das bétulas foram se cobrindo de fuligem. Os espécimes claros se tornaram mais fáceis de serem localizados pelos pássaros predadores, enquanto os mais escuros não ficavam tão aparentes. Em algumas dezenas de anos, as populações de falenas mudaram de cor sob o efeito de uma seleção natural devida à poluição. Depois, as medidas tomadas para proteger o meio ambiente permitiram às bétulas recuperar suas belas cores claras, deslocando de novo a pressão da depredação sobre os espécimes escuros.

Eis um bom exemplo da função adaptativa da diversidade: a probabilidade de que existam espécimes diferentes, susceptíveis de responder melhor às mudanças do meio ambiente. Esse é o verdadeiro seguro de vida de uma espécie. Quando dizemos que uma espécie "se adapta", não são os indivíduos que se transformam. A adaptação é consequência da seleção de uma diversidade preexistente de indivíduos, dos quais alguns eram ou pareciam ser menos adaptados nas circunstâncias anteriores. A diversidade é a matéria-prima, a condição necessária da seleção e, *in fine*, da adaptação.

A segunda revolução industrial, fundamentada no petróleo e na eletricidade, produziu outras poluições. A explosão dos meios de transporte, sobretudo as estradas, não só fragmentou as áreas de distribuição das populações, como também favoreceu o deslocamento de indivíduos para outros sistemas ecológicos, causando desequilíbrios irreversíveis. Essa segunda revolução industrial se desenvolveu depois do centenário do nascimento de Darwin e, como a anterior, com um aumento da demografia humana. Desta vez, ela teve um impulso inaudito, pois a população mundial foi multiplicada por três! O aumento de uma consciência ecológica acompanhou essa segunda revolução, cujo modelo baseado num consumo sem limites de energia atingiu o seu limite, tendo como único critério de sucesso o então bem insuficiente PIB.

Entramos lentamente – bem lentamente – numa terceira revolução industrial apoiando-nos nas Novas Tecnologias da Informação

110 *A diversidade em perigo*

e da Comunicação (NTIC) e na diversificação das energias renováveis. A população mundial vai continuar a crescer antes de um declínio anunciado depois de 2050. Esperamos não seguir o caminho de todas as espécies exterminadas ao longo das duas revoluções industriais anteriores.

George Schaller: o último explorador da biodiversidade

No ano de 1959, o naturalista George Schaller fez as primeiras observações *in loco* dos gorilas da Ruanda. Ele publicou *The Mountain Gorilla: Ecology and Behavior* em 1963, um século depois do famoso livro de Thomas Huxley *As Man's Place in Nature*, que descrevia a estreita proximidade entre os grandes macacos e o homem. Os anos 1960 viram as pesquisas de campo em etologia se desenvolverem e a publicação de livros que se tornaram cultuados, como *O planeta dos macacos*, de Pierre Boulle (1963), e *O macaco nu,* de Desmond Morris (1964). Com exceção das obras de Pierre Boulle, todas essas publicações são obras de autores anglo-americanos.

Nascido em 1933, em Berlim, George Schaller foi um dos últimos grandes exploradores dos espaços ainda poupados pelo homem e o descobridor de espécies consideradas desaparecidas. A exemplo dos grandes viajantes do século XIX, ele se dedicou a uma missão cada vez mais urgente que foi a conservação dos últimos refúgios da biodiversidade selvagem, pois a pressão das atividades humanas não cessou de reduzir os últimos espaços de vida selvagem.

Seus primeiros estudos *in loco* entre os gorilas das montanhas de Ruanda acrescentaram um capítulo à fabulosa história da descoberta dos gorilas. *Gorilli* significa "homem peludo" na antiga língua dos cartagineses da Antiguidade. O almirante Hannon havia explorado as costas do oeste da África e levado as peles desses *gorilli*, que

O que fazemos com a evolução 111

desapareceram para sempre quando Cartago foi destruída pelos romanos. Mil anos se passaram antes que começassem a mencionar, de maneira muito evasiva, os grandes macacos selvagens que povoavam as florestas tropicais da África. Foi preciso esperar a expedição aventureira do franco-americano Paul Belloni Du Chaillu (1835 – 1903) para que vários espécimes fossem capturados e se pudesse descrever o comportamento deles. A publicação de *Exploring and Adventures in Equatorial Africa* por Du Chaillu, em 1863, teve imenso sucesso. No entanto, esse aventureiro se comprazia em descrever um animal aterrorizador para glorificar suas ações. Foi daí que veio a lenda do King Kong. Os diretores do primeiro filme de efeitos especiais de 1933 refizeram o percurso de Du Chaillu.

Nesse meio-tempo, alguns espécimes foram para os museus dos Estados Unidos e da Europa nos anos 1850, numa época em que as controvérsias sobre a transformação das espécies agitavam todos os círculos intelectuais e científicos. Como pode ser concebível que o homem descenda de um monstro como esse? Foi assim que nasceu a "guerra do gorila" entre Richard Owen – grande paleontólogo, mas oposto às teorias da transformação das espécies, assim como Georges Cuvier na França – e o não menos conceituado Thomas Huxley, fiel e tenaz amigo de Darwin. Este disse: "Assim, o primeiro grande macaco mencionado terá sido o último a ser descrito." A "lenda negra" do gorila percorreu mais de dois milênios de ignorância, curiosidade e desprezo que ilustram a evolução das relações entre os homens e as espécies mais próximas dele.

Quando George Schaller publicou seu livro sobre os gorilas, não se conhecia nada sobre eles além do testemunho de Du Chaillu, exatamente um século antes. Depois, uma jovem de origem canadense, Dian Fossey, dirigiu um estudo de longo prazo sobre os gorilas das montanhas e ficou postumamente famosa graças ao filme *Nas Montanhas dos Gorilas*, de Michel Apted (1988), já que havia sido assassinada em 1985.

112   *A diversidade em perigo*

Schaller lançou-se em várias aventuras para combater os mitos estúpidos que levavam as populações humanas a temer os animais selvagens. Nos anos 1970, ele voltou à região do Dolpo, no Himalaia, para observar os últimos bharals ou cabras azuis das montanhas, e tinha a esperança de estudar as raríssimas panteras das neves. Ele foi um dos poucos naturalistas ocidentais que tiveram o privilégio de ver um desses espécimes. Depois, ele fez explorações na América do Sul procurando jaguares e outras espécies, como a capivara, que atualmente é o maior roedor. No fim dos anos 1980, ele foi para a região do Qiantang, na China, para estudar os últimos pandas gigantes. Schaller demonstrou que eles descendiam dos carnívoros e que teriam se especializado no consumo de bambu. Graças a esses trabalhos, os esforços para a preservação dos pandas selvagens deram frutos, pois as populações desses animais aumentaram apesar de uma nova ameaça, a popularidade deles como mascote, que suscita pedidos idiotas para domesticá-los.

Schaller foi algumas vezes criticado por ter apoiado as pesquisas sobre os yetis. Na realidade, inúmeras expedições montadas no século XX permitiram encontrar espécies consideradas desaparecidas e, fato ainda mais raro, novas espécies de grandes mamíferos e de pássaros. O nome oficial do yeti é *Giganthopithecus* ou macaco gigante. Ele se pareceria com um orangotango gigante de 300kg e comeria bambus. Quanto maiores são as espécies – com exceção dos carnívoros –, mais elas consomem alimentos vegetais fibrosos e coriáceos. Esse é também o tipo de alimento mais abundante, na falta de outros, nas florestas de altitude. Os gorilas das montanhas da Ruanda são mais corpulentos e comem, essencialmente, cipós e folhas, enquanto os das planícies do Congo são menores e consomem frutos. Os fósseis mais recentes de gigantopitecos remontam a cerca de 150 mil anos, o que quer dizer que as populações humanas os conheceram. Seja como for, essa história de grande macaco himalaio não tem nada

O que fazemos com a evolução   113

de infundada. Parece que seriam grandes pandas que, justamente, teriam adotado uma parte do seu nicho ecológico.

As missões de Schaller na Ásia levaram-no a descobrir um bovídeo chamado saola nas florestas do Laos e a encontrar espécies supostamente desaparecidas como o porco warty do Vietnã ou, ainda, o cervo-vermelho do Tibete. Sempre nessa região, ele participou da defesa dos últimos iaques selvagens e do antílope chiru, infelizmente muito apreciado pela qualidade da sua lã. Recentemente, trabalhou como *expert* para a criação de um "parque da paz", que ocuparia uma parte do Paquistão, do Tajiquistão, do Afeganistão e da China, para proteger a maior espécie conhecida de cabras das montanhas, conhecidas como cabras de Marco Polo. Seu trabalho envolve a criação de uns 20 grandes parques em todos os continentes – exceto na Europa –, entre eles o Arctic National Wildlife Refuge, no Alasca, o Shey Phoksundo National Park, no Nepal, e o imenso Changtang Nature Reserve, na China, um dos maiores do mundo. Esse grande naturalista dos tempos atuais, pouco conhecido na França, recebeu inúmeros prêmios e distinções internacionais.

Por intermédio desses poucos elementos, percebemos o quanto a natureza das viagens naturalistas mudou fundamentalmente desde Darwin e Du Chaillu. À parte algumas raras descobertas de novas espécies de grandes mamíferos, pássaros e répteis, é a esperança de algumas redescobertas de espécies consideradas extintas e sobretudo, missões que visam instalar grandes áreas de conservação que dominam. A Terra se tornou uma arca de Noé que joga as suas espécies pela amurada na esperança de se manter numa natureza cada vez mais desmantelada.

Depois da África, Schaller seguiu a pista de Jim Corbett na Índia e publicou *The Deer and the Tiger*, em 1967. Esse primeiro estudo sobre a ecologia e o comportamento dos tigres também foi um testemunho da diminuição desses animais, o que levou o governo

114   *A diversidade em perigo*

indiano de Indira Ghandi a lançar o Plano Tigre, com a criação de
vários grandes parques preservados.

Uma tomada de consciência cada vez maior aumentou ao longo
dos anos 1960 com a criação da Lista Vermelha das espécies ameaçadas de extinção da UICN (União Internacional de Conservação
da Natureza) sob a égide da ONU. Essa lista não parou de aumentar
em meio século, embora a maioria das espécies eliminadas da lista
tenha desaparecido para sempre. Raras foram aquelas que saíram
devido a uma situação mais perene.

A criptozoologia
e os últimos lampejos de diversidade

A redescoberta de uma espécie considerada extinta não tem
nada a ver com a criptozoologia, disciplina paracientífica, que des-
perta tanto paixões quanto críticas. O monstro do lago Ness, o *bigfoot* e o *kraken*, que também estão entre as "serpentes marinhas",
são os mais recorrentes. Os especialistas em criptozoologia se fun-
damentaram nas lendas diversas, nos testemunhos indiretos e orais,
filmados ou fotografados, e em todas as espécies de pistas – pegadas,
pelos, plumas etc. – que alimentam o imaginário deles. E, no entanto, as descobertas do ocapi, dos calamares-gigantes e mesmo do
gorila foram precedidas de relatos mais ou menos fantásticos, que
mobilizaram autênticos zoólogos.

Os tempos mudaram. Na época de Darwin e de Du Chaillu,
quase não se conhecia o interior das terras, a África era um "continente negro". Daí vem o imenso sucesso dos grandes exploradores
nas florestas tropicais, por terem subido até as nascentes do Nilo
ou em busca dos mistérios que envolviam a cidade de Tombuctu.
Hoje em dia, os naturalistas só conseguem efêmeros testemunhos

O que fazemos com a evolução 115

de espécies já descritas e que só podem ser vistas graças aos animais preservados, como na Grande Galeria da Evolução, em Paris.

Notamos também o caráter muito seletivo desses animais, essencialmente mamíferos de médio e grande porte. Com exceção de algumas cobras e pássaros lendários, os pequenos vertebrados (roedores, rãs, peixes e outros) não estão muito presentes no imaginário dos homens. Essa verdade é ainda maior em relação aos invertebrados, com exceção dos polvos-gigantes.

Não se pode confundir a criptozoologia com a paleontologia, que trata das espécies desaparecidas há milhões de anos. Nenhum relato africano menciona Lucy e os australopitecos. É tudo tão simples em relação às espécies que viveram ao lado dos representantes da nossa espécie *Homo sapiens* por milhões de anos? Alguns acham que os homens de Neandertal ainda existem, perdidos nas regiões mais inacessíveis do Cáucaso. Recentemente, velhas histórias foram lembradas sobre os homenzinhos de Flores, liliputianos fósseis dotados de grandes pés, e que receberam o nome de "hobbits" na imprensa. A controvérsia ainda continua sobre a situação dessa espécie fóssil muito antiga, ou recente, desses *Homo floresiensis*: eles realmente desapareceram há uns 12 mil anos em consequência de uma gigantesca erupção vulcânica ou ainda sobrevivem em algum recanto das florestas? A fascinação pelos últimos povos pigmeus da África também alimenta estranhas teorias bem criticáveis. Tanto a genética como a linguística dessas populações indicam que esses povos se afastaram há muito tempo da origem comum de todas as outras populações humanas atuais. Mesmo que eles estejam no ramo que se afastou há muito tempo da nossa espécie atual, não deixam de fazer parte da nossa espécie e não são mais arcaicos ou mais evoluídos do que todas as populações atuais. No entanto, as lendas e os delírios são difíceis de eliminar, como quando, periodicamente, é anunciada a descoberta de povos perdidos que nunca teriam entrado em contato com o mundo ocidentalizado. Ora, eles

116 *A diversidade em perigo*

sempre se relacionaram com os seus vizinhos. E, depois, temos de nos lembrar de que no século XVIII, no tempo de Carl von Linné e da busca do "bom selvagem", nós nos interrogávamos seriamente sobre a existência de sereias e de homens de rabo ou cobertos de escamas (lenda que ainda corre nas florestas pantanosas da Flórida).

Voltando aos nossos irmãos de evolução, os desde então famosos bonobos foram identificados em esqueletos do museu de Tervuren, na Bélgica, em 1929 e observados pela primeira vez *in loco* em 1974. Vivendo em florestas úmidas e pantanosas ao sul de uma grande curva do rio Congo, eles haviam escapado dos naturalistas... mas não dos caçadores e dos traficantes de carne de animais selvagens.

O caso mais interessante continua a ser o do yeti, alimentado por lendas, pela paleontologia e pela ciência. Sua descoberta começou na lojinha de um boticário chinês em Pequim, nos anos 1930. Ao passar diante de uma loja, o paleontólogo Ralph von Koenigswald reconheceu um dente de um macaco grande, mas um dente muito maior do que de todas as espécies e fósseis conhecidos. Ele seguiu o fio da meada de fornecimento de ossos e dentes de "dragões", e chegou ao sul da China. Seguindo diversas indicações, acabou encontrando algumas mandíbulas milagrosamente preservadas numa gruta. Na verdade, os camponeses moíam esses restos fósseis para fertilizar os campos. Ele deu nome ao fóssil de *Gigantopithecus blacki*, o macaco gigante de Black, em honra ao paleontólogo canadense Davidson Black que, em circunstâncias similares, havia possibilitado a descoberta do sítio de Zhoukoudian e de seus famosos "homens de Pequim" ou sinantropos da espécie *Homo erectus*, nos anos 1920.

Sabemos da existência de várias espécies de gigantopitecos na Índia, no Paquistão e na China. Os mais antigos conheceram os *Homo erectus* da Ásia. O mais corpulento de todos e o grande macaco mais imponente que já viveu na Terra foi o *Gigantopithecus blacki*.

O *que fazemos com a evolução* 117

Ele parecia um imenso orangotango – e não um gorila do tipo King Kong. Devia medir entre 2,5 e 3m e pesar de 300 a 500kg. Com um tamanho desses, ele tinha hábitos terrestres. Os espécimes mais recentes remontam a menos de 100 mil anos, o que quer dizer que as populações asiáticas da nossa espécie *Homo sapiens* os conheceram.

Seria essa a origem do mito do yeti? É possível. No entanto, seria errôneo deduzir daí que todas essas lendas se fundamentam numa realidade desaparecida. Encontramos o mesmo tipo de história no Cáucaso – com variações entre um grande macaco e um neandertalense – ou na América do Norte – com o famoso *bigfoot* ou *sasquatch*. No entanto, nunca houve um grande macaco na América do Norte: o primeiro a ter posto os pés nessa terra foi... o homem e, mais exatamente, os *Homo sapiens*. Acontece que os homens viajaram com seus genes, suas línguas e seus mitos, e foi justamente estabelecendo proximidade entre os genes, as línguas e os mitos que os antropólogos reconstituíram as migrações das populações humanas e a história do povoamento da Terra pela nossa espécie. Nunca houve um *bigfoot* na América! Ele viajou clandestinamente no imaginário das populações humanas que foram para a América, vindas da Ásia.

Seja como for, mesmo que ainda haja espécies de mamíferos de médio e de grande porte a serem descobertos ou redescobertos, isso será uma gota d'água no campo cada vez mais devastado da biodiversidade dizimada pelas atividades humanas. Corremos o risco de ter muitas histórias para contar aos nossos filhos de espécies extintas, mas com um medo ainda mais secreto: as últimas populações humanas que as conheceram – todas as etnias, como as pessoas dos campos, no sentido amplo da palavra – também terão desaparecido. Mais nada. Será o fim dos "mundos perdidos" que, desde o famoso livro de Conan Doyle (1912), leva a crer que os ecossistemas revelados pelos paleontólogos ainda persistem nas regiões inexploradas

118   *A diversidade em perigo*

da Terra. Velho mito que atravessa o nosso imaginário desde o *Paraíso perdido*, passando pela busca dos últimos eldorados para os homens ou pelas lendas das cidades perdidas, sem nos esquecermos de *King Kong* e de *Jurassic Park*. Nenhum relato a mais!

CAPÍTULO 8

A ANTIARCA DE NOÉ

Basta digitar algumas palavras-chave para encontrar uma lista exaustiva das espécies desaparecidas e, se quisermos obter um exame mais profundo, o melhor é acessar os sites de língua inglesa. Há dois séculos, viajantes e naturalistas anglo-saxões – de Darwin a Schaller – ocupam um lugar preponderante na descoberta e na conservação das espécies e espaços selvagens. No entanto, Darwin não deixou de citar Alexander von Humboldt e Aimé Bonpland e, ainda, Antoine de Bougainville. A tradição francesa era muito forte, porém, depois de Buffon, Lamarck e Geoffroy Saint-Hilaire, ela se especializou na biologia funcional, possibilitando o aparecimento de Claude Bernard e Louis Pasteur, mas afastou os franceses das problemáticas da evolução. Atualmente, o Museu Nacional de História Natural se sobressai nas disciplinas da sistemática – a estrutura e as classificações do ser vivo –, mas revela um grande atraso em ecologia e em etnologia, mesmo que tenha se tornado, há alguns anos,

120 *A diversidade em perigo*

uma instituição internacional de primeira linha sobre as questões da biodiversidade e da preservação dos ecossistemas.

Depois da época de Darwin, dezenas de espécies de mamíferos e pássaros de médio e grande portes desapareceram. Um dos casos mais brutais foi o da *rhytina* de Steller (*Hydrodamalis gigas*), uma enorme vaca-marinha, extinta, de uma família próxima dos atuais dugongos. (Os dugongos e os damões-do-cabo pertencem à mesma ordem zoológica dos sirênios, pouco representativa nos dias de hoje.) Descobertas em 1741 durante uma expedição de Vitus Bering em torno do estreito do mesmo nome, as *rhytinas* tiveram a sua sorte selada meio século depois. Esses grandes animais, pouco ferozes, foram dizimados pelos marinheiros que apreciavam muito a sua carne.

As grandes tartarugas também foram dizimadas pelas mesmas razões. Bastava capturá-las e estocá-las com o casco virado no fundo dos porões para formar uma reserva de alimento. Charles Darwin relatou o quanto ficou furioso ao perceber que as grandes tartarugas das ilhas Galápagos embarcadas no *Beagle* haviam passado para a panela. Hoje em dia, as últimas tartarugas gigantes estão irremediavelmente ameaçadas de extinção.

Em relação aos pássaros, todo mundo conhece a história dos dodôs das ilhas Maurício. A primeira descrição dessas aves remonta ao fim do século XVI. As últimas observações de dodôs vivos datam do fim do século XVII. Várias causas estão ligadas ao seu desaparecimento. Foi citada a caça dos marinheiros que lá faziam escala, uma vez que as ilhas Maurício ficavam situadas nas principais rotas marítimas do oceano Índico. Sem sombra de dúvida, a chegada dos homens acabou devastando esses gordos pássaros indolentes devido à caça, ao desmatamento e aos desastres ecológicos causados pela introdução de animais como os ratos, os gatos e, sobretudo, os porcos e os macacos, todos eles responsáveis pela deterioração de um ecossistema e de suas espécies. De qualquer forma, o desaparecimento do dodô foi tão violento, que até se chegou a duvidar da sua real existência.

A antiarca de Noé

Pesquisas arqueológicas recentes permitiram revelar esqueletos completos do pássaro das ilhas Maurício (*Raphus cucullatus*). Media cerca de um metro e pesava uns 20kg. As primeiras representações revelam a imagem de um dodô roliço do tipo peru. Estudos mais precisos exibem-no – assim como o dodô da ilha Rodrigues – mais parecido com os pombos (columbiformes). Essa característica encorpada e lenta do dodô derivava da sua capacidade de engordar nos períodos úmidos, garantindo uma chance maior de sobreviver nos períodos secos. De qualquer forma, ele era um pássaro maciço, de corpo compacto, munido de asas rudimentares e, para a sua infelicidade, fácil de ser capturado, embora o gosto da sua carne não fosse muito apreciado.

Hoje em dia, pesquisadores tentam reconstituir o seu DNA por diversas combinações com espécies atuais geneticamente próximas e por cruzamentos, como foi feito para ressuscitar os auroques. Talvez isso seja o despertar do dodô.

A imagem de um pássaro aparvalhado deriva de uma pintura do início do século XVII que, mais tarde, inspirou Lewis Carroll para construir um dos personagens de *Alice no País das Maravilhas*. Depois, ele foi objeto de inúmeras criações, na maioria das vezes cômicas ou destinadas ao público jovem, como as cenas desopilantes de *A Era do Gelo* e que, diga-se de passagem, é uma excelente representação das mudanças do fim do Pleistoceno na América do Norte.

As espécies extintas mais emblemáticas

Atualmente, existem dois grandes grupos de mamíferos, os marsupiais e os placentários e mais algumas relíquias classificadas numa categoria não natural chamada de monotremados, como o ornitorrinco e as duas équidnas da Austrália, da Tasmânia e da Nova

122 — A diversidade em perigo

Guiné. Eles se distinguem pela maneira como se reproduzem. Nos marsupiais, o filhote, ainda em estado de embrião, migra para uma bolsa ventral chamada marsúpio, onde pode continuar a se desenvolver enquanto mama. Nos placentários, tudo ocorre no útero, até o nascimento. Os monotremados põem ovos. Neles, tudo é um caso de ovo, posto (monotremados) ou guardado no ventre da mãe (marsupiais e placentários), cuja duração é a tolerância de um outro corpo no da mãe, sendo os placentários os mais evoluídos nesse aspecto.

Os mamíferos se diversificaram na era Secundária, dominada pelos "dinossauros". Várias grandes linhagens se separaram e muitas se extinguiram ou regrediram consideravelmente (monotremados). Ao longo da era Terciária, as linhagens chamadas mamíferos, os marsupiais e os placentários, ocuparam todos os continentes. Depois, o mundo foi dividido entre elas: as primeiras ficaram nos continentes do Sul (Austrália, Antártica, América do Sul e Madagascar, que antigamente eram ligadas e formavam o Gondwana) e as segundas nos continentes do Norte (América do Norte, Europa, Ásia e África, que constituíam a Laurásia). Retrospectivamente, os marsupiais devem a sua sobrevivência ao isolamento geográfico, que evitou uma concorrência com os mamíferos placentários.

Quando os representantes das duas linhagens se encontraram devido à junção das duas Américas, com a formação do istmo do Panamá, há uns 5 milhões de anos, deu-se um considerável choque ecológico. Os placentários substituíram os marsupiais, com exceção dos gambás ou saruês (didelfídeos), representados por mais de 70 espécies, essencialmente na América Latina, e algumas espécies conseguiram se implantar no Norte, ao longo da costa do Pacífico até Ontário, no Canadá. O famoso gambá-de-virgínia foi introduzido no Canadá. (Um espécime levado pela famosa princesa índia Pocahontas fez um grande sucesso na corte da Inglaterra.)

O *choque entre marsupiais e placentários*

Os paleontólogos americanos chamam esse acontecimento de Great American Interchange (grande troca entre as Américas). Essa troca descreve as migrações da fauna entre as duas Américas, entre 5 e 30 milhões de anos passados. As primeiras reflexões sobre essas migrações foram feitas por Alfred Russel Wallace, quando ele explorava e coletava espécimes de mamíferos e, sobretudo, de pássaros na bacia amazônica, entre 1848 e 1852. Seu livro publicado em 1876 sobre relações atuais e passadas entre as faunas das diferentes regiões do mundo fez dele o fundador da biogeografia.

Sem entrar muito em detalhes, os mamíferos de todas as grandes linhagens podiam ser encontrados em todos os continentes, ainda próximos uns dos outros, na era Secundária. Depois, os continentes se cindiram em dois supercontinentes, a Laurásia ao norte e o Gondwana ao sul. Ao longo de milhões de anos, os marsupiais desapareceram da Laurásia. A história é mais complicada no que diz respeito a Gondwana, começando pela América do Sul. Essa superilha abrigava linhagens de marsupiais no sentido amplo da palavra, placentários especiais ancestrais do tatu, papa-formigas e outras preguiças e alguns monotremados. Depois, macacos e roedores chegaram em jangadas improvisadas, vindos da África. Eis o que constituiu uma surpreendente colcha de retalhos de mamíferos. É ainda mais surpreendente saber que a maioria dos marsupiais que se instalaram na Austrália procedia da América do Sul *via* Antártica, e que os mamíferos placentários da Austrália desapareceram. Portanto, não podemos afirmar que os placentários dominaram os marsupiais o tempo todo e em todos os lugares. Como, então, explicar que os marsupiais tenham sido os grandes perdedores na troca de faunas entre as duas Américas?

124 *A diversidade em perigo*

Durante essas migrações, os mamíferos placentários do sul, mais especializados, evitavam a concorrência direta com os placentários do norte. O mesmo aconteceu com os grandes grupos da família dos gambás. (Os macacos permaneceram confinados nas florestas tropicais como deviam e os roedores mantiveram suas posições ecológicas.) No entanto, a competição se deu entre os grandes herbívoros e seus predadores. De ponta a ponta da América Central, podiam ser encontrados espécies análogas aos "camelos", aos "cavalos", aos "lobos", aos "tigres-dentes-de-sabre" etc. Todas as formas de marsupiais desapareceram em pouco tempo. Considerando a diversidade das hipóteses propostas, em nada incompatíveis entre si, a mais admitida se apoia na complexidade relativa dos sistemas ecológicos das duas Américas. Na verdade, uma regra empírica mostra que, quanto mais extenso é um ecossistema, mais eficaz é a competitividade das espécies em relação a outros ecossistemas regionais importantes, o que está ligado a uma maior biodiversidade. Outra regra empírica: ao multiplicar a superfície de um ecossistema por dez, encontramos uma biodiversidade duas vezes maior. A altura de uma "pirâmide ecológica" depende da superfície da sua base. Vamos retomar a nossa história das Américas.

Por razões ligadas à tectônica das placas, os marsupiais acabaram por ser encontrados nas superilhas – América do Sul e Austrália, separadas pela Antártica – enquanto os mamíferos placentários da Laurásia se estenderam por regiões imensas, desde a América do Norte até a Ásia *via* estreito de Bering e, também, pela África. Os marsupiais e afiliados da América do Sul não resistiram, não mais do que os da Austrália com os ancestrais dos aborígenes, há mais de 50 mil anos e, mais recentemente, com a chegada dos ocidentais e seus temíveis companheiros (cachorros, gatos, ratos, porcos, coelhos etc.), fatais aos aborígenes e aos outros marsupiais, cujo testemunho foi dado por Darwin nos seus relatos de viagens.

O único ensinamento que podemos tirar disso é que as espécies saídas de ecossistemas mais competitivos prevalecem sobre

A antiarca de Noé 125

as espécies de ecossistemas menos complexos. Em outras palavras, quanto maior a biodiversidade de um sistema ecológico – número de espécies e interações entre si – mais vantagem têm as espécies diante de outras que evoluíram em meio ambiente que abrigara menos biodiversidade e, mais amplamente, quando o ambiente é mudado. Hoje em dia, recenseamos mais de 4.500 espécies de mamíferos placentários para, mais ou menos, 270 espécies de marsupiais. Nenhum observador poderia imaginar uma história dessas no fim da era Secundária.

Tais processos se repetiram entre os grupos de mamíferos placentários, principalmente quando as ilhas estavam conectadas ao continente. Há 12 mil anos, antes do fim da última glaciação, as ilhas da Sonda faziam parte do continente asiático; portanto, Bornéu, Sumatra etc. não existiam. Uma fauna muito diversificada habitava imensas florestas, como ocorria no sudeste da Ásia, havia não muito tempo. Podemos julgar pela diversidade dos grandes predadores, dos quais uma parte povoa *O livro da selva,* de Rudyard Kipling: tigres, três espécies de panteras, ursos, lobos, cães-selvagens-asiáticos, raposas e uma dezena de espécies, sem contar os mustelídeos (doninhas, fuinhas, martas etc.). Como essas espécies ocupavam o alto dos sistemas ecológicos, é fácil imaginar toda a diversidade das outras espécies de herbívoros e de onívoros. Depois, com o fim da última glaciação, o nível do mar subiu, isolando diversas ilhas. A diversidade dos predadores se reduziu, os tigres desapareceram para dar lugar a panteras maiores (Bornéu), ou os tigres se tornaram menores com a eliminação das panteras (Sumatra). (Não havia predadores nas ilhas menores, o que permitiu a existência de certas espécies, como o dodô.) Quando, num futuro mais ou menos próximo, o nível do mar descer de novo com a próxima glaciação, a fauna das ilhas será varrida (se é que ainda vai existir uma biodiversidade no Sudeste asiático!).

Madagascar:
o oitavo continente que, em breve, estará perdido

Charles Darwin nunca fez escala em Madagascar. Ele teria apreciado a sua grande diversidade geológica, a flora e a fauna bem diversificadas, assim como a diversidade das populações humanas. No entanto, fez uma predição que mostra como as ciências da evolução são iguais às ditas exatas do ponto de vista epistemológico, sobretudo se compreendermos as relações de interdependência entre as espécies, um dos fatores essenciais da biodiversidade. Uma vez mais – e é preciso insistir muito nesse conceito fundamental – devemos falar de coevolução e não de evolução. *A coevolução é a evolução que se apoia na biodiversidade e nas interações entre as espécies.*

Na grande ilha existe uma espécie de orquídea chamada "estrela de Madagascar" (*Agraecum sesquipedale*). Ela possui um nectário ou tubo de néctar bem longo, realmente muito longo, e que pode atingir 30cm. Quando lhe apresentaram um espécime em 1862, Darwin afirmou que indubitavelmente devia existir uma borboleta com um tromba igualmente longa para recolher o néctar dessa flor. A essa afirmação seguiu-se um grande ceticismo, até a descrição de uma borboleta-esfinge denominada *Xanthopan morganii praedicta,* em 1903; ou seja, 40 anos depois e 30 anos depois da morte do naturalista. (Darwin também era um excelente botânico, a quem devemos os primeiros estudos importantes sobre as orquídeas, as plantas trepadeiras e as plantas carnívoras.) Essa borboleta passeia com uma longa tromba enrolada como uma serpentina que ela desenrola para penetrar profundamente no nectário da orquídea. Um magnífico caso de coevolução com a garantia de uma melhor fecundação para a flor e um acesso privilegiado ao néctar para a borboleta-esfinge. Desde então, compreendemos como o desaparecimento de uma ou outra espécie pode criar prejuízos irreversíveis

A antiarca de Noé 127

a um ecossistema. É isso o que ameaça o futuro da agricultura e da humanidade de amanhã se os insetos polinizadores continuarem o seu declínio. Mesmo nas suas piores profecias, Darwin nunca teria imaginado tamanho pesadelo.

Em toda a história da deriva dos continentes, há centenas de milhões de anos, Madagascar parece ser uma entidade bem definida, o que faria dela um oitavo continente se fosse maior, se bem que, atualmente, ela seja a quinta maior ilha depois da Austrália, da Groenlândia, da Nova Guiné e de Bornéu. A "ilha vermelha" se soltou da África há 165 milhões de anos e da Índia há 100 milhões de anos. Esse pequeno continente ou essa grande ilha se isolou há 70 milhões de anos, levando consigo uma flora e uma fauna que estão na origem de uma diversidade muito original, entre elas uma grande proporção de espécies endêmicas e de outras saídas de diversas colonizações depois de terem atravessado o canal de Moçambique, como os ancestrais dos lêmures, dos tenrecídeos, dos carnívoros, dos roedores, dos morcegos e dos atuais hipopótamos.

A história natural de Madagascar resume tudo o que se refere à biodiversidade, à evolução e ao impacto do homem na Terra e em longa duração. É um milagre e uma tragédia, ao mesmo tempo. Em relação ao milagre, observamos a descoberta de quase 600 novas espécies de plantas e animais desde o ano 2000, entre elas uns 40 mamíferos – quase todos lêmures –, uns 60 répteis e ainda mais anfíbios, dezenas de pássaros, de peixes e de invertebrados, aos quais podemos acrescentar centenas de plantas. Esse balanço maravilhoso traduz pesquisas *in loco* mais precisas e, também, uma realidade mais dramática do que no passado: o fracionamento dos hábitats, muitos deles constituindo o último refúgio.

De um modo aproximado, a metade dessas espécies é endêmica, com grandes diferenças conforme os grupos, como a quase totalidade dos anfíbios, dos répteis e dos insetos, a maioria dos

128 *A diversidade em perigo*

mamíferos (metade dos morcegos, por exemplo) e um terço de 300 variedades de pássaros. No entanto, esse belo quadro malgaxe se anuvia de perspectivas alarmantes, pois mais da metade de todas essas espécies está ameaçada de extinção, entre elas dezenas consideradas em estado crítico por causa das atividades humanas. A expansão das terras agrícolas por queimadas provoca um desmatamento cada vez mais ameaçador, e as 50 reservas e parques naturais são as últimas de preservação dessas riquezas naturais que, diga-se de passagem, constituem um investimento econômico considerável, graças ao ecoturismo. Os países asiáticos compraram grandes quantidades de terras aráveis para garantir uma produção agrícola destinada a alimentar sua numerosa população, o que provocou um rebuliço político na grande ilha (ver terceira parte).

A ilha viveu a sua maior biodiversidade antes de os primeiros grupos de homens ali se instalarem, imediatamente antes da nossa era cristã. Eles chegaram do arquipélago indonésio nas suas pirogas de balancim. A grande fauna desapareceu em alguns séculos, como os crocodilos do Nilo mortos por causa da pele; um pássaro terrestre e gigante com três metros de altura; um carnívoro parecido com as fossas atuais do tamanho de uma jaguatirica, mas assemelhado com a família das civetas e mangustos, e, sobretudo, 17 espécies de lêmures gigantes. Entre eles, os aie-aies três vezes maiores do que os atuais, os lêmures arborícolas do tamanho de um orangotango atual e oito "lêmures preguiçosos" que, os mais gordos, viviam pendurados como as preguiças da América do Sul, e os mais imponentes viviam no chão. Alguns chegavam a pesar até 200kg, como os maiores gorilas atuais. (Mais um belo exemplo de convergência evolutiva entre duas linhagens tão afastadas!) Se pode haver uma discussão a respeito do impacto do homem na extinção da grande fauna das Américas, não existe nenhuma dúvida quanto a Madagascar.

A antiarca de Noé 129

Os primatas atuais se dividem em duas grandes subordens: os símios e os prossímios.[1] Esses dois grupos se separaram por volta de 40 milhões de anos, como indica a genética comparada e o fóssil *Darwinius masillae,* apelidado de Ida. Como no caso dos marsupiais e dos placentários, ninguém poderia prever a continuação da evolução, tão diversificadas eram essas linhagens na África, na Ásia e na Europa, no Eoceno (de 65 a 34 milhões de anos). Em seguida, veio o colossal resfriamento da temperatura mundial depois do isolamento do continente antártico.

Os macacos ditos "modernos" se espalharam e ocuparam todos os nichos ecológicos arborícolas adaptados aos mamíferos de pequeno ou de grande porte que viviam nas árvores. Os prossímios diurnos desapareceram ou se adaptaram à vida noturna (társios, lóris, gálagos). Somente os lêmures de Madagascar escaparam dessa concorrência porque a grande ilha se separou do continente africano no fim da era Secundária. Eles devem a sua sobrevivência ao fato de os seus ancestrais terem podido migrar atravessando o canal de Moçambique. Quando? As estimativas divergem entre paleontólogos e geneticistas, o que dá um leque entre 60 e 40 milhões de anos. Seja o que for, esses ancestrais devem ter atravessado um braço de mar e imaginamos jangadas improvisadas, como ocorreu na migração dos ancestrais dos macacos e roedores da América do Sul, vindos da África, mas do outro lado. Se bem que não seja impossível que de um lado e do outro da África, e ao longo dos mesmos períodos, os macacos tenham saltado de ilha em ilha para chegar à América e que os lêmures tenham feito o mesmo para irem parar em Madagascar; a maioria dos pesquisadores pensa em migrações oportunistas e únicas. Os lêmures tiveram

---

1 A classificação exata distingue os haplorrinos ou primatas com um verdadeiro nariz – todos os macacos mais os társios – e os estrepsirrinos ou primatas com um *rhinarium* ou focinho. São as mesmas subordens, que têm como única diferença a posição taxonômica dos társios que podem ficar de um lado ou do outro. A classificação mais pertinente é a fundamentada no nariz.

130   *A diversidade em perigo*

a sorte de os macacos não tomarem o mesmo caminho ao saírem da costa da África. Houve algumas dezenas de milhões de anos de intervalo antes que os grandes macacos chamados homens saíssem do leste, como cavaleiros do apocalipse da biodiversidade. É sempre entre as espécies mais próximas que a competição se revela mais dura: lêmures, símios, macacos e grandes macacos e, o mais temível de todos, o homem.

As ilhas e os refúgios

Acontece que os naturalistas descobriram os últimos refúgios da biodiversidade. Pensamos nos ecossistemas das regiões abissais reveladas pela exploração das grandes profundidades dos oceanos. Trata-se de meios impossíveis de serem atingidos pelo comum dos mortais, mas que não são protegidos, mesmo que certos recursos sejam exploráveis. Isso já foi, infelizmente, anunciado em relação à exploração dos recursos naturais do extremo Norte, liberado do gelo devido ao recuo rápido da calota polar ártica, sob o efeito do aquecimento climático.

Às vezes, também, descobrimos ou redescobrimos algumas pérolas da biodiversidade em regiões continentais ao lado dos homens ou não muito longe deles. As mais belas descobertas e as mais frequentes – no entanto, menos numerosas – são as das grandes ilhas, como Madagascar. É também o caso da Nova Guiné. Recentemente, um grupo de pesquisadores revelou a existência de um ecossistema que protegia centenas de espécies, entre elas dezenas endêmicas de plantas, insetos, répteis e pássaros, numa parte pouco acessível da Nova Guiné. Essa ilha tem uma geografia muito acidentada, com inúmeros vales inacessíveis entre eles. Essa situação favorece divergências locais entre as espécies e as populações de uma mesma espécie. O mesmo acontece com as populações humanas que chegaram lá há menos de 50 mil anos e em várias ondas de migração. Consequência: a ilha concentra a maior diversidade linguística do mundo, com mais de 600 línguas repertoriadas; mais da metade delas, porém, já desapareceu ao longo das últimas décadas, enquanto as outras veem seus locutores morrerem sem uma só palavra.

Essas magníficas descobertas, cada vez mais raras, são as últimas cintilações de uma biodiversidade que se extingue inexoravelmente, como um último sopro nas cinzas que fazem as pequenas brasas se

A antiarca de Noé

avermelharem, muito fracas para conseguirem reacender o fogo. Isso porque esses sistemas ocupam situações muito periféricas, à margem dos grandes sistemas ecológicos. São refúgios que precisamos preservar por todos os meios, mas que não constituem, em nada, uma solução para reparar os desastres acumulados nos continentes e nos mares.

Sexta ou sétima grande extinção?

Quantas grandes extinções podemos contar ao longo da história da vida? A expressão "sexta extinção" é o título do ensaio assinado pelo paleoantropólogo queniano Richard Leakey em conjunto com Roger Lewin e publicado em 1995. Essa expressão pode ser encontrada em outros contextos, como diversas ficções apocalípticas que servem de pretexto para relatos pós-humanistas, sem deixar de citar diversas interpretações ou referências ao Gênese.

O número das grandes extinções ou extinções em massa que ocorreram ao longo da história da vida depende das pesquisas em paleontologia. Um dos seus grandes fundadores, Georges Cuvier, inventou a teoria das catástrofes, ou catastrofismo, para explicar a sucessão de diversos tipos de fauna que ilustraram a história da Terra. Essa teoria se referia aos seis dias da Criação; as grandes eras geológicas reproduziam esse esquema inspirado no episódio da Gênese bíblica e entrecortado de episódios diluvianos. Esse esquema está no centro da teoria das catástrofes de Georges Cuvier e também pode ser encontrado em Jacques Boucher de Perthes, fundador da pré-história com sua obra *Antiquités celtiques et antédiluviennes* (consultar Picq, *Nouvelle Histoire de l'homme*). Os atuais criacionistas se apoiam nessa visão para recusar as teorias da evolução, contestando sua longa cronologia e, evidentemente, para livrar o homem de toda a responsabilidade quanto ao caminho

132　　　　　　　　　　　　　　　*A diversidade em perigo*

que tomou a vida na Terra. No fim das contas, dizem eles, isso já ocorreu no passado e ocorrerá no futuro. Só que eles não compreenderam que todas as espécies mudam. A não ser que houvesse uma arca hipotética...

Charles Lyell, fundador da geologia moderna – que introduziu o pensamento transformista de Lamarck na Inglaterra e, mais tarde, tornou-se amigo de Darwin –, não aceitava o catastrofismo de Cuvier em nome do princípio do uniformitarismo. Para ele, as forças naturais que agiam na natureza atual seriam as que agiram no passado – princípio do atualismo – e no mesmo ritmo. Agindo assim, Lyell abriu caminho para uma história da Terra que ia além da história dos homens e introduziu o termo "evolução" na geologia. O terreno estava preparado para Darwin.

Atualmente, os paleontólogos e os evolucionistas se apoiam na teoria dos equilíbrios pontuados, formulada por Stephen Jay Gould e Niels Eldredge nos anos 1970. A história da vida seria lida como uma sucessão de períodos de relativa estabilidade ou de evolução progressiva – os equilíbrios – períodos esses entrecortados de crises – as pontuações. Foi aqui que aconteceram as grandes extinções. O exemplo mais conhecido é o da crise do Cretáceo/Terciário, que teria sido provocada pelo impacto de um grande meteorito há 65 milhões de anos. Essa hipótese surgiu em consequência dos trabalhos de Luis Walter Alvarez, no início dos anos 1980, e teve o sucesso que conhecemos. No entanto, essa não foi a maior das extinções, mesmo que os dinossauros da Terra tenham desaparecido, mas não todos, pois os pássaros continuaram aqui e mais numerosos do que os mamíferos.

Seja como for, tanto em paleontologia quanto em geologia, as pesquisas sobre as grandes extinções se desenvolveram muito há uns 30 anos, alimentando o nosso imaginário por intermédio da literatura e do cinema, e participando das controvérsias em torno

A antiarca de Noé 133

do aquecimento climático e da maneira como se produzem as extinções em curso.

Segundo o estado das pesquisas e os avanços dos conhecimentos, os pesquisadores descrevem de cinco a oito grandes extinções que ocorrem há 800 milhões de anos. O que chamamos de explosão Cambriana com a emergência de todas as grandes formas fundamentais de organismos vivos − muitas delas desapareceram depois − foi uma consequência da imensa glaciação Varanger que teria coberto toda a Terra.

A primeira grande extinção bem repertoriada situa-se no limite do Cambriano e do Ordoviciano por volta de 485 milhões de anos. Das espécies fósseis conhecidas, 85% desapareceram depois das fortes mudanças glacioeustáticas (glaciações, movimentos dos continentes e correntes oceânicas).

A segunda marca o limite entre o Ordoviciano e o Siluriano, entre 435 e 440 milhões de anos. Teriam ocorrido dois episódios de extinção provocados por um considerável retraimento do nível do mar em centenas de quilômetros em relação aos planaltos continentais da época.

A terceira ocorreu no fim do Devoniano, em torno de 365 milhões de anos com a eliminação de 70% das espécies conhecidas. Mesmo que relembremos o impacto de um meteorito, ela se estendeu por 3 milhões de anos em consequência dos movimentos tectônicos e do desaparecimento de um grande mar chamado Tétis.

A quarta e a mais devastadora aconteceu no fim do Permiano, há 252 milhões de anos. Noventa e cinco por cento das espécies marinhas e 70% das espécies terrestres desapareceram. (A biodiversidade dos ecossistemas terrestres é maior do que a dos ecossistemas marinhos, o que pode explicar as diferenças nas taxas de extinção.) Essa extinção resultou da conjunção de vários fatores, entre eles a reunião de todos os continentes num só, a Pangeia, com a redução

134 *A diversidade em perigo*

dos platôs continentais. A isso foram acrescentados um forte vulcanismo e uma elevação da temperatura dos oceanos que subiu para 40°C na faixa equatorial. O aumento de grandes quantidades de sulfeto de hidrogênio (interface entre as diferentes camadas de água quando elas não se misturam) dos oceanos teria tornado a atmosfera perigosa para os organismos vivos, sem contar a destruição da camada de ozônio... O inferno na Terra.

A quinta marcou a passagem entre o Triássico e o Jurássico, por volta de 200 milhões de anos com o desaparecimento de 75% das espécies. Esse desaparecimento foi devido à fragmentação da Pangeia e ao cortejo de consequências como o vulcanismo e as correntes oceânicas. Foi depois desse acontecimento que os dinossauros aproveitaram para garantir o domínio sobre nossos ancestrais mamíferos da época.

A sexta extinção deu mais uma chance aos mamíferos, empurrando os dinossauros não aviários – e outras linhagens, sobretudo nos oceanos – para o fim do Cretáceo.

Quais são os fatores responsáveis por essas extinções? Até a sexta extinção não poderíamos acusar o homem. Por razões mais religiosas – no sentido de mitos e de crenças – do que científicas, as hipóteses que aceitavam a interferência de problemas vindos do céu ou astroblemas gozavam de uma grande aceitação. Não se pode, de forma alguma, negligenciar os impactos dos meteoritos, nem mesmo da travessia de nuvens galácticas pelo sistema solar, mas essas extinções aconteceram por centenas de milhares de anos ou alguns milhões de anos. Todas as vezes, a tectônica das placas interveio com o vulcanismo, as glaciações, as mudanças de correntes oceânicas e as alterações da atmosfera. E, todas as vezes, novas linhagens que existiam antes se desenvolveram por radiações adaptativas, o que levou duas vezes mais tempo do que para a extinção das linhagens anteriores.

A antiarca de Noé

Hoje em dia, a taxa de extinção das espécies é de 1.000 a 100 mil vezes mais elevada do que as do passado, e há 10 mil anos não temos a intervenção de nenhum meteorito, nenhum episódio vulcânico maior e nenhuma mudança de corrente oceânica de grande amplitude. O Holoceno continua a ser um período calmo no plano geológico e climático desde a última glaciação. O único fator novo é o homem. E, no ritmo atual, nenhuma espécie tem tempo de aparecer. Sem uma certa ironia, se houve seis grandes extinções como houve seis dias para a Criação e se Deus descansou no sétimo dia, é pena que o homem não tenha feito o mesmo. Marcha a ré no caminho da história da vida; pior do que a crise do Permiano!

Hoje em dia, depois da publicação da última lista vermelha da UICN, ficamos estarrecidos com a distorção excessivamente antropocêntrica. Por razões evidentes, é mais fácil repertoriar o estado de conservação das espécies animais mais próximas de nós do que das que estão mais afastadas, como os répteis, os anfíbios, os peixes, os insetos, os moluscos e os vermes, para não falar nos bilatérios. Nós nos sensibilizamos com a sorte dos mamíferos e dos pássaros, mas a nossa empatia é inversamente proporcional à proximidade evolutiva dessas espécies conosco, e se reduz progressivamente à medida que o tamanho delas diminui. Eis um defeito muito prejudicial, pois o homem faz parte das espécies maiores que já viveram na Terra. Nós nos impressionamos com as espécies maiores do que nós, mas elas representam uma ínfima porcentagem das espécies atuais e fósseis. Entre os 200 primatas atuais, o homem é o maior depois do gorila. Entre as 4.500 espécies de mamíferos, a maior dos 1.700 roedores vivos é a capivara, maior do que um cachorro de tamanho médio; o maior dos 1.100 morcegos não pesa mais do que 15kg etc. Pondo de lado alguns grandes herbívoros terrestres (bovídeos, cervídeos, equídeos e elefantídeos), alguns carnívoros (leões, tigres, pumas,

136 *A diversidade em perigo*

jaguares, grandes panteras e leopardos) e, é claro, os mamíferos marinhos, somos os mais corpulentos. Para a infelicidade delas, tanto no passado quanto atualmente, as espécies de grande porte são as que sofrem primeiro as extinções causadas pelo homem. A situação é a seguinte: eliminamos e continuamos a eliminar as espécies mais próximas de nós em termos de parentesco, de tamanho e de aparecimento na história da vida.

Podemos duvidar do impacto da nossa espécie e da nossa responsabilidade nas extinções em massa das faunas e, especialmente, da megafauna do fim do Pleistoceno. No entanto, como Darwin já enxergava, a concomitância do fim das idades glaciares e da expansão da nossa espécie foi traduzida por grandes extinções. O mamute não cessou de recuar para o norte da Sibéria antes de desaparecer para sempre. Assim também, a megafauna confrontada com o homem na Austrália, na América e em Madagascar não teve tempo de se adaptar a esse novo predador, oferecendo uma caça abundante e fácil. O processo só fez se acentuar e o *Homo sapiens* também se encarregou de fazer as outras espécies de homens desaparecem.

O quadro abaixo mostra como as modalidades de extinção são diferentes de um continente para o outro ao longo dos períodos pré-históricos ou Pleistoceno, ou seja de 2,6 milhões de anos a 12 mil anos, o que corresponde às idades glaciares, mas também às origens do *Homo* na África e sua expansão em todos os continentes, que originou várias espécies de homens. O Holoceno, nosso período atual, que começou há 12 mil anos, não teve nenhuma extinção maior até um período bem recente. Este começou com as grandes viagens, sobretudo em relação aos pássaros das ilhas. Depois veio o Antropoceno, com a expansão demográfica dos europeus e do seu modo de vida a partir do século XIX. A viagem de Darwin ocorreu nesse momento de transição na história dos homens e das biodiversidades.

A antiarca de Noé

**Quadro das principais extinções de mamíferos (M)
e de pássaros (P) em número de espécies**

Continente	América do Norte		América do Sul		Austrália		África		Ásia		Europa	
Grupos	M	P	M	P	M	P	M	P	M	P	M	P
Pleistoceno	61	19	50	5			23	?	8		23	
Antropoceno	35	30	4	5	27	24	27	46	27	10	20	3

M: Mamífero
P: Pássaro
Pleistoceno ou Pré-história
Antropoceno ou História

Esse quadro só diz respeito às espécies de vertebrados mais familiares. Os números se amplificam se acrescentarmos o desaparecimento de répteis, serpentes, peixes e anfíbios. Estes últimos têm uma taxa de extinção que se agrava consideravelmente há algumas décadas com o ressecamento de zonas úmidas. E isso é ainda mais dramático com os invertebrados – entre eles milhões de espécies de insetos e, sobretudo, os moluscos, que pagam um pesado tributo. Além deles, há as plantas. Todas, ou quase todas, podem ser vistas a olho nu. No entanto, esse mundo macroscópico não é nada diante da grande quantidade invisível de organismos microscópicos. Essa biodiversidade invisível e, no entanto, tão essencial a nossa coevolução – como todas as bactérias do nosso corpo, mais numerosas do que todas as nossas células, e tão úteis, sobretudo as que participam da nossa digestão – se reduz antes mesmo de ser totalmente identificada. As verdadeiras ameaças para a nossa sobrevivência não provêm tanto do desaparecimento da macrofauna e sim do desaparecimento dessa diversidade microscópica. Em suma, esses números só dizem respeito à ponta de um iceberg levado a se derreter cada vez mais rápido com o aquecimento climático, a exemplo dos últimos ursos-polares que correm sobre os últimos blocos de gelo de uma banquisa cada vez mais deslocada.

A extinção do fim das idades glaciares atingiu, principalmente, os grandes animais terrestres. A presença dos homens só fez agravar essa situação, principalmente com a expansão da nossa espécie há 50 mil anos. Até então, esses grandes mamíferos haviam coevoluído com as populações humanas de diferentes espécies em todo o Mundo Antigo (África, Ásia e Europa). Portanto, foram as mudanças climáticas do fim do Pleistoceno e, ao mesmo tempo, o duplo impulso demográfico e geográfico da nossa espécie que acentuaram o processo de extinção. O choque foi mais brutal nos "Novos Mundos" com a chegada das populações de *Homo sapiens*, inicialmente na Austrália (eliminação rápida dos grandes marsupiais), depois nas Américas (massacres em grande escala muito bem organizados pelos

138 *A diversidade em perigo*

antigos ameríndios, comprovados pela arqueologia) e, mais recentemente, em Madagascar. Essas espécies não tiveram tempo de se adaptar ao homem.

As extinções dos
períodos históricos

Como já dissemos, o Holoceno foi um período de estabilidade climática que poupou a fauna selvagem. O nascimento da agricultura em diferentes partes do mundo – e, portanto a emergência de variedades domésticas de plantas e animais – ocorreu junto com o desabrochar da diversidade genética e cultural das populações da nossa espécie, como nunca antes havia acontecido. As grandes viagens puseram um termo a todas essas diversidades vegetal, animal e humana. Primeiro, lentamente, depois do descobrimento das Américas pelos europeus, depois com mais intensidade após a segunda metade do século XX.

Esse é o caso, por exemplo, dos pássaros das ilhas, a partir do século XVII. Inicialmente pelo fato de os marinheiros procurarem alimento; depois, sob o efeito de espécies invasivas como os ratos e os gatos. (Um estudo recente acusou os gatos – únicos animais a ter colonizado o homem há 10 mil anos e companheiro das suas migrações – do desaparecimento de vários milhões de pequenos animais por ano!) Em seguida, chegou o tempo da captura de aves especiais e para enfeitar de plumas os chapéus das mulheres, como na Flórida no século XIX. O grupo dos papagaios, diversificado e colorido, sofreu uma grande dizimação. Cinquenta espécies de pássaros foram extintas na ilha do Havaí nos tempos modernos e mais ou menos 60% na ilha de Guam. Mundialmente, isso representa 2% das 10 mil espécies de aves, ou seja, quase 200 espécies desde o

A antiarca de Noé 139

ano 1500. Sem a plumagem e o canto das aves, os trópicos ficaram cada vez mais tristes.

Mais diversificados nos continentes e grandes ilhas, os mamíferos resistiram mais até o fim do século XIX, mas a ameaça se intensificou brutalmente na virada do século XX. Agora, a taxa de extinção é de 2%, ou seja, em torno de 90 espécies num total de 4.500. Desde então, os pássaros continentais sofrem a mesma sorte. A tendência se intensifica e também atinge os vertebrados. Nesse ritmo, as últimas espécies só poderão ser vistas nos zoológicos, antes de se juntar à exibição dos animais imóveis da Grande Galeria da Evolução do Museu de História Natural, em Paris.

Insistimos que o fato de citar a biodiversidade das espécies dá apenas uma apreciação muito limitada do que isso inclui. É melhor uma espécie espalhada por um vasto território e cujas populações apresentem variações locais ou duas espécies separadas, mas confinadas em refúgios? No primeiro caso, recenseamos uma espécie, mas com uma grande diversidade de genes das populações e, portanto, mais adaptável e, no outro caso, duas espécies, mas com pouca variação e suscetíveis de desaparecerem brutalmente. É o caso dos orangotangos de Sumatra e Bornéu, bem como dos gorilas atuais da planície e da montanha. Admitimos que existem, respectivamente, duas espécies desses grandes macacos asiáticos e africanos, mas que correm grande perigo de extinção. Não faz muito tempo, as coisas corriam melhor quando as populações dos séculos passados se dividiam regularmente em vastas regiões.

Os tigres ilustram uma história comum de extinção que está ocorrendo e uma situação que passou a ser paradoxal. Não faz muito tempo, eles podiam ser encontrados na China e na Sibéria até as proximidades do mar Cáspio. Depois, ao longo do século XX, eles desapareceram do ocidente da Ásia, do Irã, da Mongólia, da China e de Bali. As últimas populações selvagens vivem na Índia, em Sumatra, na Sibéria, provavelmente na

140 *A diversidade em perigo*

Indochina e, de maneira ainda duvidosa, na China. Atualmente, podemos recensear mais animais em cativeiro do que na natureza. O público aprecia os tigres brancos que são o sucesso dos circos e dos zoológicos, porém, todos esses espécimes, muito bonitos, são degenerações no sentido exato da palavra e não servem para a preservação da espécie. Os tigres ainda existem como espécie, mas a biodiversidade deles está sendo reduzida de maneira dramática. Apesar da grande resiliência, em breve não poderão mais ser encontrados em estado selvagem. O senhor tão temido das florestas asiáticas se vê impotente diante da potência destruidora dos homens.

A história do leão repete essa tragédia que se tornou clássica. Esses grandes felinos caçavam nas terras da Europa e da Ásia, exceto onde reinavam os tigres. Podemos vê-los nas pinturas da gruta de Chauvet, nos afrescos de Persépolis e nas esculturas dos templos hindus. Eles lutavam no circo Máximo contra os tigres do Cáucaso. As populações de leões da Europa foram as primeiras a desaparecer, seguidas pelas do Oriente Médio e da Ásia Ocidental no início da era cristã e, no fim do século XIX e início do século XX, seguidas pelas da Ásia Central e uma parte da Índia. Atualmente, uma única população com mais de 300 animais sobrevive na floresta de Gir, a oeste da Índia.

Esses são apenas alguns exemplos mais emblemáticos. Devemos temer que, cada vez mais, as espécies só possam se manter nos zoológicos, como os famosos e magníficos órix de grandes e sublimes chifres que percorriam as regiões áridas do sul do Mediterrâneo até a Arábia Saudita num galope rápido. Mas não tão rápido para conseguirem escapar da extinção e antes de terminar a longa corrida evolutiva nos museus.

A antiarca de Noé

Quadro das espécies desaparecidas ao longo do período moderno: de 1500 até hoje

Períodos	1500/ 1700	1700/ 1800	1800/ 1850	1850/ 1900	1900/ 1950	1950/ 2000
Aves	41	13	16	40	42	46
Mamíferos	1	12	5	21	21	23

As aves das ilhas sofreram as primeiras diminuições. A taxa de extinção aumentou a partir da época de Darwin e não estacionou mais, com uma mesma tendência para os mamíferos e para as aves. Como os pássaros eram duas vezes mais numerosos, é "normal" que as espécies extintas sejam duas vezes mais numerosas do que as dos mamíferos. Uma mesma taxa de extinção, se aplicada aos outros grupos bem mais ricos em espécies – como os invertebrados – oferece uma imagem mais adocicada da amplitude dos desaparecimentos em curso.

Todos esses números não descrevem a gravidade da situação na qual a nossa ignorância nos joga. O desaparecimento de uma espécie ou de toda a população de uma espécie – das variedades locais a uma subespécie regional – não passa da parte visível da erosão da biodiversidade. Além do desaparecimento de grande quantidade de microrganismos, antes de tudo é o tecido essencial da interação que se desfaz para sempre. Isso porque, mesmo que possamos preservar algumas espécies em zoológicos ou até o DNA em bancos, quem lhes ensinará os comportamentos selecionados depois de milhares de anos? A flora e a fauna microscópicas, tão essenciais à alimentação, à digestão e à imunidade, vão voltar por um poder de mágica? Oh, como vocês nos fizeram falta!

Clonagem e imbecilidade demiúrgica

Na verdade, é preciso se achar um deus e considerar os animais máquinas movidas por instintos, para acreditar que podemos reconstituir uma espécie partindo do DNA. Citamos o exemplo dos auroques, dos quais o último indivíduo selvagem foi morto numa obscura floresta da Polônia, em 1627. Isso pôde ser feito graças a múltiplos cruzamentos genéticos com raças de bovídeos domésticos considerados bem próximos, ainda mais porque todos os bovídeos domesticados saíram de auroques há uns seis mil anos. (O mesmo foi feito com a raça das vacas de Aubrac, quase desaparecida há algumas dezenas de anos.)

142   *A diversidade em perigo*

Agora estão falando em reconstituir um mamute ou mesmo um homem de Neandertal. Para quê? O que eles vão se tornar? Animais de zoológico, de circo? Sinistro pátio dos milagres da genética que se crê demiúrgica em vez de se ocupar com o que ainda pode ser salvo. Pois a etologia nos ensina que existe a educação e a transmissão de comportamentos adquiridos entre espécies como os mamíferos e as aves, mesmo entre os carnívoros. Os tigres pequenos aprendem a caçar. Esses animais reconstituídos por clonagem seriam aproveitados para a diversidade genética, até mesmo específica, mas não poderiam recuperar o lugar que ocupavam seus ancestrais nos ecossistemas e nas interações com os outros organismos. As raras tentativas de reintrodução que tiveram sucesso dizem respeito às espécies atuais, como os chimpanzés ou os cavalos de Przewalski, e estamos longe da clonagem e da reconstituição de uma espécie *ex nihilo*. A biodiversidade genética não é nada se for desconectada das outras diversidades, desde indivíduos até os ecossistemas, passando pelas interações entre os indivíduos de uma mesma espécie e de diferentes espécies.

Não se avalia a biodiversidade pelo número de espécies, menos ainda com espécies reduzidas a raros espécimes observados nos últimos refúgios. Somente o desaparecimento dos insetos polinizadores, das aves e dos macacos — os jardineiros das florestas — já provocará a destruição de toda a biodiversidade que foi tecida há milhões de anos. A não ser que os nossos demiurgos de laboratórios os substituam com pipetas, correndo de flor em flor e espalhem as sementes e os caroços usando processos tirados da sua genialidade tecnológica.

Estamos às vésperas de uma derrocada irreversível, como ocorreu com as barreiras de corais. Darwin havia compreendido que elas se mantinham no nível da superfície da água por acúmulo de novas gerações das mesmas espécies e também de novas espécies, embora o afundamento da base fosse incessante. Portanto, todas as formas vivas atuais se apoiam sobre centenas de milhões de anos de evolução. Elas não passam de espumas frágeis da história da vida. Hoje em dia, as últimas barreiras de coral estão perdendo a cor e, em breve,

A antiarca de Noé

perderão todas as formas de vida que dependem delas para se proteger, se alimentar e se reproduzir com elas. O mesmo acontecerá com a biodiversidade e com os homens.

É preciso preservar a coevolução

Nessa parte, sobrevoamos o impacto das populações humanas sobre a biodiversidade natural desde o aparecimento do gênero *Homo*. Sem fazer nenhum julgamento moralista ou estúpido sobre o comportamento dos nossos ancestrais, seguimos, por 2 milhões de anos, a força ecológica do homem, a única espécie capaz de se implantar em quase todos os ecossistemas e de explorar um amplo espectro de recursos. O homem é um especialista/generalista cujas ações de "predação" encobrem as de coletor de recursos vegetais e as de caçador de animais de todos os tamanhos. Sua fisiologia, seu tamanho e suas inovações técnicas e culturais lhe permitem se instalar no ponto alto de todos os sistemas ecológicos.

Do *Homo ergaster* na África, há 2 milhões de anos, à expansão da nossa espécie *Homo sapiens* entre 100 mil e 50 mil anos que saíram da África, as primeiras vítimas colaterais foram, em primeiro lugar, os descendentes de Lucy e dos australopitecos (*Paranthropus),* assim como os homens, não totalmente homens, como os *Homo habilis* ou os *Homo rudolfensis* e, mais tarde, as outras espécies de homens como o homem de Neandertal, de Denisova, de Flores etc. Depois, foi a vez das megafaunas e, hoje em dia, nenhuma espécie, qualquer que seja o tamanho e a linhagem – independentemente da sua utilidade ou não para o homem – parece poder escapar dessa tendência que, agora, não tem nada de natural. Ao longo das últimas décadas, passamos da selvageria – a destruição dos outros para sobreviver, mas com excessos – para a barbárie, pois, como veremos na próxima parte, esse processo funesto atinge violentamente as populações

144 *A diversidade em perigo*

humanas atuais e toda a biodiversidade criada desde a invenção da agricultura. Deslizamento da selvageria para a barbárie, pois passamos de um processo de destruição inconsciente para uma operação de destruição conduzida por total negação de consciência.

Por que preservar algumas espécies? No fim das contas, os 2% de espécies de mamíferos e de aves desaparecidos em alguns séculos só representam 2%. Sendo um pouco cínico, esses vertebrados compõem apenas uma ínfima parte da biodiversidade geral. Acontece que a biodiversidade não é um problema de espécie: é o conjunto da diversidade dos genes, das interações, dos indivíduos e das populações das espécies que constituem um ecossistema. Por consequência, se um ator se extingue, o conjunto da comunidade ecológica fica ameaçado. Por quê? Porque a biodiversidade está intrinsecamente ligada à coevolução.

O esplêndido sucesso adaptativo do homem é um fato da evolução. Depois, ele se transformou para nos dar a ilusão de dominar a natureza e, sobretudo, de não precisar das outras espécies para sobreviver. (Para as culturas originadas nas grandes civilizações e encerradas dentro das muralhas das suas cidades, os bárbaros e os selvagens estavam do outro lado dos muros de proteção e das convicções.) No entanto, uma espécie não é nada sem todas as relações que a ligam ecologicamente às outras. Podemos definir a coevolução como mudanças biológicas – dos genes aos comportamentos, passando pela fisiologia e pela anatomia – de uma espécie em relação a outras. Uma espécie não evolui sozinha e sim segundo uma tessitura de interações que passam por todas as formas de competição, de ajuda mútua, de parasitismo, de mutualismo, de predação etc. O processo coevolutivo intervém entre os indivíduos de uma mesma espécie – competição sexual – e entre espécies, qualquer que seja a proximidade filogenética. (Aliás, uma espécie tende a eliminar as espécies mais próximas devido a capacidades adaptativas similares e caso elas não tenham tido tempo de se diferenciar ecologicamente;

A antiarca de Noé 145

o que aconteceu com as espécies mais próximas do homem e entre os homens.) Portanto, um sistema ecológico não é estável, mas está sempre numa situação de equilíbrio dinâmico. Os evolucionistas chamam essa dinâmica de "rainha vermelha", depois dos trabalhos de Leigh Van Valen nos anos 1970 e em referência a *Alice do outro lado do espelho*, de Lewis Carroll. A rainha de copas ou rainha vermelha diz à menina que no seu país é preciso correr o mais rápido possível para ficar no lugar. A coevolução não tem nada de imaginário. Eis alguns exemplos.

As formas de coevolução mais simples implicam num par da espécie ou grupos bem identificados, como os predadores e suas presas. Já citamos o magnífico caso de coevolução da orquídea e da previsão de Darwin sobre a existência de uma borboleta dotada de uma longa tromba. Os naturalistas descrevem centenas de casos de coevolução entre as flores, os insetos e as aves que, na maior parte das vezes, giram em torno da polinização e, portanto, da reprodução. As flores fazem uma competição intensa e colorida para atrair os pássaros (flores de cores vermelhas ou tendendo para o ultravioleta) e os insetos. As plantas possuem defesas químicas e físicas terríveis para se defender das lagartas. Porém, pode ocorrer que uma espécie de lagarta contorne esses obstáculos. Se destruir a planta, a lagarta morre com ela. Se, ao contrário, ela se limitar a consumir uma parte da planta e a transportar o pólen para fecundar outros indivíduos da mesma espécie, então a planta e a lagarta formam uma associação perene que traz vantagens para ambas. Elas se unem por toda a vida, como a iúca e a sua lagarta preferida do México ou, mais uma vez, a nossa orquídea e a sua borboleta.

A propósito dessas associações, muitas vezes ouvimos comentários dignos da teologia natural, do tipo: a flor imita perfeitamente os órgãos genitais das fêmeas da sua espécie de inseto polinizadora. Na realidade, aí não há nenhum milagre. Esses pares vêm de milhões de anos de coevolução e se construíram no par variação/seleção.

146   *A diversidade em perigo*

Se, entre milhares de flores de uma mesma espécie, algumas possuem, por acaso ou, mais precisamente, por variação genética, características morfológicas e químicas que atraem mais particularmente um inseto ao longo do seu período de reprodução, o encontro é possível e, por consequência, acabará favorecendo essa escolha. E se a relação se prolonga, atingem evoluções cada vez mais finas, até mesmo um período de floração correlato com o período mais ativo dos insetos polinizadores, dando a ilusão de ser intencional. Esses são os casos mais emblemáticos e que ignoram todas as outras formas de coevolução que implicam diversas espécies de plantas para uma única espécie de inseto (as abelhas e as variedades de mel que adoramos) ou uma espécie de planta cujo néctar é retirado por diferentes espécies de insetos.

Outro exemplo bem conhecido se refere à corrida da rainha vermelha entre as presas e seus predadores. Se, durante um safári, tivermos a sorte de ver um guepardo veloz perseguir um antílope rápido, só podemos nos maravilhar com a adaptação à corrida dos dois protagonistas. O felino e o antílope possuem membros alongados na base dos membros, que chamamos de osso canhão nos cavalos, e que correspondem aos carpos e metacarpos (os metápodes). No entanto, nunca devemos considerar uma adaptação sem nos inscrevermos numa perspectiva histórica, com o risco de termos as atitudes do bom e ingênuo doutor Pangloss, de Voltaire. O qualificativo "panglossiano" é o mais temível para um evolucionista que diz ser darwiniano. Em matéria de evolução, os doutores Diafoirus e Pangloss têm críticas mais favoráveis do que os darwinianos. De qualquer forma, se olharmos os ancestrais fósseis dos guepardos e dos antílopes, veremos que eles não tinham um porte altivo, sobretudo no nível dos metápodes. Os predadores não têm uma tarefa fácil e abatem as presas menos rápidas e menos vigilantes. Feito isso, eles fazem uma seleção e se confrontam com presas mais alertas. Isso provoca um

A antiarca de Noé 147

efeito reversivo que, em contrapartida, seleciona os predadores menos espertos. Então, eles vão aprender a colaborar (leões, chacais, mabecos, lobos), a serem mais furtivos (panteras, tigres) ou a correr cada vez mais rápido (guepardos). O fato de os carnívoros possuírem cérebro e capacidades cognitivas mais desenvolvidas do que as suas presas decorre desse processo de coevolução; é uma relação que encontramos em todos os ecossistemas, até nas comunidades dos dinossauros. Definitivamente, o conjunto desses processos adaptativos não apresenta uma grande diversidade. São pequenos trabalhos inseridos em jogos impostos, o que dá a ilusão panglossiana de intenção ou de perfeição.

O "parasitismo", no sentido amplo da palavra, mobiliza diversos mecanismos de coevolução. Conhecemos bem as suas formas deletérias que terminam com a destruição do hospedeiro: as trepadeiras e as árvores, a lampreia que destrói um peixe por dentro, as sanguessugas da Amazônia e todas essas espécies de insetos cujas larvas devoram o hospedeiro no qual o ovo foi depositado. Outras formas de parasitismo beneficiam os dois atores. O parasitismo neutro não traz nenhuma vantagem direta a nenhum dos dois, mas a presença de um parasita permite evitar a chegada de um competidor em presença do outro. É o caso de associações como os chimpanzés e o babuínos, mesmo que os primeiros às vezes mordam um pequeno babuíno de passagem, o que dissuade as panteras. Pode haver uma competição entre os dois, mas essa inconveniência é compensada pela dificuldade de os outros competidores intervirem, ainda mais porque a corrida da rainha vermelha os incita a ir em frente. O mutualismo também traz vantagens recíprocas, como as bactérias dos nossos intestinos. Às vezes, ele é cooperativo, como a associação de macacas e gamos na Índia; os primeiros são os olhos da floresta e deixam cair as folhas apreciadas pelos gamos, que são os ouvidos da floresta dificultando as abordagens das panteras e dos tigres. O que chamamos de forésia se refere aos parasitas que

148 A diversidade em perigo

se servem de um hospedeiro para o transporte, o que encontramos nos ciclos de reprodução de inúmeros vírus e vermes, não prejudiciais ao hospedeiro, porém frequentemente deletério para o hospedeiro final. É um organismo que se aloja tranquilamente num hospedeiro, simplesmente para a própria proteção, mas sem causar transtorno. É o caso das aranhas machos muito menores do que as fêmeas e que elegem como domicílio o oviduto delas, ou dos estranhos peixes da região abissal com machos minúsculos presos como ventosas ao corpo das fêmeas, até integrar a sua fisiologia à das hospedeiras. De certa maneira, o termo parasitismo não é muito apropriado, tantas são as formas de relações, das mais desequilibradas às mais cooperativas.

A sexualidade reúne o parasitismo e, ao mesmo tempo, a corrida da rainha vermelha. De um lado, a sexualidade se concebe como uma corrida à variação para evitar que os agentes patogênicos – vírus, bactérias e outros microrganismos capazes de se duplicar rapidamente – destruam as espécies com fraca taxa de reprodução; a nossa é particularmente lenta. Esses agentes patogênicos se multiplicam ainda melhor quando encontram um terreno homogêneo. Com a sexualidade, as espécies complexas, mas com fracos efetivos diante dos microrganismos, só podem sobreviver na corrida da rainha vermelha se estimuladas pela diversidade. A invenção de diversas formas de sexualidade data de muito tempo na história da vida, pois as bactérias, e mesmo os supervírus, adotaram respostas adaptativas similares para se opor aos efeitos deletérios dos outros vírus e bactérias. O sexo e a sexualidade, máquinas de produção da diversidade, são a melhor defesa já inventada para a sobrevivência das espécies, sobretudo das mais complexas. No entanto, a competição sexual também põe em movimento uma corrida da rainha vermelha entre os indivíduos de sexo diferente de uma mesma espécie, a tal ponto as imposições reprodutivas se opõem entre os machos e as fêmeas. Thierry Lodé fala de "evolução antagonista" e mesmo de "guerra

A antiarca de Noé 149

dos sexos".[2] Expressões que devem ser moduladas de acordo com a espécie, mas a fecundação de um óvulo por um espermatozoide continua a ser um belo caso de parasitismo.[3] Mais uma vez, seja na natureza de ontem ou de hoje em dia, ocorrem diversidades das formas de parasitismo e de sexualidade que não cessam de produzir a biodiversidade.

Um dos mais belos exemplos de coevolução difusa, no âmbito de uma comunidade ecológica, nos vem das relações mútuas entre as árvores, os insetos, os pássaros e os macacos. Já citamos a expansão das plantas de flores e de frutos que se espalharam pela Terra no início da era Terciária. Os insetos e os colibris transportam o pólen de uma flor para a outra, garantindo a fecundação dessas flores. A flor se transforma num fruto de cores vivas, odorífero, concentrado em açúcar e em vitaminas. Os macacos – e as aves – fazem um banquete com ele. Eles ingerem as sementes e os caroços que dispersam nas fezes. Algumas dessas sementes e caroços começam a sua maturação ao longo do trânsito no trato intestinal dos macacos. É assim que as espécies mantêm relações de interdependência prestando serviços mútuos e no interesse reprodutor de todos os atores. A coevolução não é boa nem má; é a condição de sobrevivência das espécies e é mantida pela biodiversidade.

Não compreender a coevolução leva a tomar decisões estúpidas em termos de conservação. Há uns trinta anos, os canadenses se preocuparam com a diminuição dos rebanhos de renas, seu animal fetiche. Os lobos era acusados e, portanto, decidiram diminuir o número desses animais. No entanto, a situação piorou para as renas. As organizações responsáveis encomendaram um estudo *in loco*, e a conclusão foi a seguinte: foi porque os lobos haviam sofrido uma doença que os havia atingido e, consequentemente, reduzido a pressão de predação sobre

---

2 LODÉ, Thierry, *La Guerre des sexes chez les animaux*, Odile Jacob, 2007, e *La Biodiversité amoureuse*, Odile Jacob, 2011.
3 PICQ, Pascal e BRENOT, Philippe, *Le Sexe, l'Homme et l'Évolution*, Odile Jacob, 2009.

150 *A diversidade em perigo*

as renas, que elas haviam sido vítimas de doenças. Em outras palavras, como os lobos não haviam eliminado os indivíduos doentes, as doenças haviam se espalhado pelos rebanhos (ver o belo filme *Os Lobos Nunca Choram*, 1983). Outro exemplo, ainda com os lobos e no parque Yellowstone. A diversidade das árvores estava ameaçada pelo desenvolvimento de algumas espécies, em detrimento de outras. Por quê? Por causa dos cervídeos que haviam se tornado muito numerosos e pastavam de maneira seletiva as plantas novas e até em espaços relativamente descobertos. Bastou introduzir lobos – que, antes, haviam sido expropriados – para que as florestas se ornamentassem de novo com a sua bela diversidade. Podemos encontrar vários exemplos do que chamamos de "coevolução difusa" no livro encantador de Marc Giraud, *Darwin, c'est tout bête* (2009). Isso nos leva a um outro conceito: o do princípio de incerteza ecológica.

Edgar Morin enunciou com perfeição: quando introduzimos uma nova entidade biológica num ecossistema, ninguém sabe o que vai acontecer. Com exceção dos nossos demiurgos que acham que o progresso da agricultura deve se basear em alguns Organismos Geneticamente Modificados, pois eles pregam a erradicação do meio ambiente. Essa questão nem deve ser colocada. Nada-se na certeza antiecológica. Ora, a questão não deve ser ideológica ou geral. Toda prática que nega os princípios da evolução e que vai de encontro à biodiversidade e da coevolução leva a desastres ecológicos que agravam o futuro da humanidade. Vamos abordar esse ponto na próxima parte, mostrando como a nossa pretensa modernidade destruiu consideravelmente toda a biodiversidade criada pelas culturas humanas desde a invenção da agricultura. O futuro da humanidade está mais do lado do respeito ao princípio da incerteza do que das certezas antiecológicas. Devemos respeitar a biodiversidade e deixar agir a coevolução, mesmo que ainda não conheçamos bem a complexidade dos seus mecanismos, deixar agir a natureza que nos impõe a humildade, sobretudo para o futuro da nossa espécie na Terra.

TERCEIRA PARTE

Um planeta cada vez mais (não)humano

Na primeira parte, embarcamos com Charles Darwin e Claude Lévi-Strauss na descoberta da diversidade natural e cultural, na descoberta da diversidade selvagem e doméstica vinda de uma longa história, mas já abalada. Na segunda, seguimos os caminhos da evolução e cruzamos com os mecanismos da coevolução na origem da biodiversidade de ontem e de hoje, dos quais tantos representantes se extinguiram irreversivelmente, enquanto outros estão seriamente ameaçados de extinção. Nesta terceira parte, vamos falar sobre a erosão que sofre a diversidade doméstica criada pelos povos agricultores há 10 mil anos, sob o efeito dos choques culturais e de novas práticas agrícolas impostas por grandes empresas ou pelas políticas de agências internacionais em nome do desenvolvimento que se tornou insuportável. E, depois, vemos todas essas populações humanas que se extinguem. Seus genes, suas línguas e suas representações do mundo naufragam com o seu meio ambiente. Descer as cortinas!

E, no entanto, nessa paisagem degradada emergem muitas tomadas de consciência, sobretudo nas instâncias internacionais.

154 *A diversidade em perigo*

Se o século XX foi o mais destruidor em termos de diversidade, enquanto o número de humanos atingia 7 bilhões de indivíduos, o início do século XXI vê aparecerem e mesmo se afirmarem múltiplas ações, estimuladas pelas novas tecnologias da informação e da comunicação (NTIC). O mais difícil será vencer as visões limitadas das nações ultrapassadas pela globalização das ideias. O século XXI não será religioso, a despeito do aumento do fundamentalismo e de toda a busca de sentido que afastam as mulheres e os homens da sua condição terrestre e dos seus deveres para com as gerações futuras. Este século será multicultural, fatalmente ecológico e marcado por uma terceira revolução industrial que vai trazer uma mudança da civilização em escala mundial.

Capítulo 9

AS BIODIVERSIDADES E OS HOMENS

Mesmo que não se fale muito da erosão da biodiversidade em geral, pensamos muito em algumas espécies emblemáticas chamadas "bandeiras" (pandas, gorilas, baleias, tigres etc.), raramente pensamos nos ecossistemas, menos ainda na biodiversidade doméstica e, o mais preocupante, na diversidade das populações e das culturas humanas.

Desde o fim da última glaciação, a nossa espécie se viu sozinha na Terra e em toda a Terra. Por razões que ainda nos escapam, vários povos que viviam em diferentes partes do mundo situadas na faixa dos trópicos e nas regiões temperadas quentes inventaram formas de agricultura, independentemente uns dos outros. O aquecimento do clima favoreceu a eclosão da biodiversidade natural regional no início do Holoceno. Os homens puderam, assim, se servir dos seus tesouros – verdadeiro maná terrestre dado pela natureza – e selecionar as plantas e os animais domésticos. Foi ao voltar à origem dessas

156 A diversidade em perigo

variedades saídas dos processos de seleção exercidos pelos povos que criavam animais, por horticultores e agricultores, que Darwin compreendeu o papel fundamental da variação das características e descobriu o mecanismo da seleção natural.

Essa agrodiversidade está ligada às práticas e aos saberes existentes em palavras, línguas, gestos e crenças. Esses são fatores fundamentais para se poder esperar toda a biodiversidade: é preciso trabalhar para que os povos, as línguas e os saberes não desapareçam, o que seria um desastre de uma amplidão ainda mais prejudicial do que o incêndio da grande biblioteca de Alexandria. Os fanáticos pelo progresso que desprezam os outros povos do alto da sua arrogância não são melhores do que os fanáticos religiosos.

OGM contra diversidade ou a garantia da catástrofe

Recentemente, a multinacional Monsanto e a associação MACA, que representa as grandes empresas norte-americanas do setor agroalimentar, enviaram uma carta a Michelle Obama para criticar o jardim dedicado à agricultura biológica no parque da Casa Branca. Segundo uma estranha argumentação, essas organizações temem que essa vitrine dê uma imagem degradada do que elas chamam de "agricultura convencional". Elas alegam que se os americanos começarem a fazer o mesmo para suprir as necessidades das suas famílias, os Estados Unidos não serão mais líderes mundiais no campo das ciências, das técnicas, da educação etc. Além do mais, isso privaria a população de todos os produtos saudáveis, saborosos e mais baratos que elas supostamente produzem. Acontece que, há meio século, o número de variedades cultivadas foi consideravelmente reduzido e, o que é raramente especificado, as que são mais cultivadas perdem cada vez mais o sabor, e a qualidade nutricional

As biodiversidades e os homens 157

diminuiu pela metade. Além do fato de as pessoas mais pobres não terem acesso aos mercados e supermercados por causa do preço muito elevado dos melhores produtos, nós nos perguntamos se as estatísticas internacionais sobre o estado de saúde dos americanos são as mesmas para todos. Isso porque existem duas Américas: a das cidades e dos ricos e a dos excluídos. Fora das cidades e dos Estados desenvolvidos, as estatísticas sobre a saúde, a educação e a expectativa de vida das pessoas são as mesmas do terceiro-mundo – especialmente quando dizem respeito às crianças. Será que é preciso destacar a correlação que existe entre a importância da "agricultura convencional", a taxa de obesidade e a baixa expectativa de vida?

O lobby OGM (Organismos Geneticamente Modificados) dirige uma temível cruzada contra as outras formas de agricultura. Isso se tornou um debate ideológico no qual os adeptos dos prós e os adeptos dos contras não olham os fatos. E quando um estudo cita os efeitos nocivos sobre a saúde, ocorre um protesto coletivo em nome do progresso e da promessa de um futuro radioso. "Descartes, acorde!": esse era o título de um artigo de jornal sobre o estudo de Gilles-Éric Séralini, que descrevia os efeitos patogênicos dos OGM nos ratos de laboratório que ingeriam esse tipo de alimento. Na verdade, essa pesquisa apresentava diversas falhas metodológicas e deontológicas que foram rapidamente destacadas pelos ferrenhos defensores dos OGM. Do ponto de vista estritamente científico, o processo experimental seguido por esse pesquisador certamente levanta interrogações legítimas, o que enfraquece as suas conclusões. No entanto, elas enfatizam, sobretudo, a falta de consistência dos meios da pesquisa pública sobre os possíveis efeitos dos OGM sobre a saúde. O princípio de precaução deveria servir para o seguinte: não se privar de fazer novas experiências, mas fazer pesquisas independentes que avaliem os riscos. Reciprocamente, não seria pertinente examinar atentamente a metodologia e a deontologia dos estudos a curto prazo que dão um *imprimatur* indulgente aos trabalhos

158 *A diversidade em perigo*

que louvam as vantagens futuras dos OGM? A França, que se vangloria de ser cartesiana, às vezes se mostra insegura do que seja uma atitude científica. Os crédulos não aceitam nenhuma atitude que arranhe suas certezas, sem nenhuma análise crítica dos fundamentos científicos de suas convicções. A quem cabe o ônus da prova? Para eles, só conta o que abunda no sentido de suas convicções.

A questão não é ser pró ou contra os OGM e sim, do ponto de vista evolucionista e antropológico, determinar o que eles trazem a mais para *as* agriculturas do amanhã. Qualquer política agrícola que tende a reduzir a diversidade das variedades e dos saberes que vêm junto constitui nada menos do que um atentado às nossas possibilidades de nos adaptarmos às mudanças em curso e uma possibilidade de pôr um fim brutal ao Antropoceno. Observamos que são os mesmos que contestam a influência dos homens no aquecimento climático que apoiam o todo-OGM, sendo que as agriculturas do amanhã vão precisar de variedades de plantas conservadas pelos agricultores tradicionais contra os ventos e as marés das ideologias progressistas. Além do mais, as indústrias agroalimentícias sabem muito bem que precisarão saquear a diversidade das plantas selecionadas pelos povos agricultores e horticultores para adaptar suas maravilhosas sementes, como já foi feito e o será de novo. Se não forem eliminadas antes... Para isso, é só não reembolsarmos esses agricultores com o pretexto de que as suas variedades saíram de uma longa série empírica de tentativa e erro. Mais cínico ainda: se o campo de um agricultor for poluído pelos OGM, ele deverá pagar uma indenização com o risco de sofrer um processo – e de perdê-lo, como ocorreu no Canadá –, pois essas plantas são patenteadas! É assim que podemos pilhar esses agricultores tradicionais e produtores de diversidade, condenando-os se seus campos forem poluídos pelos OGM.

Essas grandes companhias seriam bem mais prudentes se apoiassem e mantivessem essa diversidade secular indispensável para a sua

As biodiversidades e os homens 159

própria sobrevivência e, acessoriamente, para toda a humanidade. E, além disso, prometer a segurança alimentar baseando-se apenas nos OGM é, na pior das hipóteses, uma mentira e, na melhor, uma inépcia, mas cheia de consequências. Os OGM – mas não as más práticas – certamente trarão melhorias. No entanto, alimentar a humanidade do futuro também terá de passar por outros meios. Primeiro, será preciso educar os povos ricos e obesos para não desperdiçarem, como fazem com 20 a 50% do alimento comprado. Em alguns lugares, como na Índia, será preciso implementar meios de estocagem e de transporte eficientes para evitar uma taxa alarmante de perda que chega perto de 50%. O que os OGM vão trazer contra a especulação, a corrupção e a manipulação dos mercados? Os recursos mais diversos precisam ser postos em ação: científicos, técnicos, econômicos, educativos e, sobretudo, antropológicos, para preservar a diversidade das práticas agrícolas que desaparecem num ritmo dramático. Michelle Obama e Pierre Rabhi nos convidam a voltar a cultivar o nosso jardim.

As minhocas e os homens

O nosso pequeno planeta ainda azul, mas com os oceanos cada vez mais ácidos, não aguenta mais. Uma guerra dos mundos continua, e os estragos são incomensuráveis entre o nosso mundo macroscópico e os microcosmos que destruímos sem saber e sem os quais não seríamos nada e não seremos mais nada.

O total da superfície terrestre cobre 51 bilhões de hectares. Dos 15 bilhões de hectares que emergiram, um terço, ou seja, cinco, são aráveis. As organizações oficiais falam de superfícies aráveis úteis ou utilizadas (SAU). Evidentemente, há mais SAU potencialmente utilizáveis do que as já utilizadas. Atualmente, existem tantas terras cultiváveis quanto outras de pastos, ou seja, respectivamente

160 *A diversidade em perigo*

mais 1,5 bilhão de hectares. Poderíamos, então, acreditar que basta aumentar as superfícies cultivadas, o que implica em continuar a drenar as últimas zonas úmidas e erradicar as últimas grandes florestas. Além dos efeitos negativos sobre o meio ambiente, sobre a biodiversidade e sobre o aquecimento climático, seria ignorar a louca corrida entre as novas terras conquistadas para a produção de alimentos – mais de 250 milhões de hectares ganhos durante meio século – e as terras perdidas por escassez de matéria orgânica devida ao uso desenfreado de pesticidas e à salinização dos solos consecutiva ao abuso de irrigação (mais de 300 milhões de hectares lavados). Os ganhos futuros em terras aráveis se concentram essencialmente nos continentes do Sul – América Latina e África, mas não na Austrália, que devastou seu meio ambiente como Darwin havia temido na sua época – um pouco na Europa e muito pouco na Ásia, com exceção da Sibéria com o aquecimento climático. E sabemos que a guerra para ocupar as terras aráveis já começou, com os países asiáticos comprando milhões de hectares, como em Madagascar e em outros lugares da África.

A maior diversidade de bactérias, de fungos e de microrganismos é encontrada na camada de 30cm da superfície dos solos. Nada menos do que 80% de toda a biodiversidade! Nosso mundo macroscópico é baseado nesses microcosmos que pisoteamos sem saber. Um hectare de pradarias captura tanto CO_2 quanto a mesma superfície de floresta (não as que são plantadas só com pinheiros), desde que as 10 milhões de minhocas que ele contém possam continuar a sua atividade de jardineiras, revolvendo não menos do que 200 milhões de toneladas de terra e transportando 90 milhões de toneladas de matéria orgânica por ano. Os pequenos túneis escavados pelas minhocas beneficiam o crescimento das raízes das plantas, encontrando nutrientes e fixando o azoto. Nossos solos, com suas preciosas matérias argilosas e sua riqueza em biodiversidade espalhadas pelas minhocas, se formaram logo

As biodiversidades e os homens   161

depois da última glaciação, e nós os destruímos na mesma velocidade do acúmulo dos gases de efeito estufa e do aquecimento climático. Darwin foi o primeiro a compreender que as minhocas desempenhavam um papel fundamental na agricultura. Ele se divertiu fazendo experiências surpreendentes, como colocá-las num copo em cima de um piano para ver se elas reagiam à música... Ora, as minhocas não são melomaníacas. Em compensação, elas se mostraram sensíveis às vibrações quando o copo estava em cima das cordas do piano. Pesquisa deliciosamente inútil para os nossos demiurgos agroquímicos engajados numa louca corrida em direção a uma produtividade há anos saturada de produtos químicos e que paga o preço exorbitante de cada vez mais fertilizantes químicos e água, destruindo toda essa amigável biodiversidade oferecida pela evolução. A taxa de produção das plantas OGM não é superior a das agriculturas convencionais, e os principais OGM não foram inventados para melhorar a produtividade e sim para resistir aos pesticidas vendidos pelas mesmas grandes companhias.

Ninguém contesta o sucesso da "revolução verde" que permitiu alimentar uma população que passou de 3 bilhões para 6 bilhões de indivíduos na Terra, na segunda metade do século XX. Na França e nos grandes países agrícolas, a produtividade do trigo e de outros cereais foi multiplicada por 3. Essa evolução foi causada pela mecanização, pela industrialização e pelo uso de fertilizantes químicos oriundos da indústria do petróleo. Acontece que esse modelo não pode durar muito tempo por duas razões: o limite das terras aráveis, pois esse modo de produção destrói mais terras do que se ganha em outros lugares, e devido a uma mudança qualitativa do regime alimentar que levou a um consumo aumentado de carne. Estima-se que, atualmente, 80% das florestas destruídas, principalmente na América do Sul, se transformaram em pastos e, sobretudo, a área foi usada para o plantio da soja e cereais que servem para alimentar o gado, sobretudo o boi (80% da carne de boi consumida na Europa

162 *A diversidade em perigo*

sai da América do Sul). Mais de 1,3 bilhão de bovinos peidando e eructando gases de efeito estufa povoam a Terra, e dois terços das superfícies agrícolas são consagrados diretamente ou indiretamente à criação deles.

Outros números recentes são simplesmente assustadores: devoramos mais de 60 bilhões de animais por ano e, em um século, passamos, em média, de um consumo de 2.000kcal por dia e por pessoa para... 230.000kcal. Cem vezes mais, que não se devem tanto ao que absorvemos por dia, e sim aos custos ligados à degradação e ao desperdício ao longo da cadeia alimentar, assim como a todos os custos ligados ao transporte, à transformação, à distribuição e, o cúmulo, ao desperdício do que foi comprado e é jogado nas latas de lixo (perto da metade nos países ricos). E tudo isso com grandes disparidades, pois um americano come duas vezes mais calorias por dia (mais de 4.000kcal) do que um africano. Em cada 7 bilhões de crianças, mulheres e homens, perto de 1 bilhão passa fome enquanto outro tanto está obeso. A Terra deveria se chamar Ubutopia!

Tais números podem surpreender, mas isso não acontece se olharmos o que representa 1kg de carne de boi ao equivalente em água, em superfície de terra agrícola ou mesmo em termos de pegada ecológica (todas essas comparações dão as mesmas proporções). Se tomarmos como escala de medida a superfície agrícola, são precisos 6m² para produzir 1kg de legumes; 16m² para 1kg de arroz ou de cereais; 53m² para 1kg de frango ou de porco (animais monogástricos que podemos alimentar com dejetos); 200m² para 1kg de peixe (sabendo que são precisos 2kg de outros peixes para conseguir 1kg de peixe nos nossos pratos, aos quais eu acrescento o mesmo peso de combustível para pescá-lo) e mais de 320m² para 1kg de carne de boi (da qual dois terços não servem para o açougue). (Ao longo dessa cadeia alimentar, perdem-se 90% das proteínas, 99% dos hidratos de carbono e 100% das fibras.) Sabendo que, em meio século, o consumo global de carne aumentou de 40 milhões

As biodiversidades e os homens
163

de toneladas para, em breve, 300 milhões de toneladas, não podemos nos surpreender com a amplitude da degradação qualitativa do meio ambiente e, ao mesmo tempo, da saúde das mulheres e dos homens. Afundamos no pesadelo da carne com uma humanidade à imagem dos quadros do pintor contemporâneo Francis Bacon.

A isso são acrescentados os desastrosos impactos no meio ambiente. A criação intensiva de animais nos países industrializados – sem falar no seu bem-estar – provoca grande poluição que afeta a qualidade das águas e dos solos, sem esquecer os inconvenientes da disseminação de estrume e urina dos animais. Nos países pobres com condições ecológicas sensíveis, os rebanhos fragilizam os ecossistemas e colaboram para a desertificação. Apreciamos as mudanças em curso, ao saber que, tradicionalmente, os rebanhos pastavam nas periferias das terras cultiváveis como as partes úmidas, as regiões semiáridas e nas zonas de altitude. Acontece que, atualmente, dois terços das culturas se destinam a alimentar animais encarcerados e que, como os agricultores, não pisoteiam mais os solos com suas botas ou seus cascos. (O mesmo acontece ao longo das costas com a eutrofização que favorece o aparecimento de algas verdes e tóxicas, assim como com as condições de concentração de peixes em aquicultura, que exigem um uso assustador de antibióticos e com as fazendas de crustáceos que eliminaram os manguezais.) Foi assim que as pobres vacas loucas se tornaram o bode expiatório das nossas loucuras consumistas.

O futuro da agricultura será ecologicamente intensivo e não mais quimicamente intensivo. Inegáveis progressos foram feitos, mas todo sucesso tem consequências. O importante é se adaptar, conservar e melhorar o que está andando – e há os OGM – e eliminar as más práticas, não necessariamente deletérias em si, mas que passaram a sê-lo por excesso. Trata-se simplesmente de evolução. Sempre Darwin e as suas queridas minhocas. Só as monoculturas destroem 40% da biodiversidade, e isso se eleva para 80% se acrescentarmos

164 *A diversidade em perigo*

os efeitos dos pesticidas. As monoculturas também arruínam muitos dos pequenos camponeses no mundo, portanto, culturas e agricultores. Que sinistro paradoxo, todos esses pequenos agricultores, detentores dos últimos tesouros da biodiversidade agrícola vegetal e animal, morrem de fome! Ser darwiniano não é eliminar os outros e os mais fracos, é preservar tanto quanto possível todas as formas de diversidade para responder às mudanças complexas, cujos processos ninguém domina.

Todos os estudos prospectivos mostram que podemos alimentar, sem problema, uma humanidade com 9 bilhões de indivíduos no horizonte dos anos 2050. Para isso, será preciso passar para formas de agricultura que levem em conta o aquecimento climático, a biodiversidade, o ciclo da água, as últimas zonas selvagens – mas, no entanto, modificadas pela presença do homem, como as florestas, os pântanos, os manguezais – e os últimos agricultores do mundo que ainda sobrevivem. Senão, estes últimos irão aumentar a multidão de deserdados das megalópoles galopantes que, atualmente, avançam numa taxa assustadora de $100m^2$ por segundo na América do Norte e três a quatro vezes mais na China. A isso se acrescentam as pretensas necessidades em biocombustível, cujos 2% do que são queimados nos nossos transportes já requisitam 6% das terras aráveis: ou seja, 5% da produção total de cereais, 10% de óleo de palma e 20% da cana-de-açúcar. Quando uma certa agricultura desiste de alimentar os homens para a sua própria sobrevivência, existe um motivo para se fazer sérias perguntas. Nesse ritmo, as nossas terras agrícolas vão se parecer com as paisagens áridas dos países produtores de petróleo.

O mais inacreditável nesse desastre anunciado é que conhecemos as soluções. As já existentes e as emergentes (sendo que muitas são apoiadas por organizações de pesquisa e inúmeras ONGs) e muito eficientes. A monocultura, cada vez mais intensa, mas agora limitada nos ganhos de produtividade, não pode mais contar com novas terras aráveis, a tal ponto ela as destrói. É preciso privilegiar

As biodiversidades e os homens 165

a diversidade das agriculturas desenvolvendo princípios de coevolução nas regiões, e os interesses de todos têm de ser superiores à soma dos interesses egoístas e destruidores de alguns... que não são necessariamente os agricultores, quando sabemos das dificuldades dos horticultores, dos produtores de frutas e dos criadores. Sem contar a perda de sabor e da qualidade nutritiva para os consumidores.

Em *Colapso*,[1] Jared Diamond mostra que sociedades e civilizações desapareceram porque se tornaram incapazes de repensar o que havia feito o seu sucesso. De todos os exemplos estudados pelo autor, a ilha de Páscoa, país maia, e os vikings da Groenlândia, ele extrai os mesmos critérios: destruição de florestas, salinização dos solos, caça e pesca em excesso, empobrecimento dos nutrientes dos solos, saturação das capacidades sintéticas e aumento demográfico; pegada ecológica decuplicada por pessoa. Conhecemos a receita para desaparecer, mas, hoje em dia, galvanizada pela mudança climática, pelos elementos químicos e o consumo de energia e, o que é novo, em escala planetária. Pois a história da vida e a dos homens convergem para uma verdade empírica: as espécies e as sociedades morrem pelos seus pontos fortes! Por quê? Porque perderam a sua adaptabilidade, ligada a todas as formas de diversidade que elas destruíram.

Os jardins da agrodiversidade

A agrodiversidade cobre todas as variedades de plantas e de animais que as sociedades humanas selecionaram partindo de espécies selvagens. Vamos citar poucas plantas. Um pouco como no Salão da Agricultura: as pessoas vão para ver os animais e não as plantas. No entanto, o recuo da diversidade das plantas está repleto

---

1 DIAMOND, Jared, *Colapso: como as sociedades escolhem o fracasso ou o sucesso,* Rio de Janeiro, Record, 2005.

166   *A diversidade em perigo*

de consequências para o futuro da agricultura, ainda mais porque sabemos que será impossível alimentar os 9 bilhões de mulheres e homens por volta de 2050 com regimes alimentares que incluam cada vez mais a carne.

Daqui a algumas décadas, a quase totalidade da produção agrícola vegetal repousará em quatro tipos de plantas: o arroz, a soja, o milho e o trigo. A pesquisa da produtividade assegura a apropriação dos grandes grupos industriais em todos os níveis: sementes transformadas em produtos consumíveis (transporte, embalagem, distribuição). Atualmente, a biodiversidade de milhares de frutas e legumes – sem esquecer os cereais – está ameaçada de extinção e só persiste nos jardins. São os últimos locais protegidos do apetite da grande agricultura dita "convencional", ao redor das casas, dos povoados e nas cidades; em breve, nas sacadas, nos terraços e telhados dos imóveis. Acontece que a ameaça mais imediata vem do desaparecimento dos saberes agrícolas que fazem com que os pomares e hortas cresçam e frutifiquem. Conhecimentos empíricos e seculares se extinguem com os últimos jardineiros. E o apego tímido a esses jardins de cidade se choca com esse recuo das práticas e dos conhecimentos... a exemplo do filho de horticultor que eu sou e que teria de reaprender tudo.

Os jardins são microssistemas ecológicos que preservam a diversidade genética intra e interespecífica das plantas e das práticas agrícolas. Pois existem conexões tão evidentes quanto necessárias entre a agrodiversidade, os povos, as culturas, as paisagens e os climas. Depois da Cúpula da Terra ocorrida no Rio em 1992, várias organizações internacionais e centenas de associações passaram a se preocupar em preservar as variedades e os conhecimentos. Um dos objetivos oficiais era conservar 70% desses tesouros necessários às adaptações que viriam no horizonte de 2010: objetivo não atingido, infelizmente, assim como não foi atingida a redução de gás de efeito estufa ou a biodiversidade

As biodiversidades e os homens 167

selvagem. A agroagressividade da cultura convencional acabou por vencer a agrodiversidade.

Mesmo que seja muito louvável, ela não serve de nada, a não ser para os museus e os bancos de dados puramente conservadores, que se limitam a estocar sementes e genes. Aliás, podemos constatar que apenas um terço das variedades "conservadas" são raças locais ou consideradas arcaicas. Um pouco como as plantas fósseis ou até contemporâneas organizadas em magníficos herbários, mas das quais ninguém sabe os nomes. É a conservação chamada de *estática*, enquanto a evolução e a adaptação são inseridas nas *dinâmicas*. Os jardins e as fazendas respondem a essas exigências. Mais ainda, os jardins são conservadores vivos e, ao mesmo tempo, antropológicos, dos métodos agrícolas e dos laboratórios de experimentações. Fluxos de genes passam entre as variedades da mesma espécie e, também, entre espécies, e as genéticas das plantas fazem mais "bricolagem" do que as dos animais. Cada jardim é demarcado como um pequeno ecossistema que se diferencia ao sabor dos microclimas, das orientações, dos hábitos e das tradições dos jardineiros, assim como das suas vontades e trocas com outros jardineiros; experiências criadoras de variações. As concepções tecnicistas e produtivistas da agricultura moderna persistem em negligenciar os fatores culturais, tradicionais, estéticos e socioeconômicos que estão na origem de tantas variedades atualmente desaparecidas. A surpreendente diversidade de maçãs, de peras, de feijões, de tomates, de alfaces, de batatas, para só falar das espécies mais comuns, provém dos caprichos dos jardineiros.

Felizmente, os jardins estão voltando à moda. Na verdade, temos necessidade de reencontrar os sabores dos bons legumes e das boas frutas, mesmo que eles não se apresentem sob formas padronizadas, o que é um sinal, diga-se de passagem, de diversidade genética. As crises repetidas em torno da tramitação da carne nos lembram que os legumes não passam de simples acompanhamentos. Para nos convencermos disso, basta ir a restaurantes de culturas

168 *A diversidade em perigo*

diversas em regiões marcadas por agriculturas mais antigas e nos deleitarmos com pratos feitos essencialmente à base de legumes. Os restaurantes atuais mais apreciados, os mais estrelados e os mais inovadores constroem o seu sucesso voltando a usar muitas variedades eliminadas pelos grandes mercados, porém preservadas e redescobertas pelos jardineiros e horticultores, nas portas das nossas cidades.

Chegamos a uma situação tão dramática quanto estúpida. A agricultura chamada moderna ou convencional, desenvolvida por engenheiros e pesquisadores (na maioria das vezes do sexo masculino) dos países industrializados e imposta a povos muitas vezes considerados atrasados segundo os padrões arrogantes dos países ocidentalizados, nos leva a uma catástrofe anunciada. A ironia é que o futuro da diversidade agrícola e, portanto, o da humanidade, está nas mãos de pessoas excluídas da concepção dominante do progresso e de seus atores demiúrgicos: pessoas aposentadas, mulheres, crianças e todas as que estão abandonadas ou marginalizadas porque continuam a "cultivar o seu jardim". Alimentar a humanidade de amanhã é contar com todas as formas de agricultura, fundamentadas nos avanços científicos e tecnológicos mais avançados e com todas aquelas mais locais que são, não apenas reservatórios do sabor, mas, também, da diversidade genética. Não importa se as plantas dos terrenos particulares são cultivadas para as pessoas se alimentarem, para medicação, ornamentação, forragem, fibras, combustão, construção ou simplesmente pela arte da jardinagem; todas são fontes de diversificação. Nada mais darwiniano na mente e na prática: e Darwin não cessou de fazer experiências no seu jardim.

As biodiversidades e os homens   169

Os animais domésticos,
companheiros da nossa história

Não existe uma única população humana sem animais domésticos, sendo o cão o companheiro de migração dos homens há mais de 20 mil anos. As populações humanas domesticaram centenas de espécies animais entre os mamíferos, pássaros, répteis, peixes e insetos, há 10 mil anos. Por ordem de antiguidade – e bem depois do cachorro – vêm os carneiros, as cabras, os porcos, os bovídeos, os equídeos e os camelídeos; provavelmente o gato se convidou com os roedores. Quanto mais antiga é a domesticação de uma espécie, mais ela é encontrada num grande número de populações e mais diversificados são os serviços e a utilidade. O cão serve de companhia (mania bem recente), para a caça (desde seus primeiros encontros com o homem), de guarda, para missões de segurança e de detecção (nos aeroportos, estações e alfândegas), para socorro (avalanches, terremotos), para corrida (galgos), para luta (pitbulls e outros), na guerra, nos controles epidemiológicos (eficientes, mas pouco apreciados pelos pacientes), para o transporte (trenós, pequenas charretes, tobogãs), de ajuda aos deficientes (cegos), para espetáculos (circo, cinema, espetáculos de variedades, feiras), como carne (na China e em outros lugares), de culto (Antigo Egito), para trabalho (minas, adestramento), pesquisas biomédicas (beagles) etc. Os carneiros e as ovelhas fornecem lã, carne, couro, leite, servem para ornamentação (chifres e pele) e para cultos, corridas, lutas etc. O mesmo acontece com as cabras e os porcos (exceto para lutas). Os bovídeos dão carne, troféus, couro e peles, e são usados para lavrar a terra, para o transporte, jogos, lutas, guerra, culto e sacrifícios (taurobóleo, tauromaquia). Idem para os cavalos, como montaria além de tudo e a sua participação nas invasões que recheiam a história há mais de 5 mil anos, e também os burros e os híbridos com os cavalos que dão os incansáveis mulos e mulas. (Durante a Primeira Guerra Mundial,

170 *A diversidade em perigo*

morreram dezenas de milhões de animais, entre eles mais de 9 milhões de cavalos!) O único cervídeo realmente domesticado é a rena (atrelagem, carne e leite). São os mamíferos que os citadinos vão contemplar no Salão de Agricultura de Paris, maravilhados, mas sem ter consciência de todos os serviços que eles nos prestam e menos ainda da extensão das suas utilizações por todo o mundo.

Os nossos bois e vacas descendem do auroque selvagem, e há outros bovídeos que foram domesticados na Ásia e na África, como os zebus, os iaques, os gaiais, os carabaus, os gauros e, na América do Norte, os bois-moscados e o bisão. Entre os camelídeos, encontramos os camelos e os dromedários da Ásia, as lhamas, as alpacas, os guanacos e as vicunhas na América do Sul. Temos os elefantes da Ásia (decididamente os da África são mais intratáveis, assim como as zebras). Entre os grandes mamíferos, podemos relacionar as espécies chamadas semidomesticadas para a caça ou enfeite, como os cervos da Europa e da Ásia, os antílopes e os alces. Os mamíferos marinhos continuam a ser pouco lembrados, como as lontras para a pesca, as otárias, os golfinhos e as orcas para espetáculos (e alguns usos militares). Além disso, não podemos nos esquecer das civetas, dos mangustos, dos furões e dos *visons* (semidomesticados) entre os pequenos mamíferos carnívoros. Por fim, vêm os coelhos, as capivaras, os porquinhos-da-índia, os lêmingues, as chinchilas, os esquilos, os gerbilos e os incontáveis ratos e camundongos dos nossos campos, cidades e laboratórios de pesquisa.

Em relação aos pássaros, vamos nos limitar a citar os pombos (como mensageiros, carne, deleite); as aves de rapina para a caça; as galinhas, os faisões, as galinhas-d'angola, as codornas, os gansos (excelentes guardiões), os patos, os perus, as emas e as avestruzes para a carne e os ovos; os papagaios, as cacatuas, os pintassilgos para o prazer, como os canários também usados nas minas para detectar o acúmulo de gás; os biguás para a pesca; e os corvos, para citar os mais conhecidos. O número de cobras, de gecos, de iguanas e de

As biodiversidades e os homens   171

outros anfíbios ainda é insignificante. Os peixes servem essencialmente para decoração, a não ser as criações de carpas e trutas e, há algumas décadas, a aquicultura (salmão, saint-pierre, barbo, bacalhau). Para esses últimos exemplos, trata-se mais de "agricultura" do que de domesticação. Faltam os insetos em certas partes do mundo como as cochonilhas, os gafanhotos e as aranhas, as sanguessugas para uso medicinal, e, sobretudo, as indispensáveis abelhas e os maravilhosos bichos-da-seda, uma das espécies domesticadas há mais tempo.

Essa lista retoma as principais espécies de animais domesticados, certamente com esquecimento e omissões de outras tentativas, bem-sucedidas ou abortadas, que escapam à nossa memória. Há algumas décadas, as instituições e organizações se preocupam com a perda de todas as variedades ou raças de animais domésticos, sobretudo com os primeiros citados e os domesticados há mais tempo (com exceção dos cães e dos gatos), porque são cada vez menos utilizados por razões de rentabilidade e produtividade em troca das recentes variedades propostas pela genialidade dos pesquisadores e dos engenheiros agrônomos. Toda essa agrodiversidade desaparece por essa razão, e também porque as últimas populações de animais selvagens das quais ela saiu – e que constituem reservatórios de variações – correm perigo de extinção.

Adeus bezerros, vacas, porcos...

Como em todos os anos, o 50º Salão de Agricultura de Paris teve um grande sucesso. Nessa ocasião, várias associações concedem prêmios aos criadores que preservam raças de mamíferos e aves domésticas que quase desapareceram nas últimas décadas.

A diminuição do número de raças de vacas na França ilustra a extensão da erosão da biodiversidade nos campos desse país. No fim do século XIX, eram calculadas umas oitenta raças. Depois, metade desapareceu por cruzamento com outras raças, mas, na maioria das vezes, por extinção. Nos anos 1960, os agrônomos franceses previam conservar apenas seis raças que produziam mais leite ou carne. Atualmente, mais da metade das quarenta ainda existentes, graças a criadores obstinados,

172   *A diversidade em perigo*

corre o risco de desaparecer. Exatamente a mesma coisa acontece com os porcos, com hegemonia de algumas raças oriundas dos laboratórios agronômicos, sendo a produtividade o único critério. A crise da vaca louca, a scrapie dos ovinos e o escândalo em escala europeia da carne de cavalo nos pratos não parecem mudar a orientação de uma política agrícola que se tornou absurda, pois é motivada só pela produtividade. De um lado, estão os produtores e criadores que não conseguem mais ganhar a vida, e de outro, as populações cada vez mais com sobrepeso por causa da má alimentação. É preciso recuperar a qualidade e o gosto, e isso passa pela volta da diversidade das raças e das práticas agrícolas, não ancestrais, mas renovadas.

A raça mais conhecida para o leite é a holstein – é a stakhano-vista da teta. Mesmo que produza muito, isso ocorre apenas por alguns anos. Essa raça precisa de cuidados veterinários frequentes, e a sua carne não é a mais apreciada para o açougue e menos ainda nos restaurantes (essencialmente para a carne moída). Focalizando apenas uma utilidade – a produção do leite –, a política agrícola imposta aos produtores tem um balanço global mais discutível. Os responsáveis pela política agrícola deveriam reler a fábula de La Fontaine "Perrette e o pote de leite".

Há alguns anos, moro no sul da Picardia. Já aconteceu de eu cruzar com um porco, muito simpático, mas que já morreu. As antigas famílias do povoado me fazem relatos da época, não tão longínqua, em que havia fazendas com carneiros e vacas. A raça da Picardia está quase extinta. Hoje em dia, só restam duas propriedades agrícolas especializadas em grandes culturas (trigo, milho, beterraba, alfafa e colza) com agricultores que, do alto das suas fantásticas máquinas, não tocam mais a terra. Os galinheiros podem ser contados nos dedos da mão, assim como as hortas. Os únicos grandes mamíferos que disputam os últimos pastos são os cavalos criados para o prazer das pessoas vindas da cidade, na esperança de encontrar o campo que, infelizmente, nunca mais será o que foi.

As Nações Unidas e a Food and Agriculture Organization (FAO) se preocupam com o rápido desaparecimento das variedades úteis à manutenção da diversidade das espécies domésticas. Os programas da FAO e da UNEP (United Nations Environment Programme) cobrem 170 países e relacionaram mais de 6.300

As biodiversidades e os homens

173

variedades entre 30 espécies de mamíferos e de aves domésticas. Perto da metade desses países não tem programa de conservação. Estima-se que mais de mil dessas variedades tenham desaparecido há um século. Das 4 mil variedades recenseadas, 740 estão extintas e mais de 1.300 seguem o mesmo funesto destino. O ritmo atual de extinção seria de uma raça por trimestre! Isso representa 30% dos mamíferos e mais de 50% de aves. Tudo isso ocorre no silêncio e com indiferença. Por quê? Porque a maioria dessas variedades diz respeito a países, regiões e populações à margem dos grandes países industriais e agrícolas.

As políticas internacionais para o desenvolvimento incitam à adoção de métodos de produção elaborados nos países industriais. Os institutos de pesquisas agronômicos "inventaram" raças mais prolíficas, que crescem mais rápido e fornecem mais carne, mais leite e mais ovos. Acontece que essas variedades modernas continuam tão pouco numerosas quanto hegemônicas e provocam o abandono de todas as outras. Nunca poderemos reconstituir as raças extintas, salvo em raras circunstâncias e ao preço de consideráveis esforços, lembrando que, para recuperar uma variedade, é preciso ir buscar os genes nas variedades mais próximas. E essas também desaparecem, como as espécies selvagens das quais elas são oriundas depois de milênios de pacientes e duros trabalhos. É a extinção total.

Essas variedades impostas pelos países industrializados precisam de ajustamentos adequados para os animais criados "fora do solo" – mais ou menos isolados das condições do meio ambiente – com tudo o que isso implica em termos de infraestrutura e de manutenção sanitária e epidemiológica. Tais animais não são muito adaptados às condições ambientais comuns e menos adaptados ainda a outros países com condições climáticas e epidemiológicas diferentes. A não ser que imaginemos que o mundo nunca mudará e que novos agentes patogênicos não vão aparecer – doce utopia –, é preciso preservar o maior número possível de variedades como

174   *A diversidade em perigo*

reservatórios de genes necessários às adaptações impostas por todo tipo de mudança, sendo as mais brutais provocadas pelas atividades humanas. Eis uma situação suicida do ponto de vista evolucionista: uniformizamos os ambientes e eliminamos as diversidades. Darwin deve estar se remexendo no túmulo. Não somente, como vimos, ele estaria em apuros para fazer as observações tão importantes para a construção da sua teoria na natureza selvagem de hoje em dia, como teria muitas dificuldades para obter as informações tão preciosas, fornecidas pelos criadores com os quais ele mantinha uma rica correspondência. Darwin foi um grande columbófilo.

Em *A formação da terra vegetal através da ação das minhocas,* seu último livro lançado em 1881, alguns meses antes da sua morte, ele explica como a grande quantidade de atividades rastejantes das minhocas contribuiu para a formação do húmus dos nossos solos desde o fim da última glaciação. Depois, os povos de agricultores e de criadores selecionaram de maneira empírica os milhares de variedades de plantas e de animais domésticos e semidomésticos que encantam as cozinhas do mundo. Em seguida, esses saberes deram lugar a conhecimentos cada vez mais científicos. Essa evolução se acelerou ao longo dos milênios, num ritmo que acompanha o da nossa demografia. Atualmente, tropeçamos num paradoxo que se choca com o bom senso evolucionista. Enquanto os agricultores e os criadores souberam selecionar as variedades para adaptá-las ao seu meio ambiente, as práticas agrícolas modernas privilegiam algumas dessas variedades ao preço de ambientes esvaziados de suas diversidades. Não se pode ser mais antievolucionista! A biodiversidade é a única via de resiliência face às múltiplas mudanças a virem, causadas pelo homem e pela natureza; é um seguro de vida para as gerações futuras.

CAPÍTULO 10

O FIM DO *HOMO SAPIENS*
E O SOMBRIO FUTURO DE UMA ESPÉCIE

Guardamos o pior para o fim: o desaparecimento da diversidade das línguas e das culturas. Pois não são apenas as espécies e as variedades selvagens e domésticas que desaparecem, mas também todas as representações culturais e as linguagens que as contêm. Portanto, o processo de extinção é duplo: o dos seres vivos e o das línguas que lhes dão um sentido humano. Quando não há mais ninguém para levar a palavra, para pronunciá-la ou ouvi-la, ocorre uma dupla morte, da vida e do símbolo.

Perto de uma centena de línguas estão extintas, sem uma palavra há mais de dois séculos. Isso significa que ninguém mais as fala. As línguas extintas não são as línguas mortas. O latim é uma língua morta que, por exemplo, originou toda uma família de línguas. No entanto, continua a ser ensinado e utilizado para os estudos de história, de filologia e mesmo de ciências. O latim persiste na teologia

176 *A diversidade em perigo*

e se mantém nas Igrejas tradicionalistas. O mesmo acontece com o grego antigo. O hebreu antigo seguiu a mesma via antes de renascer com o Estado de Israel. Nesse caso, houve uma evolução.

Quantas línguas ainda são faladas no mundo? As estimativas variam entre quatro e sete mil, um leque bem grande que depende da definição do que é língua e do que é dialeto; o mesmo ocorre para circunscrever as etnias. Contudo, assim como as espécies que são representadas somente por minguadas populações, os antropólogos constataram que a maioria dessas línguas são faladas apenas por alguns grupos muito reduzidos, às vezes somente por alguns indivíduos.[1] Estamos à beira de um abismo, pois as organizações internacionais estimam que cerca de 90% dessas línguas ficarão definitivamente silenciosas até o ano 2050. "Um velho que morre é uma biblioteca que pega fogo": a expressão do falecido poeta Amadou Hampâté Bâ nunca foi tão repleta de sentido. Adeus, poemas do mundo!

Amadou Hampâté Bâ: *uma testemunha africana do século XX*

Nascido em 1900 e falecido em 1991, esse poeta etnólogo atravessou o século XX, da mesma forma que Claude Lévi-Strauss, como uma testemunha sensível de um mundo que muda rápido demais, de um mundo que apaga as raízes de sua memória antropológica num caminho de objetivos incertos.

Oriundo de uma família da etnia fula, inicialmente ele estudou numa escola corânica. Tempos depois, foi requisitado pelo governo colonial para ensinar na escola francesa de Bandiagara, depois, em Djenné. Quando se recusou a entrar na escola normal de Goreia – lugar profundamente marcado pela sombria história

---

1 HAGÈGE, Claude, *Halte à la mort des langues*, Odile Jacob, 2000.

O fim do homo sapiens *e o sombrio futuro...* 177

da escravatura –, o governo designou-o compulsoriamente para Uagadugu como "escritor temporário a título essencialmente precário e revogável": acontece que a literatura do governo colonial era muito próxima da patafísica.

Entre 1922 e 1942, Amadou ocupou vários postos no governo colonial da atual Burkina Faso (ex-Alto Volta), antes de ir para o Instituto Francês da África Negra (Ifan) fundado por Théodore Monod. Foi sob a direção de Monod que ele começou um considerável trabalho etnográfico que levou à publicação de uma obra maior: *L'Empire peul du Macina* (O Império Fula do Macina). Foi para Paris graças a uma bolsa da Unesco e conheceu os grupos africanistas.

Quando o Mali obteve a independência, em 1960, Amadou fundou o Instituto de Ciências Humanas de Bamako. Representou o seu país na Conferência Geral da Unesco e tornou-se membro do conselho executivo dessa instituição. Ali, participou ativamente da implantação de uma sistemática para a transcrição das línguas africanas. Seu mandato oficial terminou em 1970. Ele se retirou para Abdijan e se consagrou ao estudo e à organização de um *corpus* considerável de arquivos acumulados sobre as línguas e as tradições orais dos povos do oeste da África. Após vinte anos de trabalho foram publicadas duas obras, *Amkoullel, o menino fula* e *Oui, mon commandant!* (Sim, meu comandante!), no ano da sua morte, em 1991. Esses textos foram reeditados com o título de *Mémoires* (Memórias), por ocasião dos vinte anos da sua morte.

A frase mais citada dessa obra diversificada e imensa continua a ser: "Um velho que morre é uma biblioteca que pega fogo." Ela expressa todas as contradições e as dores de um mundo que muda rápido demais nas tradições orais e escritas, nos povos que perdem as suas identidades, no apelo de uma modernidade vinda de outros lugares e destruidora das raízes culturais. A vida e os escritos – relatos iniciáticos, contos, memórias, romances, textos históricos

178 *A diversidade em perigo*

e filosóficos – de Hampâté Bâ, atravessaram as sociedades africanas desde a colonização até a independência e a reconstrução das identidades nacionais. Tanto a história quanto a evolução repousam em imposições e agitações às quais não podemos voltar. O que seriam das tradições orais sem as transcrições por escrito, graças ao mandado de uma instituição internacional? Ninguém sabe. A história dos povos é tecida de destruições, apropriações, renovações e reivindicações legítimas, rapidamente estigmatizadas como comunitaristas, quando, na verdade, elas se inserem no direito de reconhecer uma identidade que participa da diversidade e da unicidade do gênero humano.

A publicação de duas grandes compilações de Hampâté Bâ, em 1991, teve um grande sucesso e marcou a afirmação de uma literatura africana cujo modo de narrativa se serve da construção de relatos das tradições orais. Os povos da oralidade contam histórias com infinita precisão porque elas são portadoras de valores e de identidades. Brincamos menos com o oral do que com o escrito. É isso que faz a força e a profundidade da literatura africana. As memórias do poeta de Bamako começam com a seguinte realidade antropológica: "Na África tradicional, o indivíduo é inseparável da sua linhagem, que continua a viver através dele e da qual ele não passa de um prolongamento." Já ouvimos reflexões ácidas influenciadas pela tradição pós-colonialista e uma concepção medíocre das Luzes e do progresso que acusam "o homem africano" de "ainda não ter entrado para a história". Quem é esse "homem africano"? Se as nossas origens são africanas, é porque os povos da África subsaariana representam a maior diversidade de genes, de línguas e de culturas orais e escritas. Nossas sociedades ocidentais individualistas, consumistas, que envelhecem, incapazes de fazer filhos e, menos ainda, de lhes contar histórias não vão demorar a sair da história da humanidade. Os povos da África terão muitas histórias para contar. As origens da nossa espécie são africanas, e o seu futuro será negro como a esperança!

Da língua-mãe ao desesperanto

A diversidade das línguas parece recusar qualquer esperança de uma origem única assim como de uma língua universal. Ao comparar e classificar as línguas em função do vocabulário e de outras características formais, os linguistas reconstituíram uma árvore evolutiva, assim como para as populações e seus genes. O exercício chegou aos últimos fragmentos que, abusivamente, chamamos de "língua-mãe". Evidentemente, não se trata da língua original da qual todas as línguas do mundo teriam se afastado. Há 50 mil anos, milhares de línguas eram faladas por diferentes espécies de homens. Por que isso? Simplesmente porque as aptidões anatômicas, cognitivas, sociais e técnicas associadas à linguagem se desenvolveram com os primeiros homens incontestáveis, os *Homo ergaster,* há 2 milhões de anos, na África. Esses homens se espalharam pela África e também pela Eurásia, inaugurando o primeiro episódio da torre de Babel, no seu verdadeiro significado paleoantropológico.

Por muito tempo, muito tempo mesmo, persistiu a ideia de uma marcha para o progresso universal com o abandono dos povos minoritários. Esse esquema baseado no finalismo se encontra nas representações da evolução das espécies: as outras espécies – como os outros povos e as outras línguas – teriam se afastado da grande via que termina no homem ocidental. Darwin constatou isso e insistiu no fato de que esses povos poderiam muito bem seguir o mesmo caminho, como ilustram seus comentários sobre os fueguinos. A nossa história e a nossa educação nos impregnaram tanto com essa ideia que, mesmo entristecidos quando nos referimos a essa questão, sempre temos um pouco a impressão de que deve ser assim. E ficamos indiferentes a tantos etnocidas e linguicidas.

Quem já ouviu falar no Dia Internacional da Língua Materna, instituído pela Unesco em 1999? O ano de 2008 foi declarado o Ano Internacional das Línguas. Esse fato não teve

180 *A diversidade em perigo*

muito eco na França, em todo caso, bem menos do que o Ano da Biodiversidade, em 2010. Ninguém pretende que a diversidade das espécies tenha primazia sobre a diversidade das línguas. O fato significa, apenas, que só muito recentemente as pessoas tomaram consciência desse grave problema que atinge a essência da humanidade. Na Proclamação das Obras-primas do Patrimônio Oral e Imaterial da Humanidade da Unesco, em 1997, as línguas não apareciam. Foi somente na segunda conferência sobre as línguas em perigo de extinção que a organização internacional decidiu coordenar e unificar as ações entre os linguistas, as ONGs, os militantes e os povos. Um grupo de especialistas foi constituído e, a partir de 2003, deu-se início a um trabalho de pesquisa e de avaliação sobre a vitalidade e o desaparecimento das línguas, definindo os processos que levam à extinção. Foi uma considerável mudança de paradigma nas instâncias internacionais, por muito tempo marcadas pela ideologia universalista e evolucionista e dominadas pelas sociedades do "escrito", que só pensavam no patrimônio e na sua preservação em termos de suportes materiais (livros, esculturas, monumentos e quadros). Que revolução! As sociedades frias – as de equilíbrio com a natureza – se uniram às sociedades quentes – as da acumulação às expensas da natureza – em igual dignidade. Elas contribuem igualmente para o patrimônio da humanidade e, o que é ainda mais importante, para o seu futuro.

Esse dia é celebrado em 21 de fevereiro, lembrando o ano de 1952, quando quatro estudantes foram mortos pela polícia numa manifestação a favor do uso do bengali, que se tornou a língua oficial de Bangladesh depois da independência, em 1971. A história se repete nos povos, nas línguas, nos Estados e nos nacionalismos. A liberdade dos povos e depois a formação dos Estados passam pela reivindicação de uma língua e pela sua hegemonia sobre as outras línguas do território que se tornaram minoritárias – às vezes,

O fim do homo sapiens *e o sombrio futuro...* 181

mediante políticas ativas de erradicação. Depois que a legitimidade do Estado é admitida por quase todos, por meio de uma história, de um ensinamento e de um governo mais ou menos comuns, um período de aceitação das minorias e dos regionalismos, às vezes, surge. Esse é um esquema bem geral, sujeito a inúmeras variações, ao menos na Europa, se compararmos a história da França com a da Inglaterra, da Alemanha e da Itália, e o caso atual da Bélgica, que causa muita preocupação. O universalismo da cultura francesa não aceita bem manifestações identitárias desde o decreto de Villers-Cotterêts que, em 1539, instituiu o francês como língua oficial do reino e, mais tarde, as decisões da Convenção de 1793 – 1794 que visavam combater as outras línguas no território da jovem e frágil república. Quando nos referimos à diversidade das línguas e das culturas, denunciamos os riscos de nacionalismo e de comunitarismo. Mais uma vez, e apesar dos escritos de Lévi-Strauss, quanto mais as populações e suas culturas se sentem ameaçadas, mais correm o risco de partir para a exclusão das outras.

Atualmente e segundo o *Livro vermelho das línguas em perigo de extinção* da Unesco, 97% da população mundial se expressam em 4% das 6 a 7 mil línguas ainda vivas, sendo que, de 96% de todas as línguas, só 3% são faladas pela população mundial. As mais usadas são, por ordem decrescente de número de interlocutores, o mandarim, o espanhol, o inglês, o hindi-urdu, o árabe, o bengali, o português, o russo e o japonês. O francês e o alemão se situam por volta do 10º lugar. Essa classificação varia sensivelmente segundo a importância dada às línguas maternas e às segundas línguas, mas não para as cinco primeiras. É preciso notar também que, embora as línguas europeias só representem 4% de todas as línguas atuais, a porcentagem era muito maior – certamente em algumas centenas – antes da construção dos grandes Estados. Mais amplamente, centenas de línguas dos povos ameríndios desapareceram há apenas dois séculos, com uma forte aceleração desse processo de erosão

182 *A diversidade em perigo*

em todas as grandes regiões de grande densidade linguística como o Pacífico – entre elas, Papua-Nova Guiné e suas 600 línguas ou idiomas –, o leste e oeste da África. Recenseamos mais de 1.400 línguas no continente africano.

Os dados avaliados das línguas podem ser indicados graças ao programa de preservação mantido pela Unesco com a constatação de que, como para as espécies, muitas desaparecem antes mesmo de serem listadas.

O grupo de trabalho da Unesco estabeleceu cinco níveis de vitalidade das línguas. O nível 5 corresponde às que são faladas por todos os interlocutores de uma população, tanto crianças como adultos, usadas em todas as esferas de atividades privadas, técnicas, profissionais e culturais, e dispõem de todos os suportes materiais conhecidos. O nível 4 descreve as línguas ditas precárias, usadas por todos em âmbito particular e menos pelas crianças fora desse contexto, e que, às vezes, são línguas que não fazem parte do setor público e das novas atividades. O nível 3 é o das línguas em perigo de extinção, usadas pelos ascendentes e em circunstâncias limitadas, na maioria das vezes, restritas à família ou ao grupo. O nível 2 se refere a uma minoria de ascendentes. O nível 1 corresponde ao estado moribundo, com poucos interlocutores idosos ainda capazes de se referir a assuntos abandonados pelas novas gerações. Atualmente, estima-se que umas 15 línguas sejam extintas todos os anos com os últimos interlocutores e que a metade corre o risco de desaparecer de hoje até o fim do século. São bibliotecas de palavras, de expressões, de relatos, de cânticos, de mitos, de cosmogonias, de saberes e de histórias nunca escritos que, assim, desaparecem. Daí a importância e a urgência do programa de proteção dos patrimônios culturais num suporte não material.

O *fim do* homo sapiens *e o sombrio futuro...* 183

Línguas, espécies e meio ambiente

A vida das línguas pode ser comparada com a das espécies: elas derivam de línguas mais antigas, vivem, morrem ou se diversificam para formar outras línguas. Como acontece com as espécies, poderíamos dizer que o desaparecimento delas está na ordem das coisas e que outras aparecerão. Acontece que o ritmo de extinção é bem mais violento e, tanto para as espécies como para as línguas, os indivíduos morrem. E o que é uma espécie sem indivíduo ou uma língua sem locutor? Os casos de criação de uma língua são raríssimos e estão associados a circunstâncias históricas, muitas vezes dramáticas, como o servo-croata no contexto de opressão pelo Império austro-húngaro e o hebreu com a formação do Estado de Israel. As línguas pidgin e crioulas foram inventadas pelos escravos e, hoje em dia, nações ameríndias e outras, por exemplo na Nova Guiné, reconstituem e revivem as línguas outrora dispersadas pelos choques de sua história e para reivindicar a fala no concerto das nações. Em todas as circunstâncias, essas línguas se construíram de outras línguas, com a gramática delas, por simbiose e evolução. As línguas nasceram de outras línguas, como as espécies procederam de outras espécies, com variações, abandonos, invenções e bricolagens. Por isso, qualquer tentativa para se construir uma língua artificialmente partindo de bricolagens de línguas já existentes é tão desumana quanto o pobre ente sem alma concebido pelo Dr. Frankenstein, esse Prometeu moderno.

Além da analogia entre as línguas e as espécies, a diversidade linguística está ligada à biodiversidade. O World Wildlife Fund (WWF) listou 900 regiões do planeta essenciais para a manutenção da biodiversidade. Entre elas, pouco mais de 200 se mostraram primordiais. É precisamente aí que vivem inúmeros grupos etnolinguísticos. Esses povos dispõem de conhecimentos inestimáveis

184   *A diversidade em perigo*

sobre o seu meio e a proteção do seu ambiente. Todos os nomes que eles deram às coisas da natureza correm o risco de desaparecer para sempre. Ora, quer sejam para essas sociedades ou para as nossas, é nomeando as coisas da natureza que lhes damos um significado. As ciências naturais modernas nasceram de uma nova maneira de nomear e classificar – a taxonomia e a sistemática – em pleno século XVIII, o que não é uma coincidência. Todos esses "pensamentos selvagens", o que inclui os nossos, são facetas da racionalidade. O desaparecimento desses povos provocaria o desaparecimento do seu meio ambiente, e vice-versa. O *Livro vermelho das línguas em perigo de extinção* se une à *Lista vermelha mundial das espécies ameaçadas de extinção* da OICN.

O que fazer? Esses povos deveriam poder escolher por eles mesmos e eles conhecem muito bem o mundo para saber que podem sofrer as piores consequências. A preservação das línguas não será feita sem a vontade deles. Vontade de manter suas tradições ao mesmo tempo em que participam das mudanças do mundo com dignidade. Embora centenas de línguas tenham desaparecido por causa de opressões, hoje em dia, as novas gerações abandonam a língua ancestral para escapar da discriminação, encontrar um emprego e se inserir numa sociedade mais ampla local, regional e internacionalmente. Podemos perceber a que ponto é urgente redefinir as contribuições positivas da diversidade das línguas e das minorias para o mundo de amanhã.

Não é para emocionar ou querer fazer uso de clichês que repetimos que toda língua exprime uma parte da história da humanidade, suas múltiplas experiências, outras maneiras de pensar, de educar e também de encantar o mundo com os relatos, as músicas, as artes, os costumes, as poesias, as cosmogonias, os cânticos, as medicinas etc. Esse mosaico está se deteriorando, e estaríamos errados se acreditássemos que todas essas experiências já fazem parte do passado. Tudo isso é, ao contrário, uma contribuição para o mundo

O fim do homo sapiens *e o sombrio futuro...* 185

de amanhã, que será diversidade ou não. Em outras palavras, um mundo darwiniano ainda rico em diversidade das espécies e de homens, e um mundo lévi-straussiano pela diversidade das línguas e das narrativas.

Ao contrário do que poderíamos temer, as novas tecnologias e as redes de comunicação não consagraram um hiperdomínio do inglês e menos ainda uma aceleração do desaparecimento das outras línguas, mesmo das minoritárias. Cerca de 50% das conversas na Web são em inglês, 25% em chinês, mais de 10% em espanhol e um pouco menos em francês. Os programas e as interfaces de grandes marcas estão disponíveis em uma centena de línguas. Podemos discutir quais seriam as motivações; porém, o fato é que as culturas que temiam o declínio da sua língua recuperaram uma vitalidade a exemplo dos maoris, dos quechuas, dos ameríndios do Norte etc. Consequentemente, os jovens que abandonavam o uso da língua materna pelas razões citadas acima participam do dinamismo recuperado da sua cultura num mundo que está se construindo. (É bem melhor do que resistir à digitalização de livros limitando o acesso a algumas poucas elites que reivindicam para si o título de universais!) Que surpresa e que grande bofetada nos adeptos do evolucionismo cultural. Homens e mulheres de todas as culturas e de todas as regiões do mundo estarão passando, em alguns anos, para a era digital. Claude Lévi-Strauss insistiu na igual complexidade de todas as línguas e de todas as culturas; o antropólogo evolucionista que eu sou não cessa de clamar que todas as populações humanas possuem a mesma capacidade para aprender e inovar. A demonstração já foi feita. Diante da vitalidade reencontrada do concerto das línguas, podemos contar com as novas tecnologias para nos fornecer os meios para traduzir todas essas línguas, um convite para a descoberta e para as verdadeiras aprendizagens ao sabor dos encontros com os falantes dessas línguas.

186 *A diversidade em perigo*

A esperança de uma humanidade menos predisposta para os conflitos não virá de um governo mundial único, de uma só religião e de uma mesma língua para todos. Seria o fim da nossa evolução. As religiões vão aprender a conviver, apesar dos prosélitos evangelistas e fundamentalistas muçulmanos que exacerbam a intolerância onde as diversidades são vizinhas, como na África.[2] Devemos aprender várias línguas. Por mais belas que sejam, a língua-mãe das origens e a língua universal ou esperanto do futuro são ideias ingênuas e antievolucionistas porque negam a diversidade cultural de ontem e do amanhã. Nosso futuro só pode ser concebido na preservação e valorização da diversidade dos povos e das línguas para continuar o Grande Relato do Universo.

---

2 Cf. PICQ, Pascal, *Lucy et l'obscurantisme*, Odile Jacob, 2007.

CAPÍTULO 11

POR QUE PRESERVAR A DIVERSIDADE?

Os arcaísmos do nosso pensamento antropocêntrico e a nossa arrogância submeteram a evolução à nossa concepção da relação do homem com a natureza e com os outros homens. Já no tempo de Darwin, a ideia da evolução era mais ou menos aceita, porém, desde que fosse revista segundo uma visão teleológica, totalmente orientada para o advento triunfal da nossa espécie... entenda-se, os europeus. Propor um tal esquema não era nada difícil, pois bastava retomar a escala das espécies de Aristóteles e depreciar as populações humanas mais próximas de nós, o que a antropologia racista conseguiu. Deveria seguir-se uma procissão linear e hierárquica, que culminasse com o homem (branco).

Essa imagem dá a impressão de que estamos diante de um processo "natural" que, por isso, o homem está dispensado de qualquer responsabilidade. No fim das contas, segundo uma eficiente tautologia, se o homem está no pináculo da evolução é porque era

188   *A diversidade em perigo*

preciso que assim fosse; a prova, é assim. Nada poderia ser mais panglossiano, em referência ao Dr. Pangloss que, em *Cândido,* afirma doutamente que o nariz foi concebido para apoiar os óculos, e a prova é que usamos óculos.

O tradutor de Darwin para o alemão, Ernst Haeckel, elaborou o conceito de filogenia e levantou a hipótese segundo a qual "a ontogênese recapitula a filogênese". Além do fato de essa ideia não ser nova, ela retomou de maneira pseudocientífica um mito analógico oriundo da Idade Média, segundo o qual o homem seria um microcosmo que resumia o macrocosmo. Entre o homem no centro de tudo e o homem no alto da evolução, a antífona é sempre a mesma. No entanto, para dar um ar de coerência a esse esquema da evolução, foi preciso retalhar a árvore da vida. E, em vez de pegar uma serra, cortou-se com o antropocentrismo e o racismo. Assim, afirmou-se doutamente que os milhares de ramos da árvore da evolução − as outras linhagens do ser vivo − não passavam de tentativas caóticas e abortadas, pois só existiria uma verdadeira linhagem, a que chegou ao homem (branco). As outras populações humanas estariam gentilmente situadas entre o macaco e o homem (branco). Aceitável para Haeckel, grande cientista desnorteado. Porém, que se encontre esse tipo de disparate nas concepções de hominização ressuscitadas por alguns paleoantropólogos franceses é o suficiente para descrever a profundidade da nossa neurose filosófica-teológica-antológica. Pois, nessa visão, as outras populações de homens não passariam de desenhos inacabados.

Por que preservar a diversidade? Sem a diversidade nunca teria havido a evolução da vida e o homem não estaria presente para falar dela. Portanto, a diversidade é a condição necessária para qualquer evolução, mesmo para a humanidade do amanhã. É a *razão evolucionista.* Sem a diversidade, sem essas outras formas de vida, como os homens poderiam conceber a sua relação com o mundo? Os povos de ontem e de hoje inventaram relatos das origens, cosmogonias,

Por que preservar a diversidade? 189

suporte da sua ontologia, que dão um sentido à vida, na maior parte das vezes em relação com as entidades da natureza. Mesmo o dualismo e o antropocentrismo ocidental se referem à natureza situando-se em oposição a ela ou fora dela. (Como ocorre com o ateísmo que, por sua etimologia, cai numa armadilha ao se referir ao teísmo.) Não existe uma hierarquia das ontologias, há a diversidade, e são muitas as possibilidades de elaborar outras relações com a natureza. Essa é a *razão antropológica*. Acontece que a biodiversidade tem um preço. Os economistas avaliam os serviços que a natureza presta ao homem – não falam apenas das abelhas. Essa é a *razão econômica*. No entanto, a razão econômica não poderia ser a melhor, a não ser para convencer as mentes mais tristemente pragmáticas e ajudá-las na tomada de consciência. Isso porque existe uma razão que a supera, a *razão ética*. Trata-se das nossas obrigações para com as futuras gerações, nossos filhos. Segundo o filósofo Christian Godin, essa é a única verdadeira obrigação categórica e universal, ao encontro de Kant e de Darwin. Porque, como não cesso de dizer e de escrever, a teoria darwiniana não explica apenas a história da vida, mas também o mecanismo da evolução, ou seja, o que ele chama de "descendência com modificação". Acontece que essa modificação supõe a diversidade oriunda das misturas genéticas, só que o grande naturalista estava bem longe de imaginar o quanto o homem ia modificar o seu meio ambiente.

A resposta evolucionista

Darwin elaborou um conceito fundamental, o da variação. São a matéria-prima da evolução a diferença e o sucesso reprodutor diferencial dos indivíduos, entre gerações, entre populações, entre espécies e entre comunidades ecológicas. Qualquer diferença, qualquer variação de característica, desde as mutações genéticas até as capacidades cognitivas, passando pela morfologia, pela fisiologia,

190   *A diversidade em perigo*

pelos comportamentos, pela sexualidade e pelos sistemas sociais é uma resposta potencial a qualquer mudança do meio ambiente que pode ocorrer ou não, e fonte de novas adaptações ou extinção. Quanto mais os nossos conhecimentos avançam pela história da vida, mais constatamos o quanto é antigo o aparecimento das formas de vida conhecidas, como as recentes descobertas que veem emergir a sexualidade – cuja função suprema é, justamente, fabricar a diferença – e os organismos pluricelulares, há mais de 2 bilhões de anos.

Não podemos nos enganar; mesmo que pareça que a árvore filogenética do ser vivo se dividiu em grossos ramos desde os primeiros períodos da história da vida, isso não muda nada no alto da árvore. As linhagens dos vertebrados, a vida fora da água, os mamíferos, os primatas, os macacos antropoides e a família dos hominoides – a família do homem e dos grandes macacos – só se desdobraram muito recentemente. Acontece que são essas linhagens chamadas mais complexas que nós fazemos com que desapareçam: no passado foram os outros homens, depois as grandes faunas e, hoje em dia, os grandes macacos, os grandes mamíferos e as mais belas aves. Esse trabalho de destruição atinge também os vertebrados mais "simples" com o desaparecimento dos peixes de grande e de médio portes, substituídos pelas medusas. Estamos em vias de reconstituir um estado da natureza que existia há mais de 500 milhões de anos! A marcha do progresso humano se faz em sentido contrário no caminho da história da vida. A evolução e a história nunca andam para trás; mas o homem consegue fazer isso. Que glória para o *Homo sapiens!*

A população dobrou há meio século. A pesca intensiva quase eliminou todas as espécies de peixes de grande e, agora, de médio portes, obrigando a raspar o fundo dos platôs continentais, o que destrói os sítios necessários à lenta reprodução das espécies das profundidades. Os ecossistemas naturais terrestres regridem progressivamente devido à destruição das florestas e à exploração das matérias-primas (minas, petróleo, gás), mas também em razão da extensão das terras

Por que preservar a diversidade?   191

agrícolas. De um lado, pequenos agricultores que tentam sobreviver, ocupando pequenos pedaços de terra nos últimos espaços naturais; do outro, a salinização dos solos causada pela irrigação. Depois de 10 mil anos de inovação e de diversidade agrícola, os OGM dão lugar aos campos que visam proibir as sementes acumuladas pelo saber ancestral dos agricultores do mundo inteiro. Agora, não mais selecionamos as características que aparecem espontaneamente por variação genética, em todo o caso, independentemente da ação humana, mas jogamos com a causa das variações. Os processos da variação/seleção levam tempo, e ainda não é possível avaliar a violência das mudanças que atingem a agricultura.

Do ponto de vista evolucionista, propor novas variedades não é problema; nem mesmo os OGM. No entanto, certas práticas produtivistas, comerciais e monopolistas são fundamentalmente antievolucionistas. Que se procurem variedades que possam se adaptar melhor às condições do meio ambiente, foi o que sempre fizeram os agricultores de modo empírico. Voltamos a encontrar o par variação/seleção da adaptação e da evolução. *In fine,* é o meio ambiente que seleciona. Aliás, em outros lugares do mundo, os camponeses da América Central ou os grandes agricultores do norte da França sempre tomaram cuidado para semear muitas variedades de milho ou de trigo, de tal modo que se um agente destruidor, conhecido ou não, se manifeste ou se a meteorologia se mostre inclemente, só uma parte da colheita ficará ameaçada. Nada poderia ser mais darwiniano.

Hoje em dia, ao contrário, ficamos confusos diante das pseudoestratégias antievolucionistas que afirmam propor as melhores sementes, mas exigem que se modifique o meio ambiente, o que obriga os agricultores a adotarem práticas que não levam em consideração sua experiência. Assim, nos precipitamos para a catástrofe em nível mundial. O que aconteceria se uma planta geneticamente modificada para resistir a um ou a alguns agentes destruidores se visse confrontada com um agente inesperado? É preciso ser bem

192　　　　　　　　　　　*A diversidade em perigo*

ignorante a respeito da natureza, da ecologia e das comunidades ecológicas para acreditar que nenhum outro agente possa se apresentar. Ao bloquear alguns, criamos aberturas para outros. Isso já aconteceu e acontecerá de novo.

Qual seria, então, a solução para os nossos demiurgos geneticamente modificados? Ir buscar variedades de milho com os agricultores da América Central, cujo orgulho é ter plantações com um maior número de variedades. E ninguém pensa em lhes ser grato, pois, sendo uma consequência de práticas empíricas seculares, suas inovações não poderiam ser patenteadas, embora seja isso que acontece com os organismos geneticamente modificados oriundos da genialidade demiúrgica dos laboratórios.

A recente evolução da agricultura é uma antievolução. Enquanto, durante milênios, os agricultores e os criadores produziram uma fascinante diversidade de variedades partindo de um número comparativamente limitado de espécies vegetais e animais selvagens, as políticas de rentabilidade impuseram um número restrito de variedades saídas das pesquisas agronômicas, o que obriga a criar condições artificiais ou modificar o meio ambiente para atingir os objetivos de rentabilidade. Acontece que, cada vez mais, os estudos mostram que as taxas de produtividade das superfícies cultivadas com os OGM não são significativamente maiores em média e que tendem a baixar. Por quê? Todas as pesquisas feitas de uns quinze anos para cá, chegam ao mesmo resultado: quanto maior a diversidade num ecossistema, qualquer que seja a superfície, maior é a produtividade de cada variedade, a estabilidade da comunidade ecológica é reforçada e há melhora em nutrientes na qualidade dos solos. Não podemos desprezar a importância das grandes monoculturas para alimentar o planeta: seria uma ingenuidade acreditar que poderíamos instituir uma economia globalizada de pequenos agricultores. No entanto, para alimentar todas as populações humanas do futuro é preciso que exista a maior diversidade possível de formas de agricultura, das que ainda existem

Por que preservar a diversidade? 193

e das que é preciso recuperar nos nossos jardins e cidades – como mostram os sucessos de tantas ONGs no mundo – contando com uma agricultura convencional inovadora e preocupada em preservar o meio ambiente para a sua própria sobrevivência. Do ponto de vista evolucionista, é o mesmo mecanismo fundamental que age: os sistemas ecológicos são mais estáveis e produtivos quando mantêm uma maior biodiversidade; deve acontecer o mesmo em todas as formas de agricultura. A humanidade será mais e mais ameaçada se a agricultura moderna se espalhar como um câncer que sufoca a biodiversidade das outras agriculturas.

Como cientista e antropólogo evolucionista, não me oponho por princípio aos OGM, e casos de sucesso não faltam. O que está em jogo são as práticas que vão de encontro à biodiversidade e aos princípios elementares da ecologia evolucionista. A isso podemos acrescentar uma dimensão antropológica. Essa má prática provoca o sofrimento e a miséria dos camponeses mais frágeis, como já ocorre com milhares deles na Índia e em outros lugares. Muitos, demais desaparecem com o êxodo rural, e muitos por suicídio. Quem registrou o saber deles herdado de milênios de adaptação ao meio? Nossos demiurgos arrogantes nunca serão capazes de recuperar essa ecologia sutil. Com essas mulheres e esses homens condenados a desaparecer, é a diversidade cultural que se dissipa para sempre. Ocorre um crime contra a biodiversidade, crime contra a ecologia e crime contra a humanidade: biocídio, ecocídio e etnocídio.

Medicina evolucionista, biodiversidade e inovação

As nossas sociedades ficam cada vez mais doentes por falta de contato com outros organismos. Nossos sistemas imunológicos são provenientes de milhões de anos de coevolução com agentes patogênicos e, atualmente, vários médicos evolucionistas estimam que a assepsia generalizada leva a distúrbios fisiológicos, como as doenças autoimunes. O aumento das alergias deriva da concentração na atmosfera de algumas variedades agrícolas e de modos que privilegiam certas variedades de árvores e de flores nas

194   *A diversidade em perigo*

cidades e nos jardins. Por querer eliminar as doenças que sabíamos curar, favorecemos a emergência de afecções nosocomiais. A história do bilionário Howard Hugues nos ensina que é impossível viver assim. Estamos travando uma "guerra dos mundos" que pode nos ser fatal.

Erasmus Darwin, avô de Charles, foi o primeiro a propor uma classificação ou sistemática das doenças, e também um dos primeiros a se interessar pela transformação das espécies. Infelizmente, há pouco mais de dois séculos, a medicina e a evolução parecem procurar uma à outra sem, realmente, se encontrarem. Hoje em dia, a "medicina evolucionista" parece estar se desenvolvendo, sob efeito sobretudo da publicação de 1994 do livro de R.M. Nesse e de G.C. William, *Why We Get Sick. The New Science of Darwinian Medicine*. Muitos colóquios ocorreram nos Estados Unidos, e uma importante publicação foi feita pela PNAS (Proceedings of the National Academy of Sciences) em janeiro de 2010. Do que se trata?

Seria errôneo pretender que a pesquisa médica passe ao largo das teorias de evolução. Os trabalhos de André Lwoff, François Jacob e Jacques Monod estão inseridos numa problemática muito darwiniana. Uma revista como *Médicine/Sciences* também ecoa as abordagens evolucionistas da medicina, e um dos seus melhores representantes na França é Jean-Claude Ameisen. No entanto, apesar dos avanços concretos no campo da pesquisa e do ensino, o movimento está longe de ser grande.

Por muito tempo, a medicina foi pensada como uma luta entre os homens e os agentes patogênicos. Isso permitiu que nos livrássemos de grandes epidemias (por exemplo, a varíola). No entanto, a maior parte das doenças, como a gripe, resulta de atividades humanas. Se a história evolucionista das doenças e dos homens é cada vez mais conhecida, é surpreendente que esses mecanismos não sejam integrados nos procedimentos terapêuticos. Persistimos em querer, cada vez mais, erradicar as doenças e os agentes patogênicos, o que leva à aberração das doenças nosocomiais. De maneira geral, ao eliminar as bactérias com as quais coevoluímos – e mesmo que elas tenham efeitos pouco desejáveis –, liberamos "nichos ecológicos" para outros temíveis agentes patogênicos, não em si, mas porque não temos nenhuma história epidemiológica com eles.

De maneira mais geral, cada vez mais lemos trabalhos que citam a menor resistência às infecções ou à diminuição da tolerância a diversos alimentos, sem esquecer as alergias. Do ponto de vista evolucionista, o fato de querer eliminar todos os agentes patogênicos vai de encontro a milênios de coevolução. Não se trata de negar os progressos da segurança alimentar, e sim de compreender que, como no caso das doenças nosocomiais, os progressos realizados num campo fazem emergir outras

Por que preservar a diversidade? 195

doenças, o que obriga a repensar as práticas terapêuticas. Tanto na medicina como nas ciências, o mais difícil é sair de um modelo que já provou o seu valor, mas que, feito isso, modificou o meio ambiente ou fez com que emergissem patologias ou problemas terapêuticos que, antes, tinham pouca incidência. De certa maneira, a medicina evolucionista nos ensina que é melhor coevoluir com as doenças que sabemos curar do que erradicá-las com o risco de facilitar o aparecimento de outras. Eis uma verdadeira questão estratégica para a inovação terapêutica.

Eis a definição de saúde fornecida pela OMS em 1946: "A saúde é um estado completo de bem-estar físico, mental e social, e não consiste na ausência de doença ou enfermidade." Atualmente, as terapias da AIDS não visam eliminar o vírus e sim mantê-lo num patamar que reduza os efeitos patogênicos. O mesmo acontece com certos tipos de câncer. Viver com boa saúde consiste em controlar os efeitos. Da mesma forma, envelhecer não é uma decadência e sim um processo que podemos controlar ficando atentos ao modo de vida. Recentemente, foi citada a expectativa de vida com boa saúde, diferente da expectativa de vida simplesmente, o que leva a questões éticas bem sensíveis em torno do fim da vida. Uma parte da pesquisa em medicina seguiu o bom método cartesiano indo pesquisar os fundamentos genéticos das doenças. Acontece que as promessas de terapias genéticas se chocam com questões complexas da epigênese, isto é, a expressão dos genes modulados pelo meio ambiente. Cada vez mais, os estudos, como os que se referem à obesidade, revelam modos de transmissão de informações acima dos genes, ainda mal compreendidos. Mesmo que não se deva desistir de descobrir os mecanismos moleculares de doenças, as inovações terapêuticas esperadas devem levar em conta o meio ambiente em todos os níveis.

A abordagem cartesiana da pesquisa médica incita a encontrar mecanismos da doença, depois o gene, até chegar às manifestações fenotípicas e pôr em evidência as cadeias de causalidades segundo modelos instrucionistas. Do lado oposto, encontramos medicinas chamadas alternativas. Elas continuam a não ser muito apreciadas em comparação com o método privilegiado em pesquisa biomédica. Apesar de tudo, a nossa evolução nos legou meios "naturais" para nos defendermos dos agentes patogênicos. Quando falamos do efeito placebo, compreendemos isso como um fenômeno pouco útil, pois ignoramos os seus mecanismos. No entanto, hoje existem abordagens terapêuticas que visam suscitar de maneira mais ou menos empírica o efeito placebo. O fato é que isso funciona. A medicina moderna tem de admitir que não poderá controlar

196   *A diversidade em perigo*

tudo, não por causa de problemas de método, mas simplesmente porque é confrontada a organismos que vêm de centenas de milhões de anos de coevolução. Mesmo que seus métodos não permitam compreender as medicinas alternativas, por que se privar dessa ajuda se ela dá resultados, antes de elucidar seus mecanismos na visão padronizada da ciência?

O que se delineia hoje em dia é um tecido de interações complexas entre os genes e o meio ambiente em todos os níveis. No entanto, mesmo se o que toca a epigenética acentua as informações que se transmitem acima do gene, não se deveria cair no simplismo de um lamarckismo fora de moda, mas muito presente na nossa cultura. A medicina evolucionista permite compreender melhor as doenças, sua origem e sua história nas diferentes populações humanas, e também permite propor novas maneiras de compreensão das relações entre os homens e suas doenças. Isso porque, em ciência, avançamos construindo novos paradigmas que tornam fatos já conhecidos mais heurísticos, e sobretudo que permitem propor novas vias de pesquisa para a inovação terapêutica.

De forma mais geral e sem negar as contribuições da biologia fundamental, já é mais do que tempo de compreendermos que a maior parte das doenças que afetam o homem se origina nas suas atividades (agricultura, criação, cidades, poluição, como atesta a diretiva REACH da Comissão Europeia). Em vez de criticar a natureza, seríamos mais prudentes se compreendêssemos o que a evolução nos legou, e sobretudo que todos os progressos estão inseridos numa coevolução. Essa é a medicina evolucionista.

A resposta econômica

O que vai acontecer quando as abelhas e os macacos tiverem desaparecido? Nossos brilhantes e valentes engenheiros agrônomos irão recolher o pólen das flores... que eles serão bem incapazes de reconhecer, pois só as conhecem pelas suas moléculas? Subirão nas árvores para colher os frutos e espalhar os caroços e as sementes? Existem alguns casos de sucesso de fecundação artificial, como a baunilha, mas foi a descoberta empírica de uma escrava que trabalhava no campo. Mal nos lembramos do nome dela, nenhuma escola tem o seu nome.

Por que preservar a diversidade? 197

Por ocasião da recente reunião internacional em Nagoya sobre a biodiversidade, as mídias ecoaram as diversas estimativas sobre os serviços econômicos prestados pela natureza. As primeiras dessas avaliações apareceram há alguns anos a propósito do dramático desaparecimento das abelhas. Como os homens se mostram tão geniais para provocar catástrofes em todos os setores, como as finanças, compararam o preço das abelhas polinizadoras com o custo dos títulos de alto risco: são iguais, ou seja, dezenas de bilhões de euros. Do ponto de vista biológico, os *subprimes* parecem um câncer: eles se duplicam sem freio até matar o organismo; existe um limite derradeiro. Do ponto de vista evolucionista, é uma espécie que se reproduz sem limite, o que não existe na natureza, pois, justamente, há a seleção natural. As colmeias financeiras continuam a fazer o seu mel, mas as abelhas zumbem cada vez menos.

Mais e mais estudos internacionais se dedicam a estimar o valor econômico da biodiversidade, dos "serviços" que ela presta à economia – e segundo os critérios atuais: mais de 25 trilhões de euros; bem mais do que o PIB mundial. Os governos e os organismos internacionais estabelecem planos de salvamento gigantescos para salvar os insetos polinizadores, e mesmo as decisões mais sábias e as mais recentes – como as que acabaram de ser tomadas pela Comissão Europeia contra alguns pesticidas – sofrem contestações. Já é mais do que tempo de os agricultores refletirem, além da rentabilidade da exploração de suas terras, nos critérios que levam em consideração a rentabilidade do ecossistema.

Todos os estudos mostram que quanto menos diversidade houver num ecossistema, mais as plantas vão precisar desenvolver substâncias químicas ditas secundárias e, em geral, muito tóxicas, para não serem destruídas pelos insetos e outros agentes devastadores. Essa louca corrida aos armamentos explica o emprego cada vez mais maciço e intenso de pesticidas para preservar as grandes monoculturas. Algumas das más práticas agrícolas também

198   *A diversidade em perigo*

favorecem o acúmulo de algas verdes e tóxicas, como nas praias da
Bretanha, o que prejudica outras atividades econômicas e acabam
se voltando contra os agricultores. Como em todas as comunidades
ecológicas, a vitalidade de todos é garantia da vitalidade de cada
um e, em outras palavras, uma boa saúde ecológica traz mais para
cada ator do que a soma de seus interesses egoístas. Não se trata
de poesia ecológica: isso é o que demonstram todos os estudos
sobre a biodiversidade e a coevolução.

Esses exercícios de avaliação financeira levantam questões
e contestações de ordem antropológica e ética. É preciso que as
espécies e os ecossistemas tenham um valor econômico para justificar a sua preservação? Admitamos esse pragmatismo necessário
para convencer os mais céticos de que o fim justifica os meios.
Quid então das outras espécies? Temos certeza de que amanhã
elas serão inúteis? A descoberta de bactérias que vivem em meios
extremos permitiu selecionar espécies e variedades capazes de
prestar serviços inesperados, como devorar os hidrocarburetos
ou limpar vários tipos de poluentes. Em compensação, espécies
úteis no passado têm bem menos usos nos dias de hoje, como o
furão que foi substituído pelo gato, o cavalo no centro da nossa
civilização há mais 6 mil anos e agora reduzido a umas poucas
atividades – que têm a sua economia – ou ainda os elefantes da
Ásia que, agora, só são usados nos desfiles. No entanto, recome-
çamos a usar os cavalos nos vinhedos: seus cascos não amassam
tanto o solo e as raízes das videiras como fazem os tratores. E os
elefantes voltaram a ser usados nas florestas da Ásia. As civilizações, filhas da agricultura, desenvolveram usos bem diferenciados
para os animais – criação de animais para o leite, carne, sangue,
lazer, esporte e companhia – preferindo essa ou aquela espécie,
gostando de algumas, para depois abandoná-las, ignorando ou
desprezando outras. O único e verdadeiro princípio de precaução é manter a diversidade.

Por que preservar a diversidade? 199

As espécies selvagens podem se mostrar bem úteis, por menos que nos interessemos por elas. Temos, por exemplo, os chimpanzés que os etólogos seguem com atenção quando eles saem em busca de plantas especiais para curar uma diarreia ou eliminar os parasitas. Acontece que faz pouco tempo que nos interessamos por essas espécies selvagens nada burras. A cultura ocidental – ainda cega com a ideia de animal-máquina e a ideia de instinto – continua a acreditar que qualquer inovação útil aos homens só pode ser proveniente de ações que saíram da inteligência humana. Esse tipo de postulado é encontrado nos grandes programas científicos e faz afirmações peremptórias e errôneas. Ficamos estupefatos ao ler, por exemplo, numa revista do CNRS (sigla em francês de Centro Nacional de Pesquisa Científica), editada pelo departamento de ciências da vida, este tipo de opinião: "Podemos nos indagar para que pode servir uma tal biodiversidade na ótica das leis da natureza." Além do fato de que não há "lei" na natureza, lembramos que a diversidade é a própria essência da evolução e que, sem ela, as probabilidades de adaptação se restringem até para a humanidade. Não é surpresa que a biologia só tenha por modelo algumas espécies de vermes, de moscas, de ratos, de gatos, de cães e de macacos como biodiversidade e despreze todas as pesquisas sobre as outras espécies selvagens, especialmente a etologia, o que é verdadeiramente espantoso.

Toda uma parte de como a biodiversidade pode ser útil escapa à cultura ocidental: a das espécies selvagens, bem como a dos povos chamados "não civilizados". Duplo desdém; duplo desdém. Essas culturas possuem conhecimentos empíricos a respeito da utilidade das plantas e das partes dos animais para diversos usos medicinais, como para as multiterapias das medicinas que usam as plantas (e avaliadas à luz dos critérios da farmacologia moderna). Faz alguns anos que a medicina ocidental passou a se interessar pelas medicinas alternativas, evidentemente sem negar seus avanços inimagináveis há algumas décadas. (E também, sem menosprezar as consequências

200   *A diversidade em perigo*

sobre a biodiversidade, como todos esses animais que são elimina-dos, como os tigres, por razões estúpidas: afrodisíacas.[1]) Aí também temos a diversidade e, mesmo que não saibamos como isso funciona, mesmo que não esteja de acordo com a epistemologia da biologia experimental, temos o sucesso. Os grandes grupos farmacêuticos compreenderam isso muito bem e há muito tempo. Além do mais, seria presunçoso acreditar que todas as nossas práticas terapêuticas respondem a critérios estritamente científicos, longe disso.

O desaparecimento de outros povos e de outras culturas é uma imensa e insubstituível perda para o futuro de todos. Mais uma vez, vemos como a biodiversidade e a diversidade cultural se mostram indissociáveis para preservar o maior leque de possibilidades para a nossa evolução em curso.

A resposta antropológica

As grutas Chauvet, de Lascaux e de Altamira são capelas sistinas que nos deixam deslumbrados desde as eras glaciares. As primeiras tentativas de interpretação procuravam uma utilidade para essa arte pré-histórica: exercícios de adivinhação, cenas para tornarem a caça propícia, cultos de fecundidade etc. A pré-história como disciplina científica se desenvolveu no fim do século XIX, ao mesmo tempo que a etnologia. A concepção sórdida que o Ocidente tem dos ou-tros povos impediu por muito tempo de imaginar que eles tivessem tempo para criar, produzir arte e cultura.

Os povos qualificados de "primeiros", como nossos ancestrais chamados "primitivos", eram sociedades humanas que possuíam línguas, relatos sobre o começo do mundo, cânticos, danças, cos-tumes, adereços, vestimentas, hábitos de funeral e sistemas sociais que eram expressões culturais. Essa diversidade das culturas de

---

1 Cf. PICQ, Pascal e Savigny, François, *Les Tigres*, Odile Jacob, 2004.

Por que preservar a diversidade? 201

ontem e de hoje são provenientes da diversidade dos meios nos quais essas populações viveram ou para onde migraram. Claude Lévi-Strauss encabeçou um fantástico trabalho, inacabado, sobre os mitos ameríndios, suas semelhanças e diferenças estruturais, seus trabalhos manuais; em outras palavras, sua evolução no sentido mais estrito. A história dos mitos e de seus conteúdos – os mitemas – tem as características de uma evolução; é consequência da história natural do *Homo sapiens,* pois as populações se deslocaram com seus genes, suas línguas e seus mitos. Nunca é demais insistir no fato de que, se os antropólogos, os etnólogos e os geneticistas não pudessem dispor de populações tão distintas, ficariam impossibilitados de reconstituir nossas origens, a história evolutiva e o povoamento do planeta pela nossa espécie. Ainda temos muito a aprender sobre essas questões fundamentais próprias da condição humana. Quando, em breve, muito em breve, mais de quatro quintos da humanidade viverem nos *melting-pots* das megalópoles, será impossível precisar as origens comuns diante de um destino comum (mais de 600 línguas são faladas em Nova York... assim como na Nova Guiné, mas não pelas mesmas razões históricas). Acontece que toda sociedade humana precisa de um relato dito fundador para dar um sentido às suas relações com o mundo. Qual poderia ser esse relato para uma sociedade cada vez mais globalizada, urbana e conectada, sendo que a diversidade que propiciaria a construção desse relato se dissolveu para sempre?

A biodiversidade, e particularmente os animais, participa da nossa visão do mundo, mesmo no âmbito do dualismo ocidental em que o homem se considera não animal. Philippe Descola, antropólogo do Collège de France, propôs uma sistemática das ontologias das culturas humanas e estabeleceu quatro tipos fundamentais. A diversidade das relações de identidade ou de distinção ontológicas põe os homens em relação com as formas de vida que os cercam. Em outras palavras, as cosmologias dos povos foram tecidas com arranjos

202 *A diversidade em perigo*

entre os mitos mais antigos e suas transformações relacionadas aos elementos do meio em que vivem.

A nossa arrogância ocidental ainda nos deixa reticentes em admitir que as populações humanas sejam iguais em humanidade e complexidade. Claude Lévi-Strauss fez uma defesa bem argumentada a esse respeito em *Raça e História*,[2] mas a reação não se fez esperar, pois Jean-Paul Sartre e Roger Caillois, para citar somente eles, criticaram-no energicamente por denegrir a cultura ocidental e a história. Evidentemente, não se tratava disso. É desprezar a nossa cultura só por reconhecer que outras culturas seguiram por caminhos diferentes nas suas relações com os animais, com a natureza, nas relações de parentesco, nas relações com as técnicas, as artes... e com os outros homens? De modo algum, salvo para os adeptos do que Lévi-Strauss chamou "humanismo burguês", que afirmava que os outros povos não entraram na história. Sempre a mesma concepção degradada dos outros povos, ordenada segundo os nossos valores e arranjada segundo os cânones do evolucionismo cultural. Com um tal "humanismo" e tais "humanidades", só existe uma história. Com um tal humanismo limitado e ancorado na exceção francesa, não vemos como poderíamos salvar a nossa língua cujo discurso se alimenta de enorme arrogância e exclusão. Uma língua só pode ter pretensão à universalidade se se tornar porta-voz da diversidade.

Encontramos os mesmos defeitos em outras espécies que são tão evoluídas quanto nós. Não poderia haver uma única filogênese, o que levaria à supremacia do homem (ocidental). Nenhuma linhagem teve uma pane de evolução nem ficou num estágio antigo em relação à nossa. Todas as espécies que nos cercam são representantes atuais das suas respectivas linhagens. Infelizmente, nossas "humanidades" nos prenderam ao nosso grilhão antropocêntrico, fundamentado no conceito animal, nunca definido, mas que serviu e continua a servir

---

2 LÉVI-STRAUSS, Claude, "Raça e História" in *Antropologia estrutural II*, Rio de Janeiro: Tempo Brasileiro, 1976.

Por que preservar a diversidade? 203

a todas as formas de exclusão em relação à natureza, aos animais e, sobretudo a outras espécies de mulheres e de homens. "O pior é que, ao fim de quatro séculos de história, o homem ocidental não conseguiu compreender que, ao se arrogar o direito de separar radicalmente a humanidade da animalidade, concedendo a um tudo o que retirava do outro, ele iniciava um círculo maldito, e que esse círculo, constantemente recuado, serviria para separar os homens dos outros homens e para reivindicar, em proveito de minorias cada vez mais restritas, o privilégio de um humanismo, corrompido assim que nasceu por ter emprestado do seu amor-próprio o seu princípio e a sua noção", escreveu Claude Lévi-Strauss em *Antropologia estrutural II*. Nós continuamos a excluir e a nos rebaixar, pensando que nos elevamos.

Em vez de se abrir para os outros, a nossa cultura nos incita a adotar uma atitude fundamentalista que nos torna cegos à diversidade humana e à diversidade natural. A última defesa dessa cultura é o anátema. Os homens e as mulheres que se preocupam com o desaparecimento de culturas e do seu meio são acusados de anti-humanistas. Os que se preocupam com as espécies em vias de extinção são denunciados de serem movidos por pieguices antropomórficas. Seria preciso providenciar uma prova em vez de se preocupar dizendo que os outros povos e as outras espécies vão de encontro ao humanismo. As raízes culturais que, no Ocidente e muito particularmente na França, impedem uma real tomada de consciência explicam o sucesso dos detratores do aquecimento climático e das perdas irreparáveis para a humanidade causadas pelo desaparecimento de outras culturas e da biodiversidade. Mas quem compreendeu Lévi-Strauss?

Há centenas de milênios, os homens inventaram uma biodiversidade só conhecida por relatos sobre o mundo e o seu começo. Sua riqueza se alimenta da diversidade dos meios e das espécies que os habitam, algumas que entram nas suas ontologias, outras sendo

204 *A diversidade em perigo*

ignoradas. Todas as formas de animismo, de totemismo, de analogismo e mesmo de dualismo se referem, segundo graus de identificação e diferenciação ontológica, às formas da natureza e, especialmente, às espécies animais. (Evidentemente, só mesmo os ocidentais para acreditarem que um ameríndio se toma por um jaguar.) O desaparecimento dos ecossistemas e da sua diversidade se solda pela perda da identidade ontológica e pela extinção das outras culturas.

As sociedades ocidentais esqueceram o quanto as nossas relações com os animais modelaram a nossa cultura. O nosso materialismo tecnicista concebe as inovações essenciais como respostas a desafios de sobrevivência diante de uma natureza malévola, em todo o caso não benévola. Dizem que a invenção da agricultura respondeu a um aumento da demografia sendo que, como vimos, foi a emergência de uma biodiversidade muito rica que contribuiu, num primeiro tempo, para a sedentarização mais regular e para os conhecimentos sobre o ciclo de reprodução das plantas e dos animais, assim como sobre seus hábitos. Os nossos tipos de agricultura, antes de tudo, repousam na dádiva feita pela evolução de uma nova biodiversidade que desabrochou depois da última era glacial. Essa "revolução neolítica" se estendeu por milênios e também passou por mudanças de representação do mundo com o aparecimento de novos cultos. Para citar um simples exemplo: os auroques não foram domesticados para serem usados no trabalho dos campos e menos ainda por causa da carne. Esse bovídeo de tamanho colossal representava o culto da força selvagem. Até o seu desaparecimento no século XVII no fundo de uma floresta polonesa, ele foi o troféu cinegético de maior prestígio, e isso desde a pré-história. Os artistas de Lascaux pintaram-no porque ele simbolizava crenças e não para encorajar a sua caça. A domesticação do auroque alguns milênios depois foi motivada por outras crenças, pois foram encontrados chifres desse animal nos altares dos mais antigos povoados da Anatólia e do Oriente Médio. A etimologia do Mediterrâneo oriental guarda lembranças dele nos nomes dos montes Taurus, no Bósforo

Por que preservar a diversidade? 205

ou "passagem do boi", no mar Jônico, em referência a Io, e também no mito do Minotauro de Creta e no culto aos touros brancos de Mênfis, sem esquecer dos taurobólios ou sacrifício de cem touros ao pé dos templos gregos, e no culto de Mitra, difundido pelas potentes legiões romanas. Esse feroz auroque foi derrubado pelo cristianismo, que fez dele um delicado companheiro que aqueceu o estábulo perto de Belém há apenas 2 mil anos.

Mais recentemente, a descoberta de outros mundos e de animais extraordinários, para alguns, fascinou a nossa sociedade e, para outros, abalou seus fundamentos. O rinoceronte de Marco Polo despertou o mítico unicórnio, que rapidamente perdeu o encanto pelo espécime levado para a corte de Versalhes. O gambá levado pela princesa indiana Pocahontas maravilhou a corte da Inglaterra. O longo pescoço de Zarafa, a girafa oferecida a Carlos X pelo bei de Alexandria, segundo Lamarck era uma parábola para expressar a ideia de transformação das espécies. O mamute, conhecido desde o fim do século XVIII, que abriu as portas da pré-história com a descoberta de utensílios de pedra talhada por Jacques Boucher de Perthes nos vales do Somme, em meados do século XIX. O gorila, que chegou à Europa no início dos anos 1850, provocou uma polêmica no momento em que a ideia de evolução eletrizava aquela época, assustando uns ou fazendo com que o animal fosse considerado por Thomas Huxley e pelos evolucionistas quase como o elo que faltava na escala das espécies e que seria a ligação entre o macaco e o homem. Todos esses animais revelaram novos mundos ou mundos perdidos ao Ocidente, que fizeram com que fossem mudadas as representações do lugar do homem na natureza. Atualmente, são os últimos grandes macacos que nos interrogam sobre o nosso lugar na evolução e cujo olhar nos interpela sobre nossas origens e nossa humanidade.[3]

---

3 PICQ, Pascal, *Les Grands Singes. L'humanité au fond des yeux*, Odile Jacob, 2005.

A resposta ética

O fato de dar um valor econômico à biodiversidade irrita muitos defensores da sua preservação porque não teria nenhum fundamento ético. Inicialmente, haveria um risco de erro de apreciação, pois, como lembramos, espécies úteis nos nossos dias não o eram no passado – e inversamente –, e não poderíamos adivinhar a descoberta de novas utilidades. Não se trata das espécies mais emblemáticas, mas, na maior parte das vezes, de organismos simples, como as bactérias. A esse respeito, convém lembrar um princípio de precaução: os naturalistas descreveram apenas 3 milhões de espécies; se perpetuarmos o desastre em curso, infalivelmente, corremos o risco de eliminar aquelas que nos poderiam ser muito úteis, desde que adotássemos um outro olhar e outras atitudes. Quanto aos grandes animais, principalmente as aves e os mamíferos, sabemos ainda melhor tudo o que nos trouxeram, o que não esgota outras possibilidades, como as "terapias animais".

Novas questões de ordem ética aparecem quase que inesperadamente, como o tema de um colóquio internacional: podemos incluir uma espécie no patrimônio mundial da humanidade? Para o pensamento ocidental isso parece incongruente, mas com opiniões muito diferentes. Na França, é simplesmente inconcebível, pois, supostamente, tudo o que figura como patrimônio mundial da humanidade só pode ser obra dos homens. Os nórdicos e os americanos se mostram mais sensíveis à natureza e à etologia. Essa diferença cultural é notada quando sabemos que mais de um século separa a criação dos parques naturais americanos do primeiro parque francês. (A consequência tão dramática quanto ridícula é o medo do lobo e do urso, embora os vizinhos italianos e espanhóis coabitem muito bem com eles.) Em outros lugares do mundo e além do Ocidente, a opinião sobre essa questão depende, evidentemente, da história cultural envolvida.

Por que preservar a diversidade? 207

A paleoantropologia e a etnologia descentralizaram o homem ocidental da sua única visão do mundo. Foi preciso muito tempo para que admitíssemos que as nossas origens são africanas; precisamos de muito tempo para compreender que todas as populações humanas participam de uma mesma humanidade. Depois dos trabalhos de Claude Lévi-Strauss e de Philippe Descola, sabemos que os relatos das origens, as cosmogonias, também têm uma história, e que ela aparece sob o fino verniz das grandes religiões universais. Isso porque existem crenças mais profundas, ontologias fundamentais que, como as características que permitem aos especialistas em sistemática reconhecer as grandes linhagens e os relacionamentos de parentesco, estruturam as representações do mundo através das mitologias, das religiões, das filosofias e das ciências.

A ontologia dominante no Ocidente, a dos clérigos e dos intelectuais das cidades e das universidades, se baseia no dualismo e num antropocentrismo que trabalha para separar o homem da natureza e do animal – o cartesianismo é a sua expressão mais radical. Na tripla exceção francesa que se apoia no antropocentrismo, o cartesianismo e uma exceção autoproclamada se tornam um arcaísmo que leva a uma forma de autismo, de isolamento em relação a um mundo feito de diversidade e em vias de mudar. Já ouvimos os anátemas como "relativismo" ou "comunitarismo", como se declarar que a sua cultura é universal não fosse uma forma de comunitarismo.

O mundo muda, o que nos obriga a nos abrirmos para a diversidade dos homens, das culturas e das experiências humanas. Michel Serres propõe uma bela viagem em *Écrivains, savants et philosophes font leur tour du monde*. A eleição de um papa do Novo Mundo anuncia outras mudanças, e, em breve, um próximo papa terá a cor das nossas origens como um dos reis magos. Já é assim com o presidente dos Estados Unidos da América. Mais uma vez no Novo Mundo! Ir ao encontro ou à descoberta dos outros, como Darwin, Lévi-Strauss e tantos outros, é, antes de tudo, construir a sua identidade de homem

208   *A diversidade em perigo*

e não se diluir nos meandros do relativismo e das pretensiosas utopias New Age. Um teólogo propôs a bela parábola do poste de iluminação para explicar o que deve ser a fé, a crença, um pensamento filosófico ou uma cultura. Muitas mulheres e homens se preocupam com o que não conhecem e limitam a visão de mundo ao halo do poste de iluminação, sendo impedidos de agir livremente por todos os declamadores da verdade e suas promessas de salvação; utopias e paraíso. Para outros, uma cultura – Darwin e Lévi-Strauss receberam uma sólida educação ocidental – é como um farol: não é um refúgio, é uma referência que permite se afastar e ir além do pequeno halo de luz para ser iluminado com as espécies humanas. Quem fez mais do que as ciências, desde Galileu, para ampliar os limites do mundo? A pluralidade dos mundos custou a vida de Giordano Bruno, antes que libertinos como Cyrano de Bergerac se divertissem em fazer pouco do nosso antropocentrismo limitado.

Existe uma urgência na Terra para salvar o que ainda pode ser salvo e construir um futuro para todos, esse "todos" mantendo toda a sua diversidade e o seu sentido. Uma nova ética, felizmente, começa a brotar nas nossas consciências ainda aprisionadas por um antropocentrismo repleto de exclusões. Mesmo que não contássemos com elas, a etnologia e a paleoantropologia, reunidas numa perspectiva evolucionista darwiniana, fazem com que elaboremos uma ética fundamentada na diversidade e no direito das gerações futuras. Darwin inventou uma filosofia da diversidade, Lévi-Strauss defendeu um humanismo da diversidade; chegou o tempo de uma ética evolucionista da diversidade.

CAPÍTULO 12

CAMINHANDO PARA UMA TERRA HUMANA[1]

Em 1871, Darwin publicou *A descendência do homem e a seleção sexual*. No mesmo ano apareceram *System of Consanguinity and Affinity of the Human Family*, de Lewis Morgan, e *Primitive Culture*, de Edward Tylor. A etnologia ou antropologia cultural nascia como ciência do homem. Mas o interesse do Ocidente pelos outros povos não data dessa época, como comprovam *O livro das maravilhas*, de Marco Polo, e, mais dramaticamente, a controvérsia de Valladolid de 1551. O Século das Luzes se interessou pelo "bom selvagem", e apareceram os primeiros esboços de uma história da humanidade, como ocorreu com Voltaire. Em geral, era feita uma analogia entre os povos recém-descobertos e as primeiras sociedades do Ocidente,

---

1 Esse título foi inspirado na magnífica coleção "Terre Humaine", criada e dirigida por Jean Malaurie. O segundo título a ser lançado foi *Tristes Tropiques* (Tristes trópicos) (Pocket, 2001).

210 *A diversidade em perigo*

como os latinos, os etruscos e os gregos. Essa concepção foi reforçada ao longo do século XIX com a ideia de que a civilização ocidental seria o apogeu da história universal, enquanto os outros povos seriam relíquias de estágios anteriores. Esse evolucionismo cultural citava três grandes fases: a selvageria, a barbárie e a civilização. Assim, o século XIX inventou os "primitivos", reforçado pelo racismo "científico" que servia para justificar o colonialismo. E havia as exposições coloniais em que o curioso ia contemplar um zoológico humano de "indígenas" trancados em jaulas e obrigados a bancar os selvagens. E não é certeza que, hoje em dia, tenhamos conseguido descolonizar o nosso imaginário em relação aos outros povos.

Essas sociedades se mantiveram afastadas do único caminho possível para o progresso da humanidade ou participaram de um futuro comum a todos? Há meio século assistimos à mudança considerável de paradigma, que podemos acompanhar através das declarações e das leis fundamentais de grandes instâncias internacionais como a ONU, a Unesco, o Conselho da Europa e até na França que, no entanto, pena para sair de sua concepção universalista em razão da sua longa história, muito marcada pela vontade do Estado de erradicar as diferenças culturais e linguísticas regionais.

A carta da Unesco de 1945 traduzia claramente a vontade de desenvolver uma educação universal inspirada num universalismo fundamentado no humanismo europeu e na sua concepção de progresso. Essa atitude se refletiria também nos programas de desenvolvimento econômico apoiados pelo Banco Mundial, que não se preocupava absolutamente com as diferenças culturais.

No entanto, houve a intervenção de mudanças importantes. Claude Lévi-Strauss, em *Raça e História,* publicado em 1952 por iniciativa da Unesco, relativizava a maneira de apreciar a complexidade das culturas segundo os critérios que elas valorizavam. A ideia não era de pregar o relativismo, e sim de mostrar que, por razões

Caminhando para uma terra humana 211

históricas e, ao mesmo tempo, culturais, as sociedades privilegiaram as técnicas, as artes, as relações de parentesco, os rituais, os conhecimentos em botânica e em zoologia, as paisagens, as solidariedades etc. A diversidade é um fato universal e faz parte da especificidade do homem. Esse discurso provocou muitas reações e incompreensões. No entanto, ele abriu caminho para uma mudança de paradigma que se amplificou a partir dos anos 1970 e resultou em diversas cartas e convenções que visavam preservar os direitos dos povos autóctones, possibilitando a conservação do patrimônio cultural não material a partir dos anos 2000.

Que evolução! Num primeiro tempo – o da política de colonização –, os povos considerados inferiores deveriam, por bem ou por mal, se adaptar à modernidade ou, então, desaparecer. Por muito tempo, vários Estados das duas Américas e a Austrália negaram a presença legítima dos povos nativos que foram objeto de campanhas de exterminação. Num segundo tempo, tentaram assimilá-los. As crianças eram entregues a instituições onde deveriam aprender a língua e a cultura dos colonizadores e, sobretudo, nunca se expressar na sua língua natal, esquecendo seus costumes, suas crenças e suas tradições. Só na segunda metade do século XX foi-lhes concedido o direito de manter as suas terras e de decidir o próprio futuro. Hoje em dia, começamos a compreender que eles podem participar do futuro comum a todos, propondo outras experiências e outros conhecimentos, particularmente no que se refere às relações com o meio ambiente. Apesar de tudo, os velhos demônios antropocêntricos continuam indestrutíveis, como comprova o "caso das cabeças maoris".

212   *A diversidade em perigo*

Da Vênus hotentote às cabeças maoris

A triste história de Saartjie Baartman começa a ser bem conhecida graças a algumas peças de teatro e ao filme de Abdellatif Kechiche, *Vênus Negra*. E não podemos nos esquecer de *O Elo Perdido*, de Régis Wargnier. O modesto sucesso desses filmes mostra bem a que ponto a nossa boa consciência deve ser questionada diante dos tratamentos abjetos infligidos aos "nativos" no país do *habeas corpus* e no país dos Direitos do Homem, respectivamente Inglaterra e França.

O cadáver da Vênus Negra dissecado por Geoges Cuvier – que não era médico! – ficou apodrecendo por quase dois séculos no Museu do Homem. Foi preciso um pedido do presidente Nelson Mandela a François Mitterrand para que fosse iniciado um longo e difícil processo de restituição. Isso porque o governo do país dos Direitos Humanos considerava que toda peça de museu, mesmo restos humanos, era inalienável. Até antropólogos famosos e considerados provocadores e iconoclastas em outras circunstâncias se opuseram a esse projeto. Depois de longa luta de processos, uma lei específica do Senado permitiu, em 2002, que a desafortunada Saartjie Baartman reencontrasse o seu povo, a sua terra e um pouco de dignidade póstuma.

"Tudo isso é história antiga", poderiam dizer. No entanto, um outro caso revelou a persistência do nosso desprezo pelos outros povos: o da devolução das cabeças maoris.

Durante o século XIX, a paixão antropológica levou a tráficos sórdidos. Triunfando pelas ciências, o comércio, as técnicas e as armas, o Ocidente teve uma expansão sem precedentes movida por uma sede em dobro: a do domínio e da conquista dos outros povos e a de conhecê-los. Foi nesse contexto que se formaram as coleções dos grandes museus franceses, entre elas a da antropologia física, composta de milhares de crânios, de esqueletos e, também,

Caminhando para uma terra humana 213

de restos humanos tratados de acordo com os rituais das etapas da vida e da morte em vigor nas outras culturas.

Foi nesse contexto que as tatuagens maoris, destinada às elites e aos grandes guerreiros, começaram a despertar o interesse de alguns médicos ocidentais que as trouxeram para os seus países e, às vezes, as doavam aos museus. O público ficou fascinado, e esse entusiasmo provocou um tráfico odioso. Os maoris começaram a produzir cabeças tatuadas a pedido dos comerciantes. Evidentemente, não se tratava de chefes, e sim de escravos ou de prisioneiros executados conforme fosse preciso, sendo que, em seguida, a cabeça deles era preparada e vendida. A Inglaterra proibiu esse sinistro comércio em 1831; a França, alguns anos depois. Fim do primeiro ato.

Em 1996, Sébastien Minchin, jovem diretor do Museu de História Natural de Rouen, revisitou as coleções e descobriu uma cabeça tatuada numa caixa de papelão. Ele se informou e ficou sabendo que se tratava de uma doação feita por um tal Dr. Drouet, em 1875, e também que, desde 1992, esse tipo de cabeça era objeto de corteses pedidos de restituição por parte do povo maori, através do museu Te Papa Tongarewa, de Wellington, na Nova Zelândia. Toda a comunidade política e institucional de Rouen apoiou o projeto. O conselho municipal votou a desclassificação da cabeça em outubro de 2007. Um protocolo de restituição foi concluído com os representantes do povo maori e, finalmente, ficou estabelecido que a cabeça seria devolvida numa cerimônia.

No mesmo dia, quando as personalidades maoris estavam em Rouen, o Ministério da Cultura da senhora Christine Albanel proibiu a devolução em nome do princípio de "inalienabilidade" dos objetos de arte de todos os museus da França, o que foi confirmado pelo tribunal administrativo de Rouen em dezembro de 2007, fundamentando-se na lei de 4 de janeiro de 2002. Fim do segundo ato.

A restituição da Vênus hotentote só havia sido possível por causa de uma lei excepcional, votada em março de 2002, por iniciativa de

214   *A diversidade em perigo*

um grupo de senadores. Desta vez, seria preciso um contexto jurídico mais amplo e mais sólido sobre a restituição de restos humanos que pertencessem a povos contemporâneos. Enquanto os senadores examinavam a questão, iniciou-se um debate público. Foi então que alguns cientistas descobriram o interesse por essas cabeças mumificadas que, de repente, eles deveriam estudar a qualquer preço. Acontece que nenhum estudo sério tinha sido efetuado havia mais de um século.

Mudança de ministro. Frédéric Mitterrand, por ocasião dos últimos debates na Assembleia Nacional, afirmou com vigor: "Não se constrói uma cultura com o tráfico e com o crime. Construímos uma cultura com respeito e com conversas, numa verdadeira prática da memória." A lei foi votada pelo Senado e venceu por unanimidade, em junho de 2009 – honra aos senadores, entre eles a senhora Catherine Morin-Desailly que até citou Darwin: "A experiência, infelizmente, nos prova quanto tempo é preciso para que consideremos semelhantes os homens diferentes de nós por seu aspecto externo e seus costumes" –, e foi adotada pela Assembleia Nacional em maio de 2010. O país dos Diretos Humanos sobrepôs-se ao governo e aos comerciantes, graças aos eleitos pela nação. Fim do terceiro ato.

Epílogo. Houve duas cerimônias para a restituição: uma amigável na Prefeitura de Rouen, em 19 de maio de 2011; outra diplomática e oficial no museu do *quai* De Branly, no dia 23 de janeiro de 2012. Nossos amigos maoris fizeram questão de agradecer aos habitantes de Rouen. Sem dúvida, os dois acontecimentos não foram marcados pela mesma sinceridade.

A propósito da cultura

Com frequência, ainda prevalece a ideia de que todos os povos fora da cidade não estão engajados na história. Nessa perspectiva,

Caminhando para uma terra humana 215

a etnologia e a pré-história se confundiriam: seria descrever os povos que ficaram no limiar da civilização, considerando que os de hoje em dia se comparam aos de ontem. Essa concepção muito ideológica é encontrada na ideia de progresso universal tanto de direita (Herbert Spencer e seus seguidores) como de esquerda (Karl Marx e seus discípulos) e numa construção muito europeia da história (Hegel e muitos filósofos).

Enquanto uma nova história da humanidade se constrói no âmbito da globalização com o movimento "história mundo", se se obstinar em se fechar na sua concepção de história universal, o Ocidente corre o risco de sair da história que está se formando. Claude Lévi-Strauss já sugeria que se levasse em consideração a etnologia na história. Se devemos reescrevê-la, certamente será como um relato científico que englobe toda a humanidade desde vários milhares de anos.

OS POVOS AUTÓCTONES

Os povos autóctones são aqueles cujos ancestrais foram despojados de suas terras e explorados, mas excluídos do processo de colonização. O nível de vida deles fica bem aquém do limiar de pobreza segundo os critérios internacionais. Eles sobrevivem nos últimos refúgios aonde os agricultores e os criadores não foram e precisam enfrentar as ameaças cada vez mais intensas por parte das grandes multinacionais em busca de matéria-prima (madeira, minerais, carvão, petróleo e gás). Esses povos podem ser encontrados numa grande variedade de ecossistemas: savanas, florestas tropicais e equatoriais, tundras, montanhas e ilhas. No que se refere à diversidade cultural, eles falam mais ou menos 4 mil línguas e, geralmente, vivem em regiões que ainda gozam de uma grande biodiversidade natural. Seu sistema de crenças, suas cosmogonias e modos de vida estão inextricavelmente ligados às terras com as quais eles formam

216   *A diversidade em perigo*

corpo e alma. São concepções que a maior parte dos povos colonizadores, saídos de culturas monoteístas, não entende.

A noção de terra ancestral não tem nada de evidente. As populações de *Homo sapiens* não cessaram de migrar e de se espalhar há mais de 50 mil anos. Os paleoantropólogos descreveram, no mínimo, três ondas de imigração para a Austrália. No que se refere às Américas, os geneticistas e os linguistas identificaram três grandes migrações com os povos na-dene, austronésios e ameríndios. Darwin se interrogou sobre as semelhanças e as diferenças das populações com as quais ele cruzava, o que lhe sugeriu a ideia de uma história comum do povoamento. Em *Tristes trópicos,* Lévi-Strauss descreveu os grandes movimentos de populações, que precederam em vários séculos a chegada dos europeus, com o efeito dominó sobre os deslocamentos forçados das diferentes etnias no imenso Mato Grosso e na bacia amazônica. O que legitima as reivindicações territoriais?

O crânio fóssil do homem de Kennewick, descoberto em 1996 às margens do rio Colúmbia no estado de Washington, causou um problema real. Segundo alguns traços da sua morfologia facial, alguns antropólogos pensaram reconhecer um tipo europeu, apoiando essa hipótese nos utensílios de pedra cujas técnicas de talha, muito complexas, só foram encontradas na Europa Ocidental e no Oeste americano. Para os ameríndios, ele estaria ligado aos primeiros povoamentos das Américas, vindo da Ásia Oriental. Alguns povos reivindicam o ancestral de sua tribo, como os umatilla, que reclamam o esqueleto para lhe oferecer uma cerimônia fúnebre de acordo com as suas tradições, reivindicação essa que se apoia no *Native American Graves Protection and Repatriation Act* (lei sobre a proteção e a restituição de restos humanos dos primeiros ameríndios retirados de túmulos). Isso nos lembra o caso das cabeças maoris.

Além da controvérsia científica, esse fóssil levantou uma viva polêmica política. Os povos ameríndios não aceitam que se faça uma

Caminhando para uma terra humana 217

análise do DNA que se poderia retirar, por medo de que se questione os seus direitos dificilmente adquiridos depois de um século de lutas. A restituição de territórios aos povos ameríndios está baseada no princípio do primeiro ocupante. No entanto, alguns grupos conservadores bem influentes consideram as terras da América como a sua terra prometida. Em 1995, o senador John McCain propôs uma emenda sobre a definição do termo *Native Americans* trocando "os que são indígenas nos Estados Unidos" por "aqueles que são ou que eram indígenas nos Estados Unidos". A emenda não foi votada. Nessa eventualidade, o homem de Kennewick estaria ligado aos primeiros ameríndios, mas sem afinidade especial com esta ou aquela tribo atual, em razão dos inúmeros movimentos da população que ocorrem há 10 mil anos. Tal reivindicação poderia lembrar a dos meus amigos de Périgord, do vale de Vézère, que se dizem descendentes diretos dos indivíduos encontrados na gruta de Cro--Magnon – uma brincadeira inocente. Só que isso não é nenhuma brincadeira para os ameríndios.

Em setembro de 2007, as Nações Unidas adotaram a Declaração dos Direitos dos Povos Autóctones, com 143 votos a favor e 4 contra: dos Estados Unidos, Canadá, Austrália e Nova Zelândia. Esses quatro países compartilham uma história parecida, com a instalação maciça de imigrantes que expulsaram os povos indígenas, que logo passaram a ser em número menor. Uma das objeções era justamente esta: como definir os povos indígenas? Depois, a Austrália e a Nova Zelândia votaram a favor da declaração e o presidente Barack Obama anunciou a sua adoção oficial no dia 16 de dezembro de 2010.

De uma maneira geral, a arqueologia sempre foi usada para justificar ou recusar as pretensões dos povos sobre as suas terras ancestrais. Para eles, como para os outros, a ocupação de um território seria legitimada através dos relatos orais e escritos. O que quer que seja, o que importa é construir um futuro comum, e isso passa pela liberdade dos povos de participar desse futuro e pela possibilidade

218 *A diversidade em perigo*

de possuírem os territórios dos ancestrais, quaisquer que tenham sido eles. Pois a sobrevivência deles depende de seus territórios, de seus recursos e do seu modo de utilizá-los. Não se trata de posse e de produção, e sim de laços materiais e espirituais com as terras, com uma vontade de preservar um sistema de valores e de se responsabilizar pela coletividade, e não de dominar a natureza.

A EVOLUÇÃO DOS TEXTOS INTERNACIONAIS

Antes de chegar à Declaração dos Direitos dos Povos Autóctones da ONU em setembro de 2007, os representantes desses povos precisaram batalhar por um quarto de século. Um dos principais problemas era que nenhum deles representava um país. Acontece que toda a história moderna é baseada na ideia de Estado-Nação. Felizmente, a ONU é, justamente, a Organização das Nações Unidas, e não somente dos Estados.

As instâncias internacionais e os países vêm mudando de atitude há um quarto de século, admitindo a diversidade e respeitando o direito das minorias. Desde 1970, o reconhecimento dos direitos dos povos autóctones está inserido num movimento mais amplo, tanto pelas reivindicações étnicas e religiosas quanto pelo respeito às diferenças regionais e às tradições. Isso também corresponde à pluralidade e à valorização dos saberes tradicionais em relação à ecologia e, mais recentemente, ao desenvolvimento sustentável. Entretanto, fala-se de um "quarto pilar" do desenvolvimento sustentável para a preservação da diversidade cultural, o que mostra o quanto essa tomada de consciência não inclui espontaneamente essa dimensão antropológica fundamental, pouco compatível, é verdade, com a noção clássica de desenvolvimento tal como foi definida há meio século.

Até os anos 1980, o Banco Mundial, por exemplo, apoiava grandes projetos de desenvolvimento sem se preocupar com os desafios antropológicos e ecológicos locais. Hoje em dia, sua política

Caminhando para uma terra humana 219

de ajuda leva em consideração os acordos entre os governos, as empresas e as opiniões das sociedades e das minorias locais. Embora os grandes Estados centralizados e as grandes multinacionais ainda alimentem muitos escândalos, assistimos a uma verdadeira mudança de paradigma com a busca de mais vantagem para todos, a exemplo da Bolívia, que conseguiu o que até há pouco tempo parecia inconcebível: renegociar os contratos com as grandes companhias internacionais na busca de uma redistribuição mais equitativa dos lucros e uma gestão mais perene dos recursos.

Essas mudanças também correspondem aos avanços dos nossos conhecimentos sobre as origens e a evolução da linhagem humana. Quando comecei meus estudos em paleoantropologia, a hipótese segundo a qual nossa espécie *Homo sapiens* tinha origem europeia ainda possuía alguns adeptos. Quanto às da linhagem humana, antes do aparecimento da nossa espécie, achava-se que vinham mais da Ásia do que da África, e isso apesar da celebérrima Lucy, vinda da Etiópia.

O primeiro choque chegou do Oriente Médio quando ficou evidenciado que o homem de Neandertal e o *Homo sapiens* haviam sido contemporâneos. Como admitir que dois tipos de homens podiam ter sido fisicamente diferentes e, no entanto, houvessem compartilhado o mesmo complexo técnico-cultural, enterrando seus mortos da mesma maneira? Os neandertalenses haviam sido concebidos como uma subespécie. Ora, hoje em dia, sabemos que os nossos ancestrais *Homo sapiens,* aliás Cro-Magnon, viveram por dezenas de milênios com os homens de Neandertal, de Denisova e ainda com outros mais.

O segundo choque veio com os primeiros estudos feitos sobre as origens das populações humanas atuais, partindo do DNA das mitocôndrias, nos anos 1980. Daí concluiu-se que todas as populações humanas atuais apresentam uma fraca diversidade genética, saída de uma população genética ancestral africana que contava com 50 mil indivíduos há mais ou menos 60 mil anos. Essas pesquisas contestam

220 *A diversidade em perigo*

o modelo policêntrico ou poligênico das origens das populações humanas atuais, tão apreciado pelos nacionalistas e racistas. Esses resultados foram confirmados por pesquisas comparáveis do ponto de vista metodológico e científico, conduzidas sobre as famílias das línguas nos anos 1990.

Fica evidente que a diversidade ao mesmo tempo genética, linguística e cultural das populações humanas atuais resulta de uma história natural recente, e que cada uma encontrou respostas culturais e sociais que levam a contestar qualquer forma de hierarquização. De resto, é justamente porque os antropólogos abandonaram qualquer pressuposto sobre o "nível de evolução" entre os povos, que eles puderam circunscrever a questão de nossas origens comuns. E acontece o mesmo com a evolução das espécies. A explicação de nossas origens comuns exige que rejeitemos qualquer hierarquização *a priori* entre as espécies e as populações humanas. Quem ainda pode alegar que os povos autóctones de hoje representam relíquias de um passado decorrido?

CAPÍTULO 13

QUAL SERIA O MUSEU DO HOMEM PARA O AMANHÃ?

Todos deveriam ler *Raça e História*, de Claude Lévi-Strauss. Esse livro começa por refutar a teoria de Joseph de Gobineau, considerado o fundador do racismo. Ele defendia a ideia de que três grandes raças humanas – os negros, os amarelos e os brancos – possuíam aptidões especiais e diferentes umas das outras, mas sem definir hierarquia. No entanto, a mestiçagem entre elas comportaria riscos de degenerescência. Lévi-Strauss refuta essa tese citando o fato constatado de que, se todas as culturas se deixassem levar para o etnocentrismo, nenhuma delas permaneceria isolada e sofreria a influência das outras que a cercam. Mesmo que a grande maioria das sociedades tenha garantido mais de 90% de todas as suas necessidades graças aos recursos dos seus territórios desde a pré-história até o século XX, elas puderam recorrer a trocas para satisfazer diversas necessidades de utensílios, matérias-primas, alimentos e, também, para encontrar

222 A diversidade em perigo

mulheres, pois, na maioria das sociedades humanas, elas deixavam seu grupo natal para se casar com um homem de outro clã ou de outra tribo. E sempre houve movimentos de populações. Darwin sugeriu isso nos seus cadernos de viagem, e Lévi-Strauss fala sobre o assunto em *Tristes trópicos,* em relação às populações ameríndias. Mesmo que o povoamento da Terra pela nossa espécie ainda não fosse bem conhecido há cinquenta anos, ao menos para o período histórico, os viajantes naturalistas e os antropólogos não ignoravam a importância das viagens e das migrações.

A teoria de Gobineau se refere ao que chamamos teoria poligenista, que defende a ideia de que as "grandes raças" teriam origens geográficas distintas e antigas. Tanto no passado como no presente, muitos antropólogos se deixaram tentar pela pesquisa de origens, tão antigas e distintas quanto possível, entre a nossa espécie e os grandes macacos atuais, mas também de outras espécies humanas extintas há dezenas de milhares de anos. No século XIX, alguns autores chegaram a ligar os negros aos gorilas, os amarelos aos orangotangos e os brancos aos gibões! Gobineau fazia, assim, um amálgama de áreas geográficas, características físicas e aptidões culturais. Buffon já havia lançado essa teoria, mas com a ideia de degradação em relação a homens originais perfeitos e europeus. Assim, ele anunciou o "racismo antropológico" enquanto propunha uma visão dinâmica de um povoamento da Terra que ele estava longe de poder imaginar.

A crença em sociedade e em povos isolados resulta, na melhor das hipóteses, do mito do paraíso perdido e do seu equivalente paleontológico dos mundos perdidos. Asseverar que a mestiçagem leva à degradação é sintomático de uma sociedade ou de uma civilização que se acha superior às outras e se esquece da realidade da história. O que teria sido da Renascença europeia sem a transmissão dos saberes da Antiguidade mediterrânea que devemos aos árabes e às suas contribuições em matemática, filosofia e medicina? O que seria dela

Qual seria o Museu do Homem para o amanhã? 223

sem as invenções do papel, da pólvora, da cerâmica e da seda pelos chineses? O que seria da nossa agricultura e da nossa gastronomia sem todas as plantas selecionadas e cultivadas pelos ameríndios? Essas transmissões de saberes e de técnicas não são mestiçagens?

Além do mais, é inegável que a evolução das sociedades humanas apresenta convergências que ainda continuam mal explicitadas. A invenção de diferentes tipos de agricultura em dezenas de países independentes uns dos outros depois da última glaciação – no Oriente Médio, no vale do Ganges, na Ásia Meridional, na América Central, na Nova Guiné, na África Ocidental – continua a ser uma interrogação para os antropólogos e os arqueólogos. Todos esses "neolíticos" possuem características especiais do seu meio ambiente e da sua biodiversidade que são traduzidas em escolhas diferentes entre as plantas, os animais e as práticas. E o mesmo acontece em relação aos sistemas de crenças, às cosmogonias, todas irredutíveis umas às outras.

A mesma surpresa ocorre para o que chamamos "era dos megálitos", que viu todo tipo de elevações e construções simples com pedras bem grandes: menires, dólmens, alamedas cobertas, alinhamentos (Carnac), círculos (Stonehenge), hipogeus, cairns e mamoas. Os megálitos mais antigos estão na Etiópia e datam de 10 mil anos; os mais recentes foram erigidos na Índia no milênio II antes da nossa era. O apogeu dos megálitos ocorreu em todas as regiões do mundo – até mesmo nas Américas – entre 7 mil e 4 mil anos antes da nossa era. Como explicar isso? Se acreditarmos na genialidade de um único povo, temos de pensar no difusionismo, na dispersão de um lugar original e na contribuição por migração para outros povos. A mesma problemática acontece com as pirâmides, primeiras construções arquitetônicas que sucederam aos megálitos. Não existe uma resposta simples para essas mudanças ocorridas ao longo dos dez últimos milênios e no limiar da história. Do ponto de vista arquitetônico, a elevação e a utilização de grandes pedras continuam a ser a solução mais simples. Portanto, não há nada de surpreendente que

224   *A diversidade em perigo*

a encontremos em toda parte, mesmo nas formas mais complexas como os obeliscos egípcios ou os moais da ilha de Páscoa. Como na evolução biológica, as mesmas imposições explicam facilmente os paralelismos e as convergências.

As melhores explicações derivam das teorias evolucionistas. O fato de as sociedades de uma mesma espécie inventarem modos de produção similares, mas não idênticos, é explicado pela capacidade de adaptação herdada de uma história comum recente e por mudanças de ambiente que, na faixa dos trópicos e das regiões temperadas quentes, lhes permitiram ser cada vez mais sedentários, conhecer melhor os ciclos de reprodução das plantas e desenvolver atividades cada vez mais perenes. Hoje em dia, ainda existem inúmeras populações de caçadores-coletores que cultivam jardins durante uma estação ou mais. Alguns são chamados povos horticultores. A passagem de uma economia de colheita, de pesca e de caça para uma economia de agricultores e criadores não foi brutal, como dá a entender a expressão "revolução neolítica". Foi uma longa transição que durou vários milênios, e essas "revoluções neolíticas" não foram sincronizadas (o que, no entanto, não defende o difusionismo). A emergência dessa "revolução" pode ser compreendida como uma articulação de imposições históricas e ambientais que dão a ilusão de uma "lei comum" que nunca existiu. Nas mesmas circunstâncias, alguns povos optaram por continuar a ser caçadores-coletores, e outros preferiram agregar animais e tornarem-se criadores nômades. Estes últimos pareceram prevalecer. Porém, diante da ameaça que representavam, os agricultores foram obrigados a se organizar para resistir a eles, construindo cidades, criando Estados, impérios etc. Isso ocorreu por 10 mil anos, até as últimas guerras ditas indígenas no início do século XX.

Ainda em *Raça e História*, Claude Lévi-Strauss também rejeita a ideia de povos bárbaros, primitivos, e a ideia de que os outros povos teriam ficado numa espécie de infância da humanidade. Esse

Qual seria o Museu do Homem para o amanhã? 225

evolucionismo é reencontrado no princípio de recapitulação de Ernst Haeckel segundo o qual a ontogênese resumiria a filogênese e seu inverso, a "fetalização", mais conhecida pelo termo neotenia. A recapitulação e a neotenia são as duas faces de uma mesma concepção linear e hierárquica de uma evolução universal recortada em estágios, sendo que os outros povos, pressupostamente, se acomodariam confortavelmente naqueles que precedem o que está mais alto na hierarquia do homem ocidental. Essa visão impregnou profundamente o imaginário das sociedades ocidentais e levou a um racismo pseudocientífico que se espalhou pela Europa no apogeu da força dos impérios coloniais.

Meio século depois de *Raça e História*, o que diz a antropologia evolucionista sobre essas questões? Não existem três grandes raças, o que Darwin já criticava em *A descendência do homem*. Os estudos de genética das populações evidenciam as relações de proximidade entre as populações humanas que têm a África por raiz. Isso não significa que todos os genes sejam provenientes de uma pequena população e que as outras não tenham contribuído para a evolução do *Homo sapiens* desde essa época, e sim que seus traços genéticos se perderam. Em todo caso, as diferenças entre as grandes populações atuais combinam origens comuns recentes e desvios genéticos rápidos em algumas dezenas de milênios. Houve difusão e misturas, o que fez ruir a hipótese poligenista de Gobineau. Por outro lado, não há uma raça negra, e as populações de pele escura da África e da Oceania estão mais afastadas geneticamente entre si do que das populações europeias. Quanto às populações de pele clara, elas compõem um conjunto homogêneo, embora não se possa falar de um tal conjunto para as diferentes populações da Ásia e das Américas.

A história do povoamento da Terra pelo *Homo sapiens* também não corresponde à substituição de todas as outras populações, e sim a mestiçagens entre as populações de *Homo sapiens* mais ou menos

226   *A diversidade em perigo*

arcaicos que se dispersaram há mais tempo e ao sabor das migrações por via terrestre ou marítima.

Indícios de poligenismo voltaram a aparecer com a descoberta de traços do DNA de Neandertal entre as populações de *Homo sapiens* não africanos e de DNA de Denisova nas do Extremo Oriente e da Oceania. Os velhos demônios têm uma vida dura! Eu não ficaria surpreso se lesse ou ouvisse algum dia que, como os neandertalenses tinham a pele clara e ocupavam as terras da Europa e do ocidente da Ásia, os *Homo sapiens* de pele clara teriam herdado essa característica das misturas de longa data com os ocidentais. Na realidade, quando as populações de *Homo sapiens* chegaram à Europa e ao ocidente da Ásia, as duas espécies divergiam bastante geneticamente para que as transferências de DNA pudessem se realizar e se fixar. Mesmo que as "mestiçagens" genéticas entre Neandertal e *Homo sapiens* não pudessem mais ocorrer na Europa, existiram casos de aculturação na Europa, sendo que são perceptíveis influências técnicas na talhadura de utensílios de pedra. A diversidade e as mestiçagens fazem parte da especificidade do homem – mais precisamente do gênero *Homo* e de todas as suas espécies – há mais de 2 milhões de anos. Não vemos como poderia ser de outra forma para espécies que se moveram tanto, ao mesmo tempo por ser próprio delas e também pela pressão de mudanças climáticas, e que eram capazes de se adaptar a quase todos os meios ambientes.

Depois da Segunda Guerra Mundial, do processo de Nuremberg, das ações da Unesco contra o racismo, da descolonização, do fim do apartheid e da eleição de Barack Obama, as teses poligenistas e racistas aparecem cada vez menos. Em compensação, são encontradas de maneira mais insidiosa na paleoantropologia, sobretudo no que se refere aos neandertalenses. Atualmente, tudo parece vir da África, seja em relação às origens da nossa linhagem ou da nossa espécie. No entanto, e apesar das descobertas de Louis e Mary Leakey no leste da África no fim dos anos 1950, sem esquecer as mais antigas

Qual seria o Museu do Homem para o amanhã? 227

de Raymond Dart na África austral nos anos 1920, foi só nos anos 1990 que as origens africanas da linhagem humana foram estabelecidas. O mesmo ocorreu para as origens da nossa espécie *Homo sapiens* com os avanços dos conhecimentos em genética e em linguística históricas.

É mais fácil encontrar fósseis do que afugentar os velhos demônios do domínio ocidental. É assim que se repete o roteiro do *status* de sub-homem e a negação de humanidade dos neandertalenses e outros, como antigamente se falava dos ameríndios, dos aborígenes da Austrália, da Tasmânia e de outros lugares. Lévi-Strauss falou sobre a característica humana dos neandertalenses que construíam túmulos para os seus defuntos. Podemos enumerar dezenas de sepulturas e até pequenas necrópoles, como em Shanidar, no Iraque. Foi lá que os arqueólogos descobriram os restos de dois homens que tinham deficiências motoras graves de nascimento e que, portanto, só tinham vivido quarenta anos. A solidariedade e a empatia não são um apanágio da nossa espécie, e nada é feito sobre isso. Seja em relação às tumbas, aos adereços, às ferramentas ou aos instrumentos de música, são incontáveis as teses e os trabalhos que desenvolvem todos os arcanos de uma pseudometodologia científica para recusar as aptidões dos neandertalenses e a sua humanidade. Em compensação, nada disso ocorre quando se trata da nossa espécie. Sempre se favorecem, de um lado, hipóteses desprezíveis e se trazem provas das supremas possibilidades da sua humanidade e, do outro, hipóteses respeitáveis e o fato de demonstrar que não é concebível reavaliar a nossa superioridade. Assim, não concedemos nem um pouco de humanidade aos neandertalenses quando em contato com o *Homo sapiens*, servindo a mestiçagem para desvalorizá-los.

A grande mudança nas instâncias internacionais ocorreu com a declaração do México da Unesco, em 1985, sobre as políticas culturais, que ampliou a noção de cultura para além das artes, das ciências e das letras, abraçando os valores, as crenças, os sistemas

228 *A diversidade em perigo*

de parentesco, as normas, os costumes e as tradições; hoje em dia, entram os cânticos, as cerimônias, as danças, as medicinas etc. Assim como o estabelecimento da Convenção para a conservação do patrimônio cultural imaterial da Unesco em 2003. A parte 5 da declaração estipula que nenhuma cultura em especial pode se considerar arbitrariamente universal. No México em 1982, na Cúpula da Terra do Rio de Janeiro em 1992, na Cúpula da Terra de Joanesburgo de 2002: outra globalização foi estabelecida com os países do Sul.

Essas mudanças também ocorreram em organizações internacionais mais regionais, como o Conselho da Europa e na Comunidade Europeia, e na Constituição de alguns Estados-Nações. O Canadá reconheceu a sua diversidade multicultural e multiétnica. O mesmo ocorreu nos países da América do Sul. O Conselho de Europa adotou uma Declaração sobre a Diversidade Cultural em dezembro de 2000, apoiada por um livro branco intitulado *Viver junto com Igual Dignidade,* em 2008. Ao contrário da limitada interpretação da torre de Babel, a diversidade das línguas não é uma maldição, e sim uma chance para a Europa numa vontade de viver em comunidade, o que surpreende os visitantes americanos que atravessam o velho continente. A França também faz parte desse movimento com a assinatura da Declaração da Unesco sobre a diversidade cultural, em 2001, e a ratificação, em outubro de 2005, da Convenção sobre a Proteção e a Promoção da Diversidade de Expressões Culturais. Mais recentemente, os parlamentares e os senadores adotaram, em julho de 2008, uma modificação da Constituição reconhecendo que as línguas regionais pertencem ao patrimônio nacional francês. A afirmação das regiões e dos poderes locais reforça um movimento que traduz profundas mudanças filosóficas e políticas. É, ao mesmo tempo, uma outra concepção das nossas origens, dos diferentes aspectos da diversidade e das origens de todos que se desenha.

Qual seria o Museu do Homem para o amanhã?

Um **Museu do Homem**
e da evolução que está sendo feito

O Museu do Homem faz parte do Museu Nacional de História Natural de Paris. Esse fato não é muito conhecido e, infelizmente, consolida a ideia de que o homem é um fenômeno à parte da natureza, se bem que isso não tenha sido intencional. A separação geográfica entre o leste e o oeste parisienses, a margem do Sena e colina de Chaillot acentua ainda mais essa impressão. O desafio principal do projeto do novo Museu do Homem será colocá-lo num contexto científico em relação ao lugar do homem na natureza de ontem e de hoje, e fazendo parte das missões de todo o Museu Nacional de História Natural.

O Museu do Homem sucedeu ao antigo Museu de Etnografia do Trocadéro fundado por Ernest Hamy em 1878, instalado no antigo palácio de Chaillot, construído para a Exposição Universal do mesmo ano. O Museu do Homem foi criado por Paul Rivet e ocupa o atual palácio de Chaillot, reconstruído por ocasião de outra exposição universal, em 1937.

Inicialmente, ele foi fundamentado na etnografia. Além das coleções herdadas do antigo museu do Trocadéro, ele foi enriquecido com peças provenientes dos antigos museus particulares e por doações feitas por viajantes e exploradores. Isso representa quatro séculos de arrecadação desde as grandes viagens até a descolonização.

Para Paul Rivet, o homem devia se assimilar na sua diversidade cultural e, também, na diversidade histórica e biológica. Então ele reuniu as coleções pré-históricas e osteológicas do Jardim das Plantas de Paris. Rapidamente, o Museu do Homem formou um conjunto único no mundo que permitia estudar o homem e sua diversidade nas dimensões biológicas, históricas e culturais através de suas coleções, e também numa biblioteca excepcional concebida segundo os critérios modernos e internacionais, outra ferramenta

230   *A diversidade em perigo*

essencial para a pesquisa. Ele se transformou num laboratório-museu encarregado de quatro missões: preservação e valorização das coleções; exposições e programas de difusão dos conhecimentos para o público; pesquisa e ensino superior. Essa instituição possui três grandes laboratórios: etnografia, pré-história e antropologia física. Essas três disciplinas constituem o campo de competência da seção 21 do CNRS, principal organização de recrutamento de pesquisadores. As equipes são compostas de pesquisadores do Museu Nacional de História Natural, do CNRS e de algumas outras instituições (Collège de France, Ined [Instituto Nacional de Estudos Demográficos], Inserm [sigla em francês para Instituto Nacional da Saúde e da Pesquisa Médica], universidades etc.).

Claude Lévi-Strauss era ligado ao recém-fundado Museu do Homem quando partiu para a sua grande expedição de 1939. Ele foi diretor do museu de 1949 a 1950. Entre 1939 e 1949 ocorreu a Segunda Guerra Mundial. A rede do Museu do Homem foi uma das primeiras redes da Resistência, fundada desde o anúncio do armistício de junho de 1940. Paul Rivet e outros, como Jacques Soustelle, se juntaram à França livre ou se refugiaram na América.

A forte coerência do projeto e as circunstâncias da história construíram uma imagem muito forte do Museu do Homem. Suas ricas horas começaram pela etnologia com Paul Rivet, Jean Rouch, Michel Leiris, Maurice Leenhardt, Claude Lévi-Strauss e outros. Depois, com o passar do tempo, ele ficou mais conhecido por causa do desenvolvimento de outras disciplinas, inicialmente a pré-história com o abade Breuil e André Leroi-Gourhan e, mais recentemente, devido à antropologia física e à paleontologia humana com Yves Coppens. Essas três personalidades se sucederam no Collège de France. Durante essa evolução, marcada por grandes exposições da pré-história e da paleoantropologia, a etnografia ficou apagada, anunciando um período de grandes alterações do projeto do Museu do *quai* de Branly.

Qual seria o Museu do Homem para o amanhã? 231

Caminhando para o
Novo Museu do Homem

Os primeiros abalos se manifestaram com as diferentes reformas sobre a organização da pesquisa. Pesquisadores vindos de várias instituições, que colaboravam havia anos, se viram diante de exigências administrativas que rompiam com os hábitos, o que levou à extinção do laboratório de antropologia física. Além dos problemas de pessoas, como, aliás, ocorre em toda parte, essa disciplina evoluiu muito rápido com a chegada de novos métodos de análise vindos da antropologia clássica (biometria assistida por computador, imagens médicas), exigindo novos recursos e outras colaborações com estabelecimentos equipados, da paleoantropologia ou paleontologia humana, que penetra no tempo, ou seja, das ciências da Terra e mais além do perímetro clássico das ciências humanas, da genética das populações e, hoje em dia, da paleogenética, que anuncia muito rápido o abandono da antropologia física pela antropologia biológica. Essas mudanças tiveram um efeito inverso da ideia unificadora de Paul Rivet: a dispersão dos pesquisadores em função de suas orientações científicas no seio do Museu Nacional de História Natural e de outras instituições.

A pré-história evoluiu mais tranquilamente, com certeza devido à sua integração mais antiga no seio do Instituto de Paleontologia Humana, criado em 1910, graças a uma doação do príncipe Albert I de Mônaco. Dirigido por Henry de Lumley, ele agrupou os pesquisadores em pré-história e em paleontologia humana que trabalhavam com todos os continentes e com todos os períodos da evolução da linhagem humana.

E a etnologia? A nomeação de Claude Lévi-Strauss para o Collège de France em 1959 foi acompanhada da criação do laboratório de antropologia social no ano seguinte. Nesse cenário e na EHESS (sigla em francês para Escola de Altos Estudos em Ciências

232   *A diversidade em perigo*

Sociais), a antropologia social se afastou da etnografia e de seus objetivos. Por seu lado, o laboratório de etnologia do Museu do Homem continuou com as suas atividades de pesquisa, mas não contribuiu para grandes exposições nem para as duas outras disciplinas. Foi nesse contexto que se realizou o museu do *quai* Branly com a transferência de várias centenas de milhares de objetos de todas as culturas do mundo. A essência fundadora do Museu do Homem se perdeu entre as duas margens do Sena e ao longo do Sena.

O museu conhecido por museu das "Primeiras Artes" só expunha 3.500 objetos fora do seu contexto cultural, enquanto o Museu do Homem apresentava 15 mil objetos nas suas vitrines. Esses objetos apareciam sem referência à cultura da qual saíram, à sua evolução, à sua situação atual e aos possíveis futuros. O termo "primeiras artes" significa que esses objetos só existem graças ao interesse de um certo olhar da cultura ocidental, como se esses povos não tivessem história e estivessem do lado de fora da história que está se construindo. O programa de pesquisa está centrado nas ciências humanas e sociais, mas num departamento que não possui equipe própria. Não se pode mais fazer oposição ao princípio fundador do Museu do Homem e a esta grande ideia expressada por Michel Leiris: "O Museu do Homem, onde a arte e a antropologia se encontram." (Revista *Réalités,* 1966)

Numa perspectiva antropológica mais ampla, assistimos a uma institucionalização de velhos esquemas que opõem as ciências em geral às ciências humanas em particular e a uma distinção entre as culturas europeias, cujas coleções poderão ser encontradas no MuCEM de Marseille (Museu das Civilizações da Europa e do Mediterrâneo) e em outros museus. O ônfalo grego e a velha antífona do Ocidente como núcleo da civilização ressurgiram. A arte e a antropologia se separaram de novo.

Qual será o papel do novo Museu do Homem em tal contexto? Ele fechou em março de 2009 para uma reforma muito esperada

Qual seria o Museu do Homem para o amanhã?

e deveria reabrir em 2014. No início do milênio, uma comissão esboçou as grandes linhas do que ele será.[1] Depois, as equipes do Museu se preocuparam em definir os conteúdos num contexto de mudanças importantes na organização dessa grande casa. Estamos longe do que foi o museu-laboratório dos primeiros tempos com os seus três laboratórios de antropologia biológica, de pré-história e de etnologia. Os pesquisadores e as equipes vão ficar em departamentos de pesquisa, sendo os principais os da pré-história e os agrupados sob as iniciais HNS (Homens, Natureza e Sociedades). O que, evidentemente, não exclui as competências dos outros departamentos relativos às ciências da Terra, à sistemática e à evolução. No entanto, o projeto do Novo Museu do Homem é confrontado com uma situação nada confortável, pois as atividades de pesquisa e de difusão dos conhecimentos do Museu se apoiam nas coleções. Ao atribuir as coleções de etnologia ao museu do *quai* Branly, não se poderia agir melhor se a intenção fosse acabar com o Museu do Homem.

O desafio parece ser este: o que será do projeto do Novo Museu do Homem sem as coleções de etnologia? Ora, o Museu do Homem e as coleções dos outros departamentos do Museu são suficientemente ricas, e novas aquisições não estão descartadas. A questão é mais profunda.

A concepção de um projeto de museu é uma aventura apaixonante e difícil, parecida com a evolução: como propor algo de pertinente e de novo quando temos imposições históricas (história e estrutura, coleções etc.) num ambiente que muda rapidamente e diante de novas interrogações, como a erosão da diversidade cultural e linguística, extinção das espécies e desafios do aquecimento climático? Os museus saem de suas missões patrimoniais para participar das questões do nosso tempo, das questões que envolvem o futuro de todos nós. Eu colaborei na elaboração do projeto do que seria o Museu das Confluências, em Lyon. O grupo, bem restrito, era

---

1 MOHEN, Jean-Pierre, *Le Nouveau Musée de l'homme*, Odile Jacob, 2004.

234   *A diversidade em perigo*

composto de pessoas de diferentes disciplinas – antropologia, evolução, geologia, astronomia, filosofia – e interessadas nas questões das origens, que não deve se limitar à da evolução, que descreve o que sabemos das mudanças nas suas dimensões históricas. Ao longo dos avanços dos nossos trabalhos, pedimos peritagens precisas a nossos colegas. Em seguida, o projeto levou em consideração as coleções e, como era necessário, pensou em aquisições. Por outro lado, os museus mantêm relações cada vez mais abertas e novas políticas de trocas e empréstimos possibilitam soluções elegantes, ainda mais porque uma pequena parte das peças é exposta. Evidentemente, pensamos no museu do *quai* de Branly, mas há muitos outros na França, na Europa e no mundo.

A condução do projeto para o Museu das Confluências teve uma sorte dupla, por um lado o fato de ter poucos pesquisadores e, por outro lado, a fusão dos museus Guimet e do Museu de História Natural de Lyon, que nos obrigou a repensar tudo. Uma casa grande como o Museu Nacional de História Natural não tem falta de talentos, nem de competências. Os diferentes grupos de trabalho contam com poucas pessoas de fora, sendo os pesquisadores convidados a dar suas opiniões pontuais num vasto projeto ao qual devem aderir, sem olhar para o todo e sem que sejam organizadas reuniões entre os grupos científicos. Corremos o risco de nos encontrarmos com uma realização que passa ao largo de uma ideia forte, como foi o caso da Grande Galeria da Evolução: um sucesso arquitetônico e cenográfico que evoca a biodiversidade, mas sem mensagem evidente sobre o que é a evolução. O medo é o seguinte: propor exposições de objetos com maravilhosas cenografias, mas sem conteúdos científicos, facilmente perceptíveis na Grande Galeria da Evolução, desligada de qualquer discurso científico como no museu do *quai* de Branly. Em outras palavras, uma lição de coisas sem interrogações sobre o passado, o presente e o futuro; na melhor das hipóteses, o prazer estético da descoberta

Qual seria o Museu do Homem para o amanhã? 235

de coisas bonitas. Mesmo se, parafraseando Lévi-Strauss, a natureza existisse antes do homem e continuasse a existir sem ele, a evolução e seus mecanismos continuariam a agir e, hoje em dia, com um ator principal: o homem.

A evolução das espécies e as outras culturas humanas não constituem um relato do passado, a menos que admitamos que só há uma evolução e uma história possível que chegou ao seu estágio final que seria o homem, da mesma forma que concebemos um museu da História da França para nos assegurarmos do nosso pretenso passado glorioso para exorcizar as nossas incertezas – se não os nossos medos – diante de um mundo multipolar que nos preocupa porque não temos mais a ilusão de sermos os donos do jogo.

A evolução não tem nenhuma finalidade. A nossa espécie faz parte dela e, numa próxima glaciação, poderia não haver mais homens na Terra como ocorreu entre 4,5 bilhões de anos e há somente 2 milhões de anos, ou muitas espécies poderiam desaparecer como ocorreu há apenas 30 mil anos. Não há mais do que uma espécie hoje em dia, o *Homo sapiens*, não porque deveria ser assim, mas em razão de mudanças climáticas e porque o desdobramento dessas mudanças levou ao desaparecimento das outras espécies. Por outro lado, a evolução continua, pois, por nossas atividades, somos responsáveis pela sexta extinção em curso, nós abalamos os ecossistemas e contribuímos para a emergência de novos desequilíbrios como o aparecimento de novas doenças. Como no passado, catástrofes naturais intervirão, fatores naturais agirão e, como no passado, as interações entre as populações de diferentes espécies no seio das comunidades ecológicas, algumas mais ampliadas e outras mais fragmentadas, contribuirão para a seleção natural. Há alguns milhares de anos e com uma intensidade assombrosa de meio século para cá, o homem se tornou um fator preponderante da evolução que está ocorrendo. Durante milhões de anos, a linhagem humana se adaptou a todos os meios como nenhuma outra espécie antes.

236   *A diversidade em perigo*

Há 10 mil anos, os agricultores selecionaram as variedades vegetais e animais adaptadas às suas necessidades e às imposições do seu
meio ambiente, inventando uma grande biodiversidade doméstica
mas também, criando uma grande diversidade de paisagens. Há um
século, as indústrias modificam e poluem os meios ambientes, os modos de exploração dos recursos erradicam a biodiversidade selvagem
e reduzem a biodiversidade doméstica, enquanto a globalização e a
generalização do modo de vida norte-americano aceleram o processo de desaparecimento da diversidade das línguas e das culturas.
Finalmente, o aquecimento climático e as mudanças socioeconô-
micas empurram cada vez mais os desenraizados para as imensas
megalópoles. Para resumir, inicialmente houve uma primeira fase
ou pré-história, a mais longa, influenciada pelos fatores de seleção
natural; uma segunda fase com fatores de coevolução biologia/cul-
tura cada vez mais emaranhadas a partir do Neolítico; a fase atual
– iniciada depois da revolução industrial – com uma aceleração
fulminante associada à globalização e ao crescimento demográfico.

O museu do *quai* Branly prossegue e amplia uma missão de
Acompanhar, estudar e compreender essa evolução mais e mais
humana que está ocorrendo, na minha opinião, essa deve ser a missão
de um Museu do Homem graças à sua competência em pré-história, em paleoantropologia, em antropologia biológica, em genética
das populações, em etnologia e em demografia. Os laboratórios e a
competência existem, assim como as pesquisas e as missões de difusão
continuam. Outros grandes assuntos interdisciplinares importantes
para as nossas sociedades dizem respeito aos regimes alimentares,
ao gênero, às mulheres, às medicinas, à demografia, à economia e à
família na suas diversidades evolutiva e cultural.

O museu do *quai* Branly prossegue e amplia uma missão de
difusão dos conhecimentos sobre as outras culturas, mas não desenvolve pesquisas sobre elas. Ele se liga a uma missão fortemente pa-
trimonial, mas também histórica, sobre a longa história das relações
entre as culturas e, especialmente, entre as sociedades ocidentais e

Qual seria o Museu do Homem para o amanhã? 237

as outras culturas. O pior seria ter, na margem esquerda do Sena, o homem na sua criatividade e na sua diversidade atuais, e, na margem direita, a evolução do homem essencialmente do ponto de vista biológico e pré-histórico. A nossa sociedade nunca precisou tanto da antropologia evolucionista.

Ao contrário de um pensamento muito generalizado, a evolução da nossa espécie continua. As populações atuais são confrontadas com duas coevoluções, a dos homens com os seus ecossistemas e a das interações complexas entre as inovações técnicas e culturais sobre a sua biologia. A hominização nunca foi essa ideia teleológica de uma evolução dirigida para o homem e da qual ele seria apenas o resultado, sem nenhuma responsabilidade; ela é uma tomada de consciência do lugar do homem na história da vida e de sua responsabilidade para o futuro de todos nós. Os zoológicos fazem isso para a preservação das espécies; o Museu do Homem faz isso para os sistemas ecológicos e a biodiversidade. Uma grande missão espera o Museu do Homem, em relação com as instâncias internacionais e levada por uma verdadeira antropologia evolucionista herdada de Darwin e de Lévi-Strauss.

CONCLUSÃO

APOCALYPSE TOMORROW?

O *Homo sapiens* entalhou um sucesso na Terra para si mesmo ao podar o arbusto da diversidade à imagem das devastações cujos avanços fizeram com que, em um século, entre a passagem pelo Rio de Janeiro de Charles Darwin e a de Claude Lévi-Strauss, os antropólogos tivessem de empreender viagens para lugares mais e mais longínquos para encontrar as últimas florestas e os últimos índios. As florestas de esmeralda desapareceram diante da pilhagem e das degradações dos garimpeiros, que fizeram delas infernos cada vez menos verdes.

Essa viagem no limite das diversidades se embrenha num Antropoceno cada vez mais tenebroso. Em vez de voltar para as origens obscuras e penetrar numa natureza considerada sempre menos humana, nós nos precipitamos num meio ambiente cujo horizonte sem a diversidade anuncia um apocalipse, não de ordem divina ou natural, mas preparado por algumas populações humanas enlouquecidas pelo progresso e pelas tecnologias. Depois de *O coração das trevas*, de

240   *A diversidade em perigo*

Joseph Conrad (crítica ao colonialismo e seus delitos), e da adaptação
para o cinema de *Apocalypse Now*, de Francis Ford Coppola (denúncia
de um Ocidente superarmado que destrói os outros povos na época
do despertar da consciência ecológica), nós prosseguimos em escala
planetária a superprodução de *Apocalypse Tomorrow*. Quem serão os
últimos privilegiados a ir até o fim desse filme trágico?

Os fatos e a evolução citados neste livro são conhecidos por
todos, ou, de qualquer maneira, são fáceis de conhecer e de verificar,
principalmente nos sites dos órgãos internacionais. Para empreender essa viagem, basta navegar na Web. E todo mundo pode fazê-lo.
Quanto a mim, inspirado por meus grandes mestres, eu me esforcei
para reconstituir uma visão evolucionista preocupada, não com o
passado, mas com o nosso devir. Ao me engajar nesse percurso, estava
longe de imaginar que aqueles que partiram para a descoberta de
mundos povoados por espécies e homens diferentes e ainda desco-
nhecidos, uma vez passados a surpresa e o deslumbramento, imediatamente se conscientizaram das ameaças que se transformaram em
medos e, atualmente, em riscos para a sua sobrevivência e de toda
a humanidade. Charles Darwin observou, não sem amargura, que
inúmeros povos caíam e cairão no meio-fio do caminho seguido
pelo progresso imposto em marcha forçada pela cultura ocidental.
No entanto, ele não imaginou que a espécie humana pudesse pôr
a si mesma em perigo. Para Claude Lévi-Strauss, tudo aconteceu
como se o que podemos chamar de a "advertência de Darwin"
houvesse se realizado. E, hoje em dia, estamos como viajantes imóveis e impotentes. Por que uma tal cegueira?

As razões do desarrazoamento

Ao nos inserirmos numa ampla perspectiva paleoantropológica,
distinguimos duas grandes eras da humanidade. A primeira se inicia

Apocalypse Tomorrow? 241

com a expansão de todas as populações de *Homo sapiens* na Terra, entre 100 mil e 12 mil anos, a pé, no Mundo Antigo e, de barco, em direção ao Novo Mundo. Um desdobramento sem precedentes de diversidade de genes, de línguas, de culturas e de cosmogonias. Essa globalização ocorreu sem consciência do que era a Terra e seus limites, e outros homens e tantas grandes espécies desapareceram para sempre. A outra era veio depois e só abrangeu uma parte da humanidade desde a invenção da agricultura. No entanto e ao contrário de todos os grandes afrescos da história da humanidade, os outros povos não sofreram uma pane pelo caminho da evolução das sociedades.

Jeremy Rifkin divide o período histórico numa primeira era dita teológica e uma segunda, depois das Luzes, chamada era da razão ou ideológica.[1] Porém, essas duas eras se confundem há séculos e séculos no relacionamento desprezível ou hostil do homem com a natureza. A fé e a razão se unem contra a natureza. Os grandes monoteísmos desenvolveram pensamentos que valorizam a relação entre o homem e seu criador. A natureza ficou do lado de fora. O mesmo ocorreu com as Luzes. Embora a pré-história tenha sido uma era marcada por uma relação obrigatória com a natureza – o que não quer dizer em doce harmonia –, a história foi uma era de hostilidade para com ela. A fé na própria razão levou a uma situação desarrazoada. A fé em Deus ou todos os atos de fé de nossa modernidade para com o ser supremo, a deusa da razão, o cientificismo e, hoje em dia, a divindade que passou a ser o crescimento se baseiam numa mesma rejeição de ver a evolução do mundo.

A razão não é nada em si mesma, pois está sempre a serviço de crenças e ideologias. Ela não passa de uma ferramenta cognitiva herdada de milhões de anos de evolução que nos permite compreender e agir com o mundo. E isso se complica no homem por

---

1 RIFKIN, Jeremy, *The Empathic Civilization: The Race to the Global Consciousness in a World in Crisis*, Penguin Group, 2009.

242 *A diversidade em perigo*

causa de suas representações, para o melhor e para o pior. Acusar a religião, a ciência ou a filosofia pela situação na qual enveredamos diante da diversidade, em todas as suas formas, seria o mais estúpido dos desarrazoamentos. Precisamos nos render a uma evidência: todas as nossas construções intelectuais, quaisquer que sejam os seus fundamentos epistemológicos, reproduzem os mesmos esquemas ontológicos fundamentais. Esses "mitemas", segundo a expressão de Lévi-Strauss, se difundem e se incrustam como vírus nos organismos, como a transferência de DNA entre as espécies. Eles se instalam em todos os sistemas do pensamento e se duplicam, como os genes, o que Richard Dawkins chamou de "memes". E a ideologia do progresso representa o último grande meme universal que, como demonstrou Pierre-André Tagueff, influenciou a ciência, a religião, a filosofia, a literatura e todas as formas de expressão artísticas ocidentais a partir da época de Darwin.

Estamos na aurora de uma mudança de paradigma numa escala de toda a humanidade e do planeta. Quais serão os novos memes levados e difundidos pelos grandes modos de pensamento? Por enquanto, são sinais ainda fracos, mas que se tornam cada vez mais fortes. Um sinal, como uma característica na teoria darwiniana, não é nada em si mesmo. Continua fraco enquanto não participa da adaptação de uma população. No entanto, ele carrega mudanças em potencial; é o jogo dos possíveis. E nenhum modo de pensamento pode pretender se arrogar o privilégio de ser o dono da verdade sobre o que está ocorrendo. Os estudiosos das ciências da vida e da Terra explicam a evolução do planeta e, como foi lembrado na segunda parte, esclarecem as relações entre a coevolução e as diversas formas de diversidade. Os antropólogos evolucionistas demonstram as nossas origens comuns e a nossa unidade de destino. Os antropólogos culturalistas descrevem a diversidade da experiência humana e dizem que nenhuma cultura pode pretender possuir o caminho do futuro da humanidade, como foi lembrado na terceira parte.

Apocalypse Tomorrow? 243

Não se trata de um relativismo, e sim de construir uma política de civilização mundial que se apoie em todos os tipos de diversidades para selecionar os valores, as experiências e os comportamentos capazes de participar do futuro de todos.

Do lado das religiões universalistas, a eleição do papa Francisco, em referência a São Francisco de Assis e vindo do Novo Mundo é, em potencial, uma boa notícia para as populações deserdadas e, esperamos, para o respeito à criação (entender como evolução e biodiversidade). Ninguém se esquece que a história das religiões monoteístas tem o seu cortejo de horrores cometidos em nome de um mesmo Deus. Mas o mesmo acontece com as ideologias ateias. Da Inquisição a Pol Pot, sempre que um sistema de pensamento se acha universal e se arroga o direito de ser dono da verdade sobre o homem e sobre o que ele deve ser, se esse sistema não consegue convencer os outros, ele os elimina. Já é mais do que tempo de compreender que ser universal não é impor um sistema que suprima a diversidade em nome da universalidade, e sim forjar um futuro que se aproprie de valores de alcance universal provenientes de diferentes culturas e/ou originados de diferentes modos de pensamento. Os teólogos, filósofos, antropólogos e cientistas contribuem para esse grande projeto humanista há muito tempo, e não só no âmbito da cultura ocidental. A Terra tornou-se uma ecúmena em escala global. Os cientistas não se questionam sobre o ecumenismo, pois o procedimento deles se baseia na racionalidade, na dúvida metodológica e numa abordagem materialista reprodutível em todas as mulheres e homens de bom senso. Esse é o espírito do IPCC (sigla em inglês para Painel Intergovernamental sobre Mudanças Climáticas) e do seu equivalente para a biodiversidade, o IPBES (sigla em inglês para Plataforma Intergovernamental sobre Biodiversidade e Serviços do Ecossistema), criado recentemente.

Temos razão em nos preocuparmos com a ascensão do fundamentalismo em todas as grandes religiões. E, no entanto, diversas

244 — *A diversidade em perigo*

correntes oriundas dessas grandes religiões universais se empenham cada vez mais num diálogo interconfessional e, há algum tempo, se preocupam mais com o meio ambiente. Isso porque não é possível se preocupar com os mais pobres sem fazê-lo também com o seu meio ambiente, pois as últimas regiões que abrigam a maior biodiversidade estão nos países mais pobres.

Edgar Morin
e os filósofos na Unesco

Convidado a participar de um dos colóquios da Jornada Mundial da Filosofia organizada pela Unesco em dezembro de 2010, assisti à noite de abertura, com uma dezena de filósofos e pensadores do mundo inteiro reunidos no grande palco em torno de Edgar Morin. Uma filósofa francesa, especialista em Platão, iniciou a sua exposição citando o "milagre grego", falando sobre o refrão repetido sem cessar, há séculos, de que a filosofia, a democracia, a política e as ciências nasceram na ágora de Atenas. As reações, polidas e firmes, dos filósofos dos países orientais não deixaram de ser ouvidas.

O mito da Criação e a concepção linear e hierárquica do pensamento ocidental são nossos antolhos diante da evolução de um mundo complexo. Do ponto de vista filosófico, a Criação nega a história. O que se passou antes ou em lugares longínquos não tem nenhuma importância; as religiões do escrito são um palimpsesto. O mesmo ocorre com a noção de geração espontânea em biologia ou a da grande noite, noção comunista e teleológica, em política. Quanto à história tal como nos foi ensinada até há pouco tempo, ela foi edificada justamente no momento da expansão do Ocidente pelo mundo: do ponto de vista do Ocidente, as outras civilizações e os outros povos só teriam entrado para a História – com H maiúsculo – a partir do momento em que entraram em contato com

Apocalypse Tomorrow? 245

o mundo europeu. É igual à parábola do homem que só procura as suas chaves perdidas embaixo do poste de iluminação. Estamos longe das Luzes!

Há alguns anos se desenvolveu o que chamamos "história mundo", que leva em consideração as outras civilizações e também os outros povos supostamente sem história, e, numa perspectiva mais ampla, a paleoantropologia. Lévi-Strauss queria uma nova forma de história enriquecida pela diversidade das experiências humanas revelada pela etnologia. Atualmente, autores como Michel Serres se inspiram nos trabalhos de antropologia cultural, como os de Philippe Descola,[2] e de paleoantropólogos para criar um relato universal. Pois todas as diversidades nos dão uma poderosa mensagem: a de nossas origens comuns de onde todos saímos e a de um futuro comum que não ocorrerá sem a diversidade.

Nenhuma cultura ou civilização é superior ou inferior a outra. Todas conheceram a grandeza e a vergonha ao longo das suas histórias, quando elas se sentem ameaçadas por outras ou ameaçam as outras é que se fecham para o mundo, lembrando a importância do passado ou supostamente isso e denegrindo as outras. O Ocidente dominou o mundo nos últimos séculos e continua a exercer uma grande influência. Nada mais normal que seja mais invejado e mais criticado do que as outras civilizações. O Ocidente deu muito e destruiu muito; é isso o que diz Edgar Morin, fazendo votos de que haja uma política de civilização mundial.

A nova aposta de Pascal

Blaise Pascal se questionava sobre a dimensão do homem num Cosmo que parecia cada vez maior sob o efeito da extensão dos conhecimentos científicos. E ele situava esse homem em algum lugar,

---

2 DESCOLA, Philippe, *Par-delà nature et culture*, op.cit.

246 *A diversidade em perigo*

no meio, entre o infinitamente pequeno e o infinitamente grande (estamos sempre no meio dos infinitos!). Mesmo que pensemos que, hoje em dia, o nosso universo teve um início e terá um fim, o homem é uma espécie incerta entre todas as outras. Esse homem vive num pequeno planeta de um sistema solar que pertence a uma galáxia que contém bilhões e bilhões de planetas.

Pascal atribuiu a si mesmo uma conduta ética baseada numa aposta: se comportar *como se* Deus existisse. Se fosse assim, então teríamos honrado e respeitado o criador; se fosse apenas uma ilusão, ao menos teríamos vivido como homens dignos e responsáveis. Além das controvérsias sobre o aquecimento climático, não poderíamos retomar o princípio ético dessa aposta para as gerações futuras, agindo para preservar as biodiversidades natural e doméstica, assim como a diversidade cultural que está ligada a elas? E mesmo que demonstremos que as atividades humanas tiveram um impacto insignificante – pelo menos para o aquecimento climático, sabendo a responsabilidade inegável do homem tanto na erosão da biodiversidade vegetal e animal como no desaparecimento das línguas e das outras culturas, teremos preservado a natureza para as gerações futuras. Para os especialistas das ciências da vida e da Terra, ao menos para aqueles que não têm antolhos e estão livres de uma cegueira progressiva, a aposta seria a seguinte: se eles levaram muito longe as suas conclusões sobre a responsabilidade do homem, a natureza e as gerações futuras, de qualquer forma levarão vantagem; se os outros persistirem na sua negação e se os efeitos antropogenéticos nefastos das atividades humanas se confirmarem, esse raciocínio conduzirá a humanidade às piores tribulações.

Essas poucas observações remetem a um antigo debate filosófico sobre o homem e a natureza. A tradição dualista do Ocidente joga sobre a natureza a responsabilidade de todos os males da humanidade. Ela confia em Deus ou em qualquer outra transcendência para fundar uma ética tão pouco salvadora quanto irresponsável.

Apocalypse Tomorrow? 247

Nada de novo sob o sol desde a invenção das grandes civilizações, e menos ainda no mundo ocidental. De a Cidade de Deus às megalópoles de amanhã, como são raros os filósofos, os missionários e os cientistas que, enriquecidos com o conhecimento dos outros povos e da natureza, tentaram, em vão até aqui, impedir a humanidade de afundar no abismo do antropocentrismo.

A natureza não é boa nem má; ela é amoral, e só. A teoria da evolução traz um outro olhar sobre essa questão. Podemos dizer que a natureza foi boa porque permitiu o aparecimento do homem? Seria estúpido dizer isso, mesmo que possamos nos felicitar por tão pouco, pois a evolução não tem fim. Podemos acusar a natureza de ser má porque os homens são atingidos por catástrofes naturais? Seria absurdo: se dizemos que a natureza é má por isso, logicamente é preciso louvá-la por todas as catástrofes que marcaram a evolução da vida até o aparecimento do homem e, portanto, seria admitir que ela é boa.

A questão da evolução e da ética apareceu com Thomas Huxley na conferência de 1893. Huxley achava que só os homens eram capazes de fundar uma moral. A tese foi retomada por seu neto, Julian Huxley, primeiro secretário-geral da Unesco, numa conferência realizada meio século depois. Ela pode ser encontrada também no que Patrick Tort chama "efeito reversivo da evolução": o homem, que apareceu depois de uma evolução marcada por catástrofes e efeitos violentos da seleção natural, mostra que é capaz de atenuá-los, até mesmo de resistir aos seus efeitos negativos. Poderíamos até fazer uma interpretação nesse sentido do conceito de hominização de Teilhard de Chardin.

No debate relançado recentemente sobre o valor comparado das diferentes "civilizações", alguns filósofos admitiram que era impossível definir critérios de classificação (concordando com Lévi-Strauss), sem, no entanto, rejeitar a ideia de que um grau mais alto de civilização se reconhece pelo afastamento em relação à natureza (discordando de Lévi-Strauss)! O mais surpreendente da parte

248 *A diversidade em perigo*

dos Huxley é que isso era contrário ao pensamento de Darwin, como foi exposto no seu livro de 1871. Para ele, os fundamentos naturais da moral deveriam ser procurados nos nossos comportamentos sociais compartilhados com os outros mamíferos, particularmente os macacos e os grandes macacos, o que foi confirmado pelos mais recentes trabalhos sobre a etologia dos nossos irmãos de evolução. A boa aposta é a evolução e a natureza, com a condição de se ser suficientemente instruído e conhecedor do que seja a natureza humana e a natureza das espécies que lhe são mais próximas.

O *progresso em questão*

As controvérsias sobre o progresso, a população e os recursos datam da época das Luzes. Na Inglaterra, com Thomas Malthus e William Godwin; na França, com Jean-Jacques Rousseau e Voltaire. Os debates do nosso tempo não têm nada de original. No entanto, o sucesso e domínio da cultural ocidental sobre o mundo logo ocultaram a questão da população e dos recursos disponíveis e a das relações do homem com a natureza. Ninguém poderia contestar os avanços conseguidos sob a égide do progresso pelo gênio humano. Estima-se que os 7 bilhões de mulheres e de homens que vivem atualmente no planeta representem um quinto de todos os humanos que andaram na Terra desde o aparecimento do homem e que têm, em média (mediante muitas desigualdades), um nível de vida como nunca tiveram antes.

Esse modelo de progresso se fundamenta na noção de crescimento e merece ser revisitado, distinguindo seus aspectos quantitativos e qualitativos. Até o momento, esses dois aspectos se confundiam e eram evidentes, como o aumento da expectativa de vida com boa saúde. Há algumas dezenas de anos, o modelo que baseava a melhora da qualidade de vida no aumento quantitativo da população

Apocalypse Tomorrow?

e no consumo maior de energia não vale mais, devido à inversão da pirâmide das idades e do abuso das capacidades fisiológicas do planeta. Não vivemos uma crise, e sim uma mudança de modelo, que os evolucionistas chamam "equilíbrios pontuados". Isso porque, ao contrário da ideia de progresso cumulativo pregada pelos adeptos de um futuro radioso que ocorreria unicamente pela graça do deus crescimento, a evolução não tem nada de um longo rio tranquilo. Sua história enfileira períodos de relativa estabilidade, de crescimento e progresso com pontuações ou crises. O desenvolvimento das economias dos países industrializados depois da Segunda Guerra Mundial corresponde a um processo do tipo de evolução progressiva e continuou enquanto dispunha de novos territórios para investir e de fontes de energia baratas. Desde a aceleração da globalização e do aumento de poder dos países ditos emergentes, entramos no "pesadelo de Malthus". Parece que somos incapazes de acordar, apesar do apelo do Clube de Roma, em 1972, cujo título era "Os Limites do Crescimento", e não como foi traduzido em francês (Basta de Crescimento).

Essa escorregadela semântica não é um erro de tradução; muito pelo contrário. Um século antes, *A origem das espécies* foi traduzida em francês e em alemão segundo uma concepção progressista, na ideia de que a evolução ocorreria segundo uma lei de progresso que terminaria no homem, o que era se afastar radicalmente do pensamento de Darwin. Dizer "basta ao crescimento" é destilar a ideia de que só existe um caminho possível, assim como para a evolução, e que deveríamos parar por aí esperando que as coisas se arranjem sozinhas. A ideia de decrescimento procede de uma mesma maneira de pensar. Ora, os adoradores do crescimento tanto quanto os militantes do decrescimento só propõem deslocar o cursor do progresso segundo um mesmo esquema, só jogando com fatores quantitativos. Consumir menos, compartilhar: isso é bom, mas não representa uma mudança de paradigma. Nossas sociedades, embriagadas pelo

250 *A diversidade em perigo*

sucesso, não compreenderam que outras vias de progresso devem ser inventadas, mais qualitativas. Todo evolucionista darwiniano sabe que vivemos com adaptações do passado e que precisamos construir as do amanhã, não para nós, mas para as gerações futuras.

Depois dos trabalhos de Georges Dumézil, sabemos que o pensamento ocidental se articula em concepções tripartites do mundo e da história. Vamos passar para a ambiguidade da Trindade, mas que exprime melhor essa articulação do três em um. Com Aristóteles, a humanidade se dividia em selvagens, bárbaros e civilizados. Na evolução da humanidade, temos a pré-história, a proto-história e a história. Na economia, os caçadores-coletores, os agricultores e as indústrias. Nas sociedades antigas, os camponeses, os guerreiros nobres e os sacerdotes. Assim também, os sistemas mais estáveis repousam em três pés.

Em *The Empathic Civilization,* Jeremy Rifkin mostra três eras cognitivas: a da fé, a da razão — já dissemos — e a que está tomando corpo e que poderia nos salvar: a era da empatia. É isso que agora devemos inventar (consultar anexos). Nós não temos escolha!

A caminho de uma terceira era da humanidade

Desde a época de Darwin, a cultura ocidental concede a si mesma o privilégio de ditar uma visão da história da humanidade segundo critérios de dominação. Todas as outras civilizações, todas as outras populações têm de se adaptar a esse esquema e adotá-lo, por bem e frequentemente por mal, ou então desaparecer. Chegamos até a fazer uma lei universal. Foi preciso esperar por Lévi-Strauss para compreender que as diferenças de nível tecnológico não refletem diferenças de mesma ordem entre as culturas e seus *corpus* de experiência e de conhecimentos.

Apocalypse Tomorrow?

Ainda existem povos caçadores-coletores. Podemos considerá-los arcaicos segundo os nossos critérios técnicos e tecnológicos, mas não no sentido dos evolucionistas. Para um evolucionista, na verdade, uma estrutura é dita arcaica ou primitiva se ela apareceu há mais tempo ao longo da história da vida. Por exemplo, os cinco dedos da mão conservam um plano esquelético muito antigo, bem mais primitivo do que o pé dos cavalos. No entanto, a nossa mão evoluiu para estruturas mais finas e funções de preensão, de tato, de precisão. O trem é mais arcaico do que o carro, e este é mais arcaico do que o avião. No entanto, todos esses meios de transporte não cessam de se aperfeiçoar, suas inovações passam de um setor para outro e nós usamos todos eles. O mesmo acontece com as sociedades ainda chamadas "primitivas", cujos conhecimentos e representações do mundo recebem influências de outras sociedades. O desaparecimento delas podem ser prejudiciais por causa dos seus saberes e costumes extremamente úteis quando sabemos, por exemplo, que as reservas de biodiversidade se mantêm melhor quando são administradas de forma comunitária e no interesse de todos. (Os agricultores, pescadores e profissionais do turismo da Bretanha seriam bem prudentes se se inspirassem nisso.)

O Ocidente ficou muito atrasado por milênios, mas, logo em seguida, teve uma fantástica aceleração levada pelas ciências, pelas tecnologias e pelas armas, atingindo um nível de vida como nunca visto em toda a história da humanidade. Há 50 anos ainda se considerava que todos os povos deveriam seguir esse caminho. Acontece que a Terra não poderá suportá-lo. Não fomos longe demais nesse caminho e, sobretudo, esse é o único caminho possível? Só nos resta inventar uma nova ideia de progresso que integre as noções de diversidade, pois as populações, como os povos que ainda não foram tão longe, por um lado, podem não cometer os nossos excessos e, por outro, podem nos trazer outras possibilidades. Isso não é voltar atrás, a não ser que continuemos a pensar que só existe um caminho para

252   *A diversidade em perigo*

o progresso. Isso foi possível até o ano 2000, antes que outras grandes sociedades se juntassem ao pelotão de frente em escala planetária. Atualmente, medimos os seus efeitos com as taxas de poluição, a mudança climática, o colapso dos recursos haliêuticos, a devastação dos últimos grandes ecossistemas e uma crise demográfica inédita.

Todas as grandes etapas da expansão do *Homo sapiens* associaram novas maneiras de comunicação, inovações tecnológicas, exploração de novos recursos de energia e um grande crescimento demográfico sem se preocupar com a ecologia e a biodiversidade; todas essas mudanças foram trazidas por novos sistemas de representações e de valores (consultar anexos). A terceira revolução industrial já mobiliza abordagens inovadoras facilitadas pelos NTIC (Núcleos de Tecnologias da Informação e Comunicação) e pelo desenvolvimento de fontes de energia ainda pouco exploradas e promissoras, por exemplo, cada vez mais com construções com a chamada "energia positiva". No entanto, as técnicas e as tecnologias não podem responder a todos esses desafios.

A grande novidade nessa nova etapa da evolução do *Homo sapiens* será se todas as sociedades contribuírem para isso com a diversidade de suas experiências, sobretudo nas suas relações com o meio ambiente, se elas inventarem um humanismo fundamentado em valores universais comuns e ricos em diversidade cultural – única via para preservar os ecossistemas e que deve ser aplicada em alguns poucos anos. A revolução neolítica se estendeu por alguns milênios; o milagre grego por vários séculos; alguns séculos transcorreram entre o fim da Idade Média e a Renascença; um século para as revoluções políticas e industriais; algumas décadas para a segunda revolução industrial e para a globalização. Para nós, muito terá de ser feito bem antes de 2050! Nós temos os meios, possuímos as técnicas e o conhecimento. Resta o mais importante: dotar-nos de uma política de civilização em escala mundial.

Apocalypse Tomorrow?

Teremos de mudar em muito pouco tempo sem poder contar com a exploração de novos territórios. Não será amanhã que populações humanas poderão migrar em massa para outros planetas. As tensões que pesam sobre a produção alimentar (primeiras insurreições da fome) e sobre os recursos energéticos aparecem cada vez mais no nosso cotidiano. Acontece que nada é feito, pois os países mais ricos buscam perpetuar por todos os meios um sistema que está sem fôlego. O gás de xisto e as areias betuminosas já provocam estragos consideráveis na qualidade do meio ambiente e na saúde dos seres vivos. Qual será o futuro se a Terra tiver de se parecer com Alberta? E mesmo se o derretimento dos gelos do Ártico abrir um potencial acesso a novas jazidas de energias fósseis, todas as combustões e os gases de efeito estufa vão agravar a poluição e o aquecimento climático, levando milhões de mulheres e homens a migrar num planeta saturado. O caso mais paradigmático do absurdo de um sistema que se recusa a mudar é o das plantações de óleo de palma usado para fabricar biocombustível. Destruímos ecossistemas inteiros, com o desaparecimento de 80% da biodiversidade e a expropriação de populações humanas condenadas a engrossar as fileiras dos deserdados dos subúrbios insalubres de megalópoles cada vez mais ingovernáveis. E para quê? Para permitir que peguemos os nossos carros e possamos ir ao supermercado comprar produtos que contêm esse óleo de má qualidade para a nossa saúde. Que progresso!

Há 10 mil anos, a evolução da humanidade associa o crescimento demográfico, os modos de produção agrícola e energética mais intensos, a expansão para outros territórios e a destruição dos ecossistemas pouco ou nada afetados pelas atividades humanas. Atingimos um limite e só podemos contar com a capacidade de resiliência da Terra que, ela também, está se esgotando, como mostra, por exemplo, o desaparecimento do bacalhau da Terra Nova. Quando os ecossistemas se tornam muito degradados, eles se mudam para outros mais equilibrados. Os últimos estudos e relatórios internacionais indicam

254   *A diversidade em perigo*

que quase todos os grandes ecossistemas estão próximo do seu ponto de ruptura, e ninguém sabe como isso vai evoluir. E quaisquer que sejam essas evoluções, elas não serão favoráveis à sobrevivência das futuras gerações. É o fim de um período de 10 mil anos de progresso e crescimento da humanidade. As respostas quantitativas atingem – e ultrapassam – os limites possíveis e destroem a capacidade de resiliência da biodiversidade. Já é mais do que tempo de procurar soluções qualitativas e de olhar todas as iniciativas e os sucessos que surgem no mundo, por toda parte, desde que sejamos capazes de sair do nosso autismo e nos interessar pelos outros; é o que vários autores chamam de era da empatia. Mesmo no mundo empresarial, as empresas que obtêm os melhores resultados econômicos e se mostram mais inovadoras são, com frequência, aquelas que conseguem os melhores desempenhos no plano humano e ambiental (RSE – Responsabilidade Social das Empresas – e desenvolvimento).[3] Atualmente, novos estatutos jurídicos são estabelecidos na Califórnia e em outras partes dos Estados Unidos visando valorizar mais a sociedade e o meio ambiente nos objetivos das empresas, e não somente o lucro financeiro. A coevolução é o interesse de cada um em benefício de todos.

A demografia,
as mulheres e a ecologia

Entre injunções de incremento da natalidade e medos malthusianos, a questão da demografia não é tão simples quanto parece.

Uma mudança maior abalou a humanidade com a emergência do Neolítico: "Crescei e multiplicai-vos!" Essa foi uma ruptura fundamental com o que foi a nossa evolução por centenas de milhares de anos. As espécies de homens e de grandes macacos de ontem e

---

3 Cf. PICQ, Pascal, *Un paléoanthropologue dans l'entreprise*, Eyrolles, 2011.

Apocalypse Tomorrow? 255

de hoje, assim como alguns grandes mamíferos como os elefantes e alguns cetáceos, têm estratégias de reprodução qualitativas. As fêmeas põem no mundo um único filhote (às vezes, dois) depois de uma longa gestação. Seguem-se vários anos de primeira infância antes do desmame, depois uma longa infância, a adolescência e uma expectativa de vida de 40 a 100 anos. Tal modo de reprodução é baseado em muita atenção, cuidados, empatia, proteção, mas também na transmissão de competências sociais, de conhecimentos do meio ambiente e de habilidades. Os chimpanzés têm culturas e usam várias dezenas de ferramentas. Do ponto de vista cognitivo, essas espécies se caracterizam pela consciência de si mesmas, do outro e do grupo, com a aprendizagem de regras de vida em conjunto. No plano demográfico, as populações dessas espécies respeitam uma demografia bastante estável e imposta pelos recursos do meio ambiente.

Um primeiro salto demográfico marcou a expansão da nossa espécie ao longo do Paleolítico superior. As inovações sociais e técnicas mudaram as imposições que limitavam a densidade de população. Depois, o Neolítico, do qual ainda não saímos, enveredou resolutamente pelo caminho do crescimento demográfico. E assim foi por 10 mil anos – exceto para os povos caçadores-coletores e criadores nômades e seminômades – com uma aceleração prodigiosa depois da revolução industrial, amplificada ao longo da segunda revolução industrial. Todas as grandes invasões e conquistas de um povo, de um reino, de um império ou de uma civilização por outras, ao longo da história, se apoiaram num crescimento demográfico (expansão do islã, cruzadas, diáspora dos vikings, conquistas mongóis, guerras napoleônicas) ou foram consecutivas a esse crescimento. Essa evolução demográfica teve um preço considerável: a condição das mulheres. Se comparadas com as espécies mais próximas de nós, as sociedades humanas não foram gentis com as mulheres, o que Darwin já denunciava em *A descendência do homem*. Nunca existiu um paraíso na Terra para elas, e até mesmo são acusadas de serem responsáveis pela nossa condição laboriosa.

256 *A diversidade em perigo*

Acontece que o futuro da humanidade não passa necessariamente por uma concepção malthusiana da evolução demográfica que, como sabemos, leva a outros problemas que não sabemos tratar com a inversão da pirâmide das idades e o envelhecimento da população, como na China e no Japão; em breve na Europa. Pior, como a seleção consiste, por diferentes procedimentos, em fazer nascer mais meninos do que meninas em muitos países (Índia, China), ela produz um desequilíbrio demográfico entre os sexos, cujas consequências já se fazem sentir, sobretudo com o tráfico de jovens no sudeste da Ásia. A solução está na educação das mulheres, na divisão de tarefas entre os sexos, na igualdade de chances profissionais e na equidade na representação política. Todos os estudos sociológicos sobre essas questões descrevem uma correlação direta com a riqueza das nações, o estado da dívida e a qualidade do papel das mulheres na sociedade. (Erasmus Darwin e seus amigos já tinham consciência disso... basta ver a perda de tempo e a inércia das nossas sociedades machistas.)

A originalidade da terceira revolução industrial é a de estabelecer uma sociedade que faz com que as mulheres tenham acesso à educação, o que provoca *de facto* uma diminuição da natalidade e traz consigo uma revolução demográfica tranquila e qualitativa. No entanto, como ainda constatamos nas nossas sociedades, isso requer uma política social equitativa que não prejudique as carreiras profissionais das mulheres com o pretexto de que elas dão à luz. Na Alemanha, por exemplo, não existe essa política, de modo que o sistema social vai de encontro à renovação demográfica, o que representa uma aberração sob o ponto de vista do que é a evolução. A terceira era da humanidade passará, ao contrário, por uma política demográfica não mais quantitativa e sim qualitativa, valorizando a igualdade e a equidade entre os sexos, assim como entre as classes de idade, e respeitando o meio ambiente e a diversidade.

Disso depende a sobrevivência da nossa espécie. Os antropólogos evolucionistas chamam as mulheres de "sexo ecológico", a tal ponto a sobrevivência delas e a dos seus filhos dependem dos recursos e do acesso a eles. Acontece que a segunda era da humanidade, que dura 10 mil anos, foi marcada por outro flagelo: o domínio masculino e todas as suas formas de ideologia. Nunca houve uma idade do ouro para as mulheres desde as mais antigas origens do homem, nem um matriarcado ancestral no início do Neolítico, como dizem algumas arqueólogas feministas. Em compensação, elas têm razão num ponto, qual seja, que temos a confirmação do domínio masculino com os guerreiros e os sacerdotes ao longo da proto-história e da história. Os homens – os machos – terão de fazer uma revolução na condição masculina, e isso não promete ser muito fácil.

Epílogo:
caminhando para um novo mundo

A conclusão deste livro veio por si só durante uma sessão organizada na Unesco, pela manhã, no âmbito de Estudos da Terra, no dia 5 de junho de 2013. O título dessa sessão era: "Como transmitir os saberes tradicionais?" Além de uma representante da China, que relembrou o trabalho do seu instituto para conservar e desenvolver a diversidade das práticas agrícolas do seu imenso país ameaçado por um intenso crescimento como nunca visto na história da humanidade, estavam presentes autoridades religiosas e políticas vindas dos povos amazônicos do Peru e do Brasil. Eu me senti um pouco deslocado, primeiro como ocidental, e também correndo o risco de ser desprezado pela minha qualidade de antropólogo de povos do passado, sentado na mesma tribuna que os representantes de povos ameaçados de extinção pela expansão da minha cultura.

O moderador me deu a palavra logo depois da representante chinesa, o que me permitiu expor os pontos fortes da minha concepção da antropologia evolucionista desenvolvida neste ensaio

258   *A diversidade em perigo*

e de ficar de lado para ouvir os testemunhos de alguns participantes
vindos do Novo Mundo em busca de um possível renascimento.
O que me deixou mais abalado foi a ausência de reivindicação
identitária desses povos sofridos, como o meu vizinho, cuja etnia
é considerada extinta. Conceitos inscritos na ética humanista de
Lévi-Strauss denunciaram a destruição do meio ambiente deles e
de todos os aspectos culturais e espirituais que se incorporam a
esse meio ambiente, sem esquecer a pilhagem das suas habilidades
concernentes aos animais, às plantas e à sua medicina. Sem raiva,
falando com o coração e a mente, eles nos disseram, com a mais
profunda sabedoria, a que ponto o desaparecimento deles e do seu
meio eram perdas irremediáveis para o futuro de toda a nossa humanidade. Eram representantes de povos empurrados para a beira
do precipício, que souberam falar em nome de "nós, os homens".
Embora as florestas recuem diante das civilizações, mentes humanas
vindas de civilizações em vias de extinção estavam ali nos dizendo
que o humanismo se alimentava da diversidade das formas de pensamento sobre as relações entre os homens e a natureza. Mais de meio
milênio depois da chegada dos primeiros europeus nas Américas,
esses povos da diversidade nos convidavam para uma outra viagem
em direção a um futuro comum.

Dediquei este livro à minha neta Julia, nascida no início de
2013. Qual será o novo mundo que vamos legar para ela? A mãe
dela é brasileira, e o avô da mãe pertenceu a uma etnia da Bolívia
já desaparecida. Um movimento vindo do oeste não é habitual na
história da humanidade e pressagia uma nova história do homem.
Essa é a beleza da evolução, enriquecida pelas mestiçagens e por
muitas viagens. Uma das últimas frases de *A origem das espécies,* de
Charles Darwin, nunca teve tanto sentido: "Não há uma verdadeira grandeza nessa maneira de encarar a vida?" Cabe a nós sermos
dignos dessa grandeza para as gerações futuras.

ANEXO

ESBOÇO DOS PROGRESSOS DO ESPÍRITO E DAS SOCIEDADES HUMANAS

Do vale do Omo para uma terra humana

Em *The Race to the Global Consciousness in a World in Crisis,* Jeremy Rifkin destaca três eras cognitivas, a da fé, a da razão e a que está tomando corpo e que deve nos salvar: a era da empatia. Além disso, esse talentoso ensaísta milita a favor da terceira revolução industrial. As três eras de cognição e as três revoluções industriais não correspondem à mesma época, pois as duas primeiras revoluções industriais coincidem com a era da razão. No entanto, se reunirmos e ordenarmos todas essas concepções de progresso do espírito e das atividades humanas, poderemos estabelecer um quadro da evolução recente da humanidade que leve em consideração a diversidade das populações humanas. No seu *Esboço de um quadro histórico dos progressos do espírito humano,* Condorcet se esforçou para veicular a ideia do progresso de uma humanidade levada pela sua genialidade e guiada pela razão. Depois das Luzes, inúmeros avanços foram realizados.

260   *A diversidade em perigo*

No entanto, Condorcet estava bem longe de imaginar o que aconteceria com os "bons selvagens" que passaram a ser os "primitivos" no tempo de Darwin e que estão à beira da extinção desde o tempo de Lévi-Strauss. O mesmo ocorreu com a biodiversidade selvagem e doméstica, sem incluir as guerras mundiais, a bomba atômica e a capacidade de autodestruição dos homens, e a bomba relógio representada pelo crescimento demográfico e pelo envelhecimento.

Eis o que poderia ser um quadro revisto e corrigido segundo os avanços da humanidade.

1. Eras dos homens e da transformação do mundo: de 2 milhões de anos até 100.000 anos

Palavras-chave: Homo prometheus; fogo; linguagem articulada; expressões simbólicas; transformação do mundo; conquista do Mundo Antigo.

Os homens: várias espécies de homens apareceram na África depois do *Homo ergaster;* saída da África e emergência de várias espécies com o *Homo sapiens* na África, o *Homo neanderthalensis* na Europa e na Ásia Ocidental; os homens de Denisova na Ásia Central; o *Homo soloensis* em Java e o *Homo floresiensis* em Flores; o aumento do número de homens ao longo de centenas de milênios – em torno de um milhão somando-se todas as espécies, fenômeno mais associado à expansão geográfica do que a um aumento da densidade de população.

Comunicação: linguagem articulada e invenção da cosmética.

Economia e tecnologias: caçadores, coletores e pescadores. Uso e, depois, domínio do fogo *(Homo prometheus);* invenções de novos objetos e de novas técnicas de talhar a pedra; construção de novos hábitats: choças, cabanas, construção de abrigos embaixo da rocha. Não esquecer que a idade da pedra foi, antes de tudo, a idade da madeira, mas que esse material, exceto em condições excepcionais, não é durável.

Sociedade e sistema político: grupos sociais compostos de algumas dezenas de indivíduos com um sistema hierárquico simples;

Esboço dos progressos do espírito... 261

certamente com chefes políticos (autoridade exercida por homens e/ou mulheres) e chefes espirituais (depositários das tradições, das cosmogonias e dos saberes; xamãs, feiticeiros, curandeiros.)

Ecologia: a maior diversidade de espécies de homens e a maior biodiversidade de mamíferos de tamanho grande, a megafauna.

Comentário: esse período se caracterizou pela radiação adaptativa do gênero *Homo* em diferentes espécies de homens, que se instalaram num leque cada vez mais amplo de sistemas ecológicos. Esses homens foram transformando cada vez mais a matéria e inventaram relatos sobre o mundo (cosmogonias). A particularidade do homem – do gênero *Homo* e não só da nossa espécie – não eram a cultura, os objetos e o uso dos objetos, e sim a sua capacidade de transformar a matéria (sobretudo a invenção de ferramentas para fazer outras ferramentas), uma capacidade de modificar o mundo e de inventar representações do mundo.

2. A era do *Homo sapiens* e a revolução simbólica: de 100.000 anos até 12.000 anos

Palavras-chave: Homo sapiens; explosão das formas artísticas; conquista do planeta; início da sexta extinção; primeira explosão demográfica.

Os homens: expansão das populações do homem dito "anatomicamente moderno"; eliminação das outras espécies de homens; conquista dos Novos Mundos e extinção das megafaunas. Embora seja difícil de avaliar – entre 1 e 3 milhões de homens –, nossa espécie teve uma expansão demográfica ligada à conquista de novos territórios e com densidades demográficas maiores.

Comunicação: explosão de todas as formas conhecidas de expressões artísticas (antes da invenção da imprensa e da eletricidade): música, desenho, pintura, gravura, escultura etc.

Tecnologias: técnicas para talhar a pedra com cadeias operatórias bem complexas; uso de outras matérias-primas como o osso

262   *A diversidade em perigo*

e o marfim; aparecimento dos povoados com hábitats mais estruturados e zonas de atividades especializadas; uso diversificado do fogo e das maneiras de cozimento; invenção de diferentes meios de navegação.

Economia: colheita, caça e pesca; domesticação do cachorro, provavelmente da rena; exploração mais profunda de todos os recursos, graças às armas de arremesso, arpões, redes, armadilhas etc.; estabelecimento de grande rede de trocas em escala continental.

Sociedade e sistema político: sociedades com maior número de indivíduos e, conforme o que foi encontrado nas sepulturas, concentração de adereços e de bens preciosos, o que leva a supor sistemas políticos mais complexos, capazes de acumular e redistribuir riquezas, com "castas" dominantes e sistema de chefias.

Ecologia: as populações de *Homo sapiens* se estabeleceram em todos os ecossistemas e chegaram a continentes e ilhas nunca ocupados por macacos ou por outros homens. Primeira globalização. É possível que a eliminação repentina das megafaunas que produziam uma quantidade não desprezível de gases de efeito estufa tenha provocado um resfriamento climático.

Comentário: essas mudanças não são características próprias da nossa espécie em relação a outras espécies de homens. Não houve diferenças significativas entre eles e nós antes de 100.000 anos. A não ser que acreditemos em algumas mutações miraculosas, essa evolução foi sobretudo de ordem social, cultural e tecnológica, e projetada por novas representações do mundo. Ignoramos o que eram essas representações do mundo e suas cosmogonias cujo testemunho é dado pela explosão simbólica revelada pela diversidade e pela riqueza das formas de arte, pelos objetos mobiliários (estatuetas, propulsores, adereços etc.) que circularam por milhares de quilômetros. O que quer que seja, a arqueologia e as extensões da circulação dos objetos

Esboço dos progressos do espírito... 263

levam a supor novos modos de comunicação; em todas as partes do mundo e em escala continental.

3. Eras das agriculturas e das religiões: de 10.000 anos até 1492

Palavras-chave: Neolítico; escrita; cidades; impérios; grandes religiões e grandes sistemas filosóficos.

Os homens: só restavam populações de *Homo sapiens* na Terra. Reduzida a uma única espécie, a humanidade passou pela sua maior diversidade genética, linguística e cultural. A população cresceu, passando de 5 para 10 milhões de homens no Neolítico e para 500 milhões na época das grandes viagens; a exemplo da expansão dos vikings, estimulados por um forte crescimento demográfico consecutivo ao aquecimento climático por volta do ano 1000 e levados pelos seu drácares.

Comunicação: todas as sociedades agrícolas e hidráulicas inventaram a sua escrita. O fato de registrar as ideias em suportes materiais remonta à pré-história. No entanto, a emergência de sociedades cada vez mais hierarquizadas e organizadas em entidades políticas mais complexas exigiu novas maneiras de comunicação e de gestão (sistemas hidráulicos, gestão de estoques, conhecimentos técnicos, trocas comerciais etc.). O objetivo não é afirmar que considerações contábeis e administrativas é que estavam na origem dos escritos, pois apareceram também novos relatos (o ciclo de Gilgamesh, por exemplo, e outras grandes cosmogonias no Oriente e em outros lugares). Podemos citar mecanismos de coevolução. Não deixa de ser verdade que, ao inventarem o papel – o segredo da fabricação ficou guardado durante séculos –, os chineses o usavam, principalmente, na administração do império. O vasto império das estepes, realizado pelos mongóis, gozava de um sistema de correios muito eficiente; o mesmo acontecia com os impérios dos Andes e com tantos outros desaparecidos.

Tecnologias: ferramentas agrárias; invenções de novas formas de talhar a pedra, da arte de fazer potes e da cerâmica em geral, seguidas da era dos metais. Invenções de objetos com o único fim

264   *A diversidade em perigo*

de matar outros homens: as armas; desenvolvimento do artesanato (cerâmica, metalurgia, carpintaria, talha de pedra).

Sociedade e sistema político: emergência de cidades, de aglomerações, de Estados e impérios. As sociedades adotaram organizações mais verticais, espelhadas em colinas e monumentos do poder (pirâmides, zigurates, acrópoles etc.); confirmação das ideologias da dominação masculina. As sociedades se organizaram em três grandes classes: nobres e guerreiros; clérigos e letrados; camponeses nos campos e artesãos nas cidades.

Economia: agricultura e criação; aporte complementar com a colheita, a pesca e a caça, cada vez mais controladas pelas classes dominantes. Aparecimentos das guerras como meio econômico para pilhar e roubar estoques com um antagonismo mais e mais intenso entre os povos agrícolas sedentários e os povos nômades. A domesticação do cavalo favoreceu os deslocamentos rápidos. Grandes vias comerciais, sobretudo terrestres e cada vez mais marítimas – como as rotas da seda revezadas pela frota veneziana – possibilitaram as trocas, as invasões e a propagação de grandes epidemias como as gripes e as pestes.

Ecologia: maior diversidade das espécies selvagens e aumento da diversidade de animais e plantas domésticas. Os impactos sobre o ecossistema se intensificaram, mesmo que limitados a regiões mais ou menos extensas. Fosse nas ilhas ou em escala continental, civilizações se extinguiram depois de esgotar os solos, arrasar florestas e aniquilar os recursos cinegéticos e haliêuticos. Primeiros impactos dos gases de efeito estufa sobre o clima em consequência de um desmatamento cada vez mais intenso (queimadas, arroteamento etc.) e da expansão de arrozais. Aparecimento de novas doenças devido a opções alimentares (favismo, alergias, intolerância ao leite) e à vida comum com animais domésticos (como as gripes e as doenças hoje em dia chamadas infantis). Trata-se de fenômenos da coevolução entre as escolhas culturais e a biologia das sociedades humanas, que teriam consequências de grande amplitude na demografia mundial quando os povos europeus encontraram os povos

Esboço dos progressos do espírito... 265

ameríndios; a maior "guerra epidemiológica" de todos os tempos ou guerra entre o velho e o novo mundo; sem esquecer as grandes pestes vindas da Ásia. Aparecimento, também, das "doenças da cidade" (cólera, disenteria, salmonelose etc.) de efeitos devastadores por causa da concentração de população e da falta de higiene pública.

Comentário: as agriculturas aparecem independentemente das diferentes regiões quentes e temperadas do globo. A "revolução neolítica" não brota de uma brusca pressão inovadora imposta pela necessidade de produzir mais alimento para prover as necessidades de uma população aumentada. Desde o fim do século XIX, a ideologia de progresso insistiu na ideia de que as invenções eram filhas da necessidade. É importante especificar que, ao contrário dessa ideologia, nos perguntamos por que tantas civilizações se mostraram incapazes de mudar de modelo. O Neolítico se distinguiu por mudanças espirituais com as invenções de novas divindades e de novas relações com a natureza.

4. Renascimento, imprensa e Novos Mundos: de 1492 a 1859

Palavras-chave: expansão do Ocidente; ciências; técnicas; humanismo.

Os homens: a população passou de 500 milhões para em torno de 1,2 bilhão de indivíduos. A humanidade atingiu a sua maior diversidade genética, linguística e cultural.

Comunicação: imprensa, correio, desenvolvimento dos deslocamentos terrestres, fluviais e marítimos. Nascimento da imprensa e das "telecomunicações" com a transmissão de "sinais ao longe", como o telégrafo de Chappe. Estados organizados desenvolveram diferentes meios de comunicação a distância com bandeirolas, espelhos, fogo/lanternas como faróis e semáforos, fumaça, movimentos dos braços e outros aparelhos... sem esquecer dos pombos-correio. Isso era usado pelo poder, pelos governos e algumas atividades, mas não dizia respeito a toda a sociedade; em outras palavras, servia para a difusão de ideias. As ciências, graças aos seus instrumentos

266 *A diversidade em perigo*

(microscópios e lunetas astronômicas) abriram as portas para novos mundos, bem como para as grandes viagens.

Tecnologias: as ferramentas de metal, entre elas a invenção do arado puxado por animais, contribuíram para a rentabilidade dos trabalhos agrícolas. O açúcar e os condimentos permitiram a conservação de alimentos. Os moinhos hidráulicos e eólios prefiguraram a exploração de recursos de energias naturais para as indústrias humanas e para a revolução industrial.

Sociedade e sistema político: os sistemas políticos se baseavam em dinastias reais e imperiais apoiadas pelo clero (antigos regimes). Havia algumas exceções, com repúblicas na Grécia e na Roma antiga, e, talvez, em alguns lugares do mundo, se bem que o poder continuasse nas mãos de grandes castas. As Luzes e a confirmação do poder econômico, intelectual e político das classes sociais das cidades qualificadas de "burguesas" levaram aos direitos do homem, ao segundo humanismo (segundo Lévi-Strauss) e às democracias.

Comentário: a escolha desse período não é comum nos grandes afrescos da história da humanidade. Nós os lembramos no contexto da história do Ocidente com as grandes viagens e a descoberta das Américas. Mas ocorreram dois fatos importantes, raramente citados. O primeiro se refere ao fim da maior biodiversidade humana e biológica na Terra (segunda parte) e ao maior genocídio/etnocídio da história da humanidade que conduziu à ignomínia da escravidão em grande escala. O outro fato se refere a uma nova visão do Cosmo com a descoberta de outros povos, outras civilizações da Antiguidade e as revoluções científicas modernas. O mundo fechado da Idade Média se tornou um mundo aberto no tempo e no espaço. Numa perspectiva ocidental, nascimento do humanismo (apesar dos desastres cometidos) e da Modernidade. No entanto, se nos colocarmos numa perspectiva mais ampla, o Império chinês estava muito avançado. A sua eficiência repousava num governo com funcionários recrutados por concurso (as Grandes Écoles francesas vêm daí); eles tinham o papel e técnicas muito

Esboço dos progressos do espírito... 267

avançadas para a navegação (mapas marítimos, bússola, leme de cadaste...)
sem esquecer os veleiros de várias dezenas de metros de comprimento,
reduzindo nossas caravelas a pesadas cascas de nozes. Então, por que o
Império do Meio pôs um freio repentino na sua expansão e nas sete
expedições da Frota dos Tesouros do almirante Zheng He? (E quase
um século antes da chegada de Cristóvão Colombo às Antilhas.) Eles
tinham os recursos técnicos para empreender grandes navegações em
alto-mar, mas não enveredaram por essa aventura. Os ocidentais pegaram
seus instrumentos e foram para além do horizonte. Pois os ocidentais
sabiam, havia muito tempo, que a Terra era redonda. Não são as técnicas que mudam o mundo, e sim os conhecimentos e as representações
do mundo. E a ciência e as técnicas permitiram que os países europeus
dominassem o mundo, apesar de, até então, estarem atrasados em relação
à China, aos grandes califados árabes e a tantos outros países que facilmente esquecemos. Essas poucas observações são suficientes para frisar
que uma mudança de civilização é fundamentalmente baseada em novos
conhecimentos. No tempo da Renascença foi a redescoberta da herança
grega enriquecida das ciências árabes (elas próprias nutridas das ciências
indianas e chinesas). Depois, foi a física de Galileu-Kepler-Newton e as
ciências do céu. No século XIX, foram as ciências da Terra. Atualmente,
são as ciências da vida, a evolução e as ciências cognitivas.

5. Primeira revolução industrial, o trem e os jornais: de 1859 a 1959

Palavras-chave: mecanização do mundo; progresso; democracias; aumento e revoluções demográficas; colonialismo; conflitos
modernos e mundiais.

Os homens: a população mundial passou de 1,2 para 2,8 bilhões, mais do que o dobro em um século. Os avanços prodigio-
sos da higiene e da medicina (vacinação) contribuíram para isso,
sobretudo na eliminação das grandes epidemias e na redução da
mortalidade infantil.

268 *A diversidade em perigo*

Comunicação: invenção da imprensa moderna e das teletransmissões graças à eletricidade (telégrafo e Morse; estenógrafo). Aperfeiçoamento das transmissões radiofônicas. Invenção da fotografia e do cinema. (O primeiro livro impresso com fotografias foi *A expressão das emoções no homem e nos animais*, de Charles Darwin, 1871.)

Tecnologias: a revolução industrial começou, realmente, com a máquina a vapor munida de um regulador de James Watt, produzida pela famosa fábrica de Soho criada por Boulton e Watt em 1755. As primeiras manufaturas mecanizadas, as máquinas que fabricavam máquinas, a construção de canais para transportar grandes quantidades de matérias-primas (madeira, carvão, minerais etc.), tudo isso começou no norte da Inglaterra, com o impulso de um grupo muito ativo conhecido por Lunar Society, que reunia personalidades de diferentes campos intelectuais e econômicos (Adam Smith, Erasmus Darwin, Josiah Wedgwood, Benjamin Franklin, Matthew Boulton etc.). Mais uma vez, a mudança da sociedade foi construída com precursores originados dos diferentes campos do talento humano. O desenvolvimento da educação se tornou um desafio de poder, se bem que as antigas universidades se opuseram por longo tempo ao ensino das ciências vulgares (ciências experimentais, biologia, ciências da engenharia e ciências econômicas). Essa oposição persistiu, assim como o debate em torno do impacto do homem no aquecimento climático.

Sociedade e sistema político: os novos movimentos políticos e econômicos batalharam por quase um século depois das revoluções francesa e americana, para impor regimes políticos mais democráticos e um sistema econômico. Porém, esse sistema, levado pela ideologia de progresso, pelas ciências e pelas técnicas, teve consequências dramáticas, internas e externas. Foi a colonização de países não industrializados e o surgimento do proletariado com condições de trabalho e de sobrevivência muitas vezes próximas das dos escravos. Foi um período marcado por conflitos mundiais originados nessas tendências, mas houve também grandes avanços sociais e democráticos.

Ecologia: a amplidão e a violência de conflitos sociais como as guerras entre as nações encobriram qualquer consideração a respeito do meio ambiente e da biodiversidade, ainda mais porque, com exceção das grandes cidades e dos grandes sítios de mineração e de indústrias, a grande maioria da população continuou a ser rural.

Comentário: os avanços das ciências e das técnicas levaram o homem a ter visões utópicas do futuro. Nas utopias – denunciadas por alguns autores como Cyrano de Bergerac, H.G. Wells, Aldous Huxley ou, ainda, Pierre Boulle – nunca se tratou das plantas, dos animais e da natureza. De a Cidade de Deus às megalópoles do amanhã anunciava-se um tempo de cidades radiosas, o concreto contra as árvores; Le Corbusier e Oscar Niemeyer contra Théodore Monod. Foi o tempo da guerra entre os velhos e os novos mundos, recém--descobertos, até o fim da guerra fria e das guerras de independência. Movimentos terceiro-mundistas e revolução verde. Nascimento e expansão das indústrias, aparecimento de empresas, do regime de salários e das grandes lutas sociais. Aumento vertiginoso da desigualdade entre as nações traduzido pela elevação do PIB dos países industrializados. A única visão era a das sociedades ocidentais com a invenção de conceitos de desenvolvimento e de crescimento, difundidos por instâncias internacionais (FMI, Banco Mundial, ONU, OMC etc.). Durante esse período, a ecologia não existia, excluída do "melhor dos mundos" construído pelos homens e só para os homens.

6. Segunda revolução industrial (eletricidade, petróleo, química): de 1959 até hoje

Palavras-chave: globalização do progresso; elevação do nível de vida; aumento da expectativa de vida, destruição dos ecossistemas, colapso das biodiversidades; desaparecimento dos povos autóctones e de seus meio ambientes.

Os homens: a população passou de menos de 3 para 7 bilhões de mulheres e homens. Aumento quantitativo devido tanto

270   *A diversidade em perigo*

ao envelhecimento das populações quanto à natalidade, com grandes diferenças regionais.

Comunicação: o rádio e, sobretudo, a televisão e, atualmente, as redes abertas pelas Novas Tecnologias da Informação e da Comunicação (NTIC).

Tecnologias: petróleo e todos os seus derivados, como os adubos químicos favorecendo a produção agrícola. Produção elétrica mobilizando as energias fósseis e a energia nuclear. Desenvolvimento dos meios de transporte rodoviários, ferroviários, marítimos e aéreos.

Sociedade e sistema político: desdobramento do sufrágio universal, mesmo nos países com regimes que o deturpam. Desenvolvimento dos direitos universais para os homens (sem esquecer os das mulheres e das crianças) e, mais recentemente, dos animais e dos ecossistemas. Afirmação dos direitos internacionais do trabalho, do comércio, da poluição etc. Estabelecimento de grandes governanças regionais (a Europa, Nafta) e internacionais (ONU e todas as grandes divisões para a educação, a saúde, a segurança, o meio ambiente). Conquista espacial e desilusões terrestres.

Economia: desenvolvimento das profissões de serviço, da comunicação e, mais recentemente, aparecimento das profissões solidárias e junto às pessoas com dificuldade. Desenvolvimento das economias solidárias e das ONGs.

Ecologia: aumento "exponencial" do gás de efeito estufa. Explosão dos meios de transporte de mercadorias e de pessoas, para negócios e turismo. Estado do planeta, dos ecossistemas e das biodiversidades selvagens e domésticas que se degradam rapidamente e sob o efeito já violento do aquecimento climático. Aumento vertiginoso da pegada ecológica das pessoas, com grandes disparidades conforme o país.

Observação: para este período, como para todos os outros, corresponde a emergência de novas tecnologias, de novos modos de

Esboço dos progressos do espírito... 271

comunicação, de novas ideias e representações do mundo, mas, pela primeira vez, em escala planetária.

Numa perspectiva darwiniana, é preciso sempre distinguir a questão do aparecimento de uma característica ou de sua origem, da origem da sua propagação e de sua participação no sucesso de uma espécie (adaptação) ou de uma sociedade. É, também, a diferença epistemológica, no sentido de Joseph Schumpeter – que leu Darwin – entre invenção e inovação. Uma mudança de sociedade não é inventar tudo e sim apreender e acomodar as invenções já existentes e integrá-las num projeto de uma nova representação do mundo. Sem saber aonde vamos, tudo o que acompanhou a ideia de progresso – economia, democracia, trabalho, política, sociedade – está mudando; numa palavra, as relações do homem com a sua evolução e com a natureza do progresso ainda precisam ser inventadas.

Papel: Pólen Soft 70g
Tipo: Bembo
www.editoravalentina.com.br